我就想浅浅地教语文

肖培东语文课例品读

肖培东——著

长江出版传媒
长江文艺出版社

图书在版编目（CIP）数据

我就想浅浅地教语文：肖培东语文课例品读：珍藏
版 / 肖培东著. -- 武汉：长江文艺出版社，2020.11（2025.10 重印）
　　（大教育书系）
　　ISBN 978-7-5702-1149-4

　　Ⅰ. ①我… Ⅱ. ①肖… Ⅲ. ①语文课－教案(教育)－
中小学 Ⅳ. ①G633.302

　　中国版本图书馆 CIP 数据核字(2019)第 138932 号

责任编辑：施柳柳　　　　　　　　责任校对：程华清
封面设计：天行健设计　　　　　　责任印制：邱　莉　杨　帆

出版：长江出版传媒｜长江文艺出版社
地址：武汉市雄楚大街 268 号　　　邮编：430070
发行：长江文艺出版社
http://www.cjlap.com
印刷：湖北恒泰印务有限公司

开本：710 毫米×970 毫米　　　1/16　印张：23
版次：2020 年 11 月第 1 版　　　　2025 年 10 月第 3 次印刷
字数：308 千字

定价：42.00 元

为"浅浅地教语文"喝彩

钱梦龙

培东纂次自己的课堂教学实录，计一十六篇，汇为一集，给它起了个耐人寻味的书名：《我就想浅浅地教语文》。日前，他发来电子书稿，嘱序于我。近几年趁与培东同台讲学的机会，多次聆听他关于语文教学的发言，观摩他的展示课，深感其语文教学理念日臻绵密，课堂教学艺术更趋成熟；但毕竟同台讲学的机会不多，所得印象只是片段而已。现在因为要写序，才有了比较全面地领略他的课堂教学风采的机会。这十六篇教学实录，可谓篇篇有特色，处处可圈点，而所有的精彩凝集起来，又凸现了他独特的教学理念：浅浅地教语文。细细品味，这"浅浅地"三字，意蕴丰富，内涵可一点不"浅"。

而且，正是这个"浅"字，把我的思绪拉回到了十四年前的那个"拜师仪式"上——

2001年，我应邀到培东的家乡浙江永嘉县讲学，主持此次讲学活动的该县教研室主任徐耘天老师对我说，他们县里有一位青年教师叫肖培东，语文课上得极好，悟性也高，30岁不到已被评为浙江省教坛新秀，是一位很有"发展潜质"的青年语文教师，因此希望我收他为"徒"。其实我心里不太喜欢"拜师学艺"这类略带"江湖气"的玩意儿，但耘天是我的老朋友，何况他也是出于对一位年轻教师的成长的关切，我岂能拒人于门外？于是第二天就有了像模像样的拜师仪式。记得就在拜师仪式现场，我题了一幅字赠给培东，既用以自勉，也作为对这位"徒弟"的赠言，题字的内容是我自己的一句诗："碧波深处有珍奇。"我为什么会从书名中"浅浅地"三字回忆起十四年前那个拜师仪式？就是因为这句诗——更确切地说，是因为这句诗中的"深"字与书名中那个"浅"字的强烈对比引起了我丰富的联想和想象。由"浅"而及于"深"，又因"深"而归于"浅"，正是这"深"和"浅"相互转化之间存在着某种启人智慧的哲理吧？

于是我又想起了这句诗的由来。

某年夏天，我与几位朋友到北戴河避暑，他们都爱游泳，几乎天天下海追波逐浪，我是旱鸭子，每逢他们下海，只能一个人在浅滩上踯躅，同时也想拾些贝壳带回去留作纪念；可一连拾了两个半天，只拾到了一些毫不起眼的灰褐色的小贝壳，于是一边抱怨自己"手气"不佳，一边想象着曾在电视里看到过的七彩缤纷的迷人的海底世界，不禁心驰神往，不假思索，四句诗便脱口而出：

> 偶来拾贝海之湄，
> 剔石披沙所获稀。
> 寄语辛勤寻宝者，
> 碧波深处有珍奇。

是啊，不潜向"碧波深处"，只在浅滩上"剔石披沙"，无论怎样"辛勤"，都是找不到"珍奇"的。这首诗有明显的自勉之意。在拜师仪式上把它写赠给培东，也是为了勉励他：学无止境，教无止境，只有潜向"碧波深处"，才能求得语文教学的真谛。

值得欣慰的是，培东果真不负我写赠这句诗的初衷，拜师仪式以后仅仅过了五年（2006），他就被评为特级教师，那年他才34岁，是浙江省最年轻的特级教师；又过了三年（2009）被晋升为教授级高级教师，大概又是浙江省中学教师中最年轻的"正高"了吧？

但我看重的倒不是他头顶上这些熠熠生辉的光环，而是他的教学的实绩，因为浪得虚名甚至欺世盗名的"专家""教授"现在已经多得泛滥成灾了。我关心的是：培东的"特级""正高"究竟有多少含金量？

现在，《我就想浅浅地教语文》一书的十六个教例摆在我的面前，给出了令人满意的答卷。

如果让我用最简单明了的语言对这十六堂课做出总的评价，我只有一句话：这是名副其实的语文课。

"这是名副其实的语文课"，在语文课愈来愈不像语文课的当下，这句本来不能算评价的"评价"，已经变成了对语文课的"高度赞扬"。有人说，当前的不少语文课像思想品德课、像人文教育课、像青少年修养课、像政治课、像班会课、像活动课、像生命哲学课、像音乐欣赏课、像图像展示课……什么都像，就是不像语文课。培东的可贵之处，就在于始终坚守着语文教学这块"一亩三分地"，他上的每一堂语文课，都是不掺杂质的真正的语文课。在形形色色的新思潮、新理论纷纷涌入、"乱花渐欲迷人眼"的时下语文教坛，这种坚守尤其需要勇气和对语文教学的深切理解。

语文课程是一门什么课程？中小学设置语文课程究竟是干什么的？人们在纷纷引入各种新思潮、新理论的时候，似乎忘记了关于语文课程的这些根本问题。正如一位黎巴嫩诗人说的："我们已经走得太远，以致忘记了当初为何出发。"在这一点上，培东的头脑始终是清醒的，教学的取向始终是明确的。他所有的教学活动，都清晰地指向一个目标：提高学生正确理解和运用祖国语言文字的能力。因此，他的教学中每一个重要的教学环节，几乎都围绕语言教育展开，并巧妙地把思想、情感、情趣的熏陶感染有机地统一在一个生动活泼的语言教育过程之中，真正体现了所谓的"工具性和人文性的统一"（这句中加个"所谓的"，因为我并不赞同对语文课程特性的这种表述）。这样的例子，在本书的十六个案例中到处都有，甚至可以用"俯拾即是"来形容。

3

读了这十六个案例，我的一个最突出的印象，是培东对朗读的异乎寻常的重视。语文界早有不少有识之士大声疾呼：把琅琅书声还给语文课！培东做到了，而且做得如此成功，如此出色。在他的课上，朗读不仅仅是教学过程中的一个"环节"，更不是一种可有可无的点缀；如果把他的每一堂课比喻为一幢幢精心设计的建筑物的话，那么朗读就是这些建筑物赖以支撑起来的骨架。他的大多数课都是在师生的琅琅读书声中层层推进，最后进入文本深处的。比如，在《山羊兹拉特》一课中，仅仅表示羊的叫声的一个"咩"字，学生在老师的引导下就读出了不同的声调和语气，生动地表达了人与羊之间那种互相信赖的动人的情景。我当时就在教学现场，听到孩子们动情地读出几个不同声调的"咩"的时候，在为孩子们深情的朗读感动的同时，不禁在心里为培东的教学构思暗暗叫好。

尤其应该指出的是，这样的朗读训练在本书中不是一个孤例、特例。它们内容尽管各不相同，但主导理念是一致的。这些生动的教例，似乎仅仅指向一个浅层的教法问题，其实是关系到语文教学的一个根本问题：中小学究竟为什么要开设语文课？

培东用他的成功的教例回答我们：为了培养学生正确理解和运用祖国语言文字的能力。

怎样培养学生正确理解和运用祖国语言文字的能力？

培东又用他的成功的教例回答我们：只有一个办法，就是老老实实地把学生引领到读、写、听、说的实践中去。

培东的成功的教例同时又告诉我们：在读、写、听、说四项实践中，"读"是基础，因为学生只有在"读"的过程中才能更好地积累语料，形成语感，悟得语言规律，发展语言能力，同时又接受文本语言所蕴含的思想、情感、情趣、情操、价值观的熏陶感染。"读"是语文教学基础的基础，核心的核心，读之功能，可谓大矣！所以叶圣陶先生说："语文教师能引导学生俾善于读书，则其功至伟。"以"其功至伟"四字评价教师引导学生读书之功，可谓振聋发聩！

读，包括朗读和默读，二者各有不同的作用。而朗读对培养语感、体会文本的思想情感尤为重要，却长期被我们所忽视。现在的语文课上已很少听到琅琅书声，即使有，也不过是走走过场、应应景而已。培东的语文教学之所以可贵，就在于把朗读放到了它应有的位置上，使其功能得到了酣畅淋漓的发挥。

　　培东解读文本由于始终紧紧抓住语言这个"基本元素"，披文入情，沿波讨源，因此他的教学总能给人以举重若轻、水到渠成之感。比如他教《皇帝的新装》一课，既没有一般老师通常采用的作者和时代背景的介绍，也没有对故事情节的梳理，更没有课本剧表演之类的热闹场面，而是从引导学生品读文中"夸张"的语言入手，进而思考"是谁导演这一场闹剧"，引发对成人世界复杂内心的探究，最后通过对结尾语言的改写、比较，既联系现实，又进一步挖掘了《皇帝的新装》的深层意蕴。整个教学过程，如行云流水，老师教得潇洒，学生"读"得轻松，但对文本的人性内蕴的挖掘入木三分。

　　在语文教学被各种貌似"深刻"的"理论"折腾得面目全非的当下，培东的教学看起来似乎是显得"浅"了，但正是这种"浅"，却深入到了语文教学的精髓、真谛、本源。正如我们说"绚烂至极而归于平淡"，这时的"平淡"已不是一般意义上的平淡，而是绚烂之至以后向平淡的回归，是绚烂的高级形态。

　　我为培东"浅浅地教语文"喝彩！

目 录 | CONTENTS

1 《山羊兹拉特》
　　执教：肖培东　点评：钱梦龙

21 《沙之书》
　　执教：肖培东　点评：李华平

46 《假如我有九条命》
　　执教：肖培东　点评：金军华

66 《就任北京大学校长之演说》
　　执教：肖培东　点评：何立新

89 《始得西山宴游记》
　　执教：肖培东　点评：邓　彤

114 《菩萨蛮》（人人尽说江南好）
　　执教：肖培东　点评：朱震国

131 小小鸟窝，大大世界
　　——肖培东高三作文课实录
　　执教：肖培东　点评：崔志钢

150 山水永嘉，飞翔语文
    ——校本教材写作课堂教学实录
        执教：肖培东　点评：蔡　伟

171 《一双手》
        执教：肖培东　点评：黄厚江

192 《斑羚飞渡》
        执教：肖培东　点评：王　君

215 《孔乙己》
        执教：肖培东　点评：徐　杰

239 《春酒》
        执教：肖培东　点评：周丽蓉

262 《在沙漠中心》
        执教：肖培东　点评：韩　军

284 《我的早年生活》
        执教：肖培东　点评：卢立银

304 《皇帝的新装》
        执教：肖培东　点评：郑桂华

327 《自己的花是让别人看的》
        执教：肖培东　点评：王崧舟

351 后记：浅浅深深，语文是你／肖培东

《山羊兹拉特》

![浅浅小语]

把一朵花的微笑读成祝福，把一声羊的"咩"叫读成警醒，让每一粒葡萄都能背诵夏日时光的名字。浅浅的，让最真诚的你走向最清纯的眼睛。

——肖培东

![课堂再现]

执　　教：肖培东

点　　评：钱梦龙

教学背景：2009 年 11 月 4 日，浙江省龙湾中学。

一、整体感知

师：同学们，刚才主持的老师说我年轻，我很高兴能和更青春的你们一起读书。在语文面前，我们都要有年轻的心，对吗？

生：对！

师：那么就请大家跟着老师，一起走进一个多彩的世界——《山羊兹拉特》。大家已经做过预习了，我们先请一位女同学试着用最简练的语言，给大家说说小说的故事梗概。

（生思考，举手）

生1：阿隆和山羊兹拉特在经历了一场大风雪以后，他们的感情变得更加的深厚了。

师：哦，你是从情感发展的角度来概括的。后面的男同学，你来说说。

生2：山羊兹拉特老了，没奶了，勒文就决定把它卖了，让阿隆把它牵到镇上。没想到在路上遇到了大雪，结果他们被困在雪里三天三夜，经过三天的磨难，他们两个感情加深，回来后大家也就不卖它了。

师：嗯，相对详细的故事内容，可以再简洁些吗？

生2：阿隆在卖羊路上遭遇暴风雪，山羊和他相依为命，终于平安回家了。（掌声）

师：同学们，感觉到了吗？咱班同学有一个特点：女生很感性，从情感的角度来表述；男生呢，喜欢故事情节，专注于小说中的情节内容。其实，只要把他俩说的内容整合一下，这个故事梗概就会变得更加规范。你来说。

生3：阿隆在卖羊路上遭遇到暴风雪，山羊兹拉特协助阿隆共同战胜困难并安全回家，经此磨难，阿隆一家与山羊的感情越来越深厚。（热烈掌声）

二、拯救兹拉特最重要的因素——情感

师：很好。在这大雪飘飞的日子里，我们很欣喜地看到，山羊兹拉特和他的主人一起憧憬着，也许还是贫穷但绝不失温暖的远方。是什么把山羊兹拉特带向了温暖的远方？拯救山羊兹拉特最重要的因素，你认为是什么？

（学生思考）

生4：应该是山羊兹拉特与阿隆主人原先积累的深厚感情。

师：小说里是怎么写的呢？

生4：山羊兹拉特被卖的时候，主人全家都出来为它送行。

师：嗯，还有吗？

生4：如果不是山羊兹拉特没奶的话，主人们也不会将它卖掉。

师：迫于无奈，是吧？

生 5：我觉得是山羊兹拉特自己拯救了自己。

师：哦，很新颖，具体说说。

生 5：如果是只缺奶的山羊，阿隆也许会在大雪中死去，说不定山羊自己也死了。

师：所以，自己要有实力，一只会产奶的山羊是多么重要！（学生笑）是这意思吧？请坐。还有吗？

生 6：我感觉这个暴风雪很重要，是暴风雪创造了一个条件。

师：哦，"我感觉"这三个字说得很个性，暴风雪很重要。来，你给大家读读看，暴风雪的场景。

生 6（读"暴风雪"的相关句子）：雪，越来越大……（读得很随意）

师：好，在你如此平淡的朗读中，雪花还会重要么？（生笑）

生 6：老师，我的意思是，要是没有这场雪，阿隆肯定就把这个羊给卖了。

师：所以，暴风雪来临时的那种可怕，那种恐惧，应该通过你的朗读把它显现出来。大家一起来读读看。

生（齐读，情感有所注入）：雪越来越大。棉絮般的雪花旋转着飘落下来。……寒风怒号，掀起阵阵雪旋，宛如一些白色的小精灵在田地的四周玩耍。

师：对，再找找看，82 页还有雪花的描写。来，你再给大家演示一下。"雪继续在下"，读。

（生 6 读，很有进步）

师：好，请在读的过程中加重一下自己的语气，把这飞舞的雪花给人带来的寒冷、恐惧，用心地读出来。"雪继续在下。寒风呼啸着"，开始！

生（齐读）：雪继续在下。寒风呼啸着，起先用一种调子，后来，越来越响，成了各种调子的合奏，就像恶魔狞笑……

师：你继续说说，暴风雪为什么那么重要？

生 6：因为患难见真情啊！要是没有这场暴风雪，阿隆和山羊也不会产生那么深的情感。所以暴风雪是拯救山羊的一个最重要的因素。

生 7：我觉得，是人与动物之间一种最原始、最自然的和谐相处的关系拯救了山羊兹拉特，人与动物之间那种最真实、最纯真的感情。

师：感情？你从文章的哪些地方能找出这种纯真的感情？

生7：在他们遇到困境时，在那个小草堆里面的时候，阿隆曾经问了很多问题，然后山羊都同样地用它动物的语言做了回答。

师：他们之间的一些交流片段，看出了人与动物之间关系的纯真，也就是情感。还有没有其他的想法？

生8：我觉得是人的感恩之心。阿隆如果没有感恩之心的话，在暴风雪结束之后，他还是可以决定将山羊卖掉的。

师：有感恩之心，这个世界才会鲜艳。有道理。

生9：我觉得应该是阿隆的父亲有感恩之心，因为这个山羊卖与不卖取决于他的父亲。

师：你是认为父亲在山羊的命运里起了决定性的作用。"父亲论"。请坐，还有吗？

生10：刚才同学们讲的都是关于"天时"和"人和"的，我现在讲的是"地利"。如果在那场暴风雪中，没有那个草堆的话——

师：哦，"草堆论"了！

生10：嗯。（生笑）没有草堆的话他们还是会被暴风雪冻死。

师：这样，概括全部同学的理解，其实就是两类：内在情感类，比如信任、纯真、感恩等；外界因素类，包括草堆，包括诸如"天气又寒冷了""他的爸爸又可以自己做东西卖了"等。那么大家再想想，讨论一下，情感、草堆、暴风雪、产奶的山羊等，最重要的因素究竟是哪一个呢？

（大家思考后纷纷说出"情感"）

师：大家为什么都支持情感因素？

生11：因为我觉得如果两个人没有情感，哦不，人和山羊没有情感的话……

师：对，你就说两个人，你这时已经和阿隆一样觉得这只山羊是人了。这，就是情感的力量！（学生鼓掌）

生11：两个人如果没有情感的话，任何物质因素都是苍白无力的……只有他们共经磨难，任何事情都不会……他们永远……（表达不够流畅）

师：我听懂你的话了，你的意思就是说，有了情感的话，很多东西都会被感动召来。暴风雪好像是天意的安排，特意来阻止这会对动物不义的举动，从而保全了一个即将老去但仍有感情的可爱的生命。选择情感，选择爱。因为爱，成全了一切；因为爱，感动了上天，送来了暴风雪，也让我们找到了一座温暖的草堆。因此我们说，拯救山羊兹拉特，最重要的内核，其实，就是情感，就是——

生（齐声，很有感情的）：爱。

师：对，小说也是因情感而有生命的文学作品。我们大家一起来看看87页，本单元学习的话题是什么？

生（纷纷）：情感。

师：对，话题就是"情感"。一起来读一读话题提示。（生读）

PPT 显示：

> 一篇给人留下难以磨灭印象的小说，其情感有着不可忽视的作用。小说中情感的存在，可以使小说跨越许多，作用于每一个读者的神经，感受到情感的魅力。

师：也正是如此，情感使得我们所有的东西都变得那么的温暖，甚至包括那场暴风雪，还有暴风雪夜那美丽的夜空。让我们一起怀着温暖的情感来读一读暴风雪后的那一段"美丽的夜空"，82页，看看，有了情感的世界，是多么的美呀！

生（齐读，很有感情）：夜空一下子变得明亮起来。圆月在雪地上洒下片片银辉。阿隆钻出草堆，环顾周围的世界。一切都那么洁白，那么安静，沉浸在宏大天地的梦幻之中。

师：好，女同学，你来，读下去。

生12（读）：星星显得那么大，又那么近。月亮在苍穹中游弋（gē），就像在大海里一样。（极富情感）

师：哎，是游"戈"吗？

生：是游"yì"。

师："游弋"。大家很有情感地帮你指出了这个错误。一起读一读这

5

部分。

生（齐读）：星星显得那么大，又那么近。月亮在苍穹中游弋，就像在大海里一样。（充满情感）

三、情感的变化

师：好，情感成了这篇文章打动人的最重要的一个因素，那么这种爱、这种情感是不是一成不变的呢？它是怎样凝聚，又怎样变化，最后达到高峰的呢？我们一起来找找看。在遭遇暴风雪前后，人对山羊的情感是怎样变化的？决定卖山羊的时候，人的情感是怎样的？请找出关键语句。

生13（读）：经过很长时间的犹豫之后，硝皮匠勒文决定把家里的山羊兹拉特卖了。

师：哪些词语你觉得要注意语气？

生13："很长时间的犹豫"（读得很缓慢），说明他们其实很不舍得把它卖了，是为生计所迫，无奈家里急需钱过节才这样的。

师：嗯，无奈不舍，那么，这种无奈不舍在其他人的表情中也有吗？

生13（读）：听到这事，阿隆的母亲不禁泪流满面。阿隆的小妹妹安娜和米丽昂也哭了起来。然后，那个阿隆也只得听从父亲的命令。（"不禁""也""只得"语气强调）

师："不禁""也""只得"，你跳读的本事越来越好了，知道自己选择哪个句子来告诉老师和同学。你再看看，暴风雪后一家人对山羊的情感又是怎样的？

生13："此后，全家人谁也没有提起卖兹拉特的那件事。"然后就是他们回来以后，真正就是把兹拉特当作自己的亲人一样，就是他们的母亲做那个油煎鸡蛋薄饼，山羊它，也有一份。

师：嗯，你这里强调了一个字，大家听出来了吗？哪个字？

生（齐）："也"字。

师：是的，课文这个段落里就有一个"也"，大家找到了吗？

生（读）：每次，大家都放它进来，吃完煎饼，阿隆、安娜、米丽昂玩陀螺。兹拉特也不离开。

师：这个"也"说明什么呀？

生13：就是他们真的相亲相爱，像一家人一样。他们对山羊兹拉特也没有排斥，觉得它虽是一只动物，却很亲切，真正把它当成自己的家人。

师：哎，已经是把它当成自己家中的一份子了。从此，它像一个家庭成员一样，有着与孩子们同样的待遇。所以，这个"也"字，你更得读出一家人其乐融融、和谐的那种感觉，来，读读看。

生13（读）：每次，大家都放它进来，吃完煎饼，阿隆、安娜、米丽昂玩陀螺。兹拉特也不离开。

师：再来一遍，大家一起把这个"也"字的温暖以及一家人真挚与融洽的爱慢慢渗透在这几个句子里边。

生（齐读）：兹拉特也不离开。

师：卖羊前后，一家人对山羊都很好很喜欢，那么前后两种情感一样吗？

生14：卖羊前，他们还是将它当作动物来对待，只是靠兹拉特来维持生计，虽然很有感情，但是并没有到后来那种经历了生死之后真正当成一家人来对待的程度。

师：也就是说，这份情感——

生14：发生了质的变化。

师：哎，是有一种升华的过程，对吧？勒文全家经历了生离死别之后，与山羊的感情才超越了动物层面，山羊获得了与人平等的权利。这就说明了小说情感表现过程中的一个技术手法——"蓄势待发"。这种手法在山羊对人的情感过程当中，我们依然能够寻找得到。从山羊在路上的怀疑到恢复了对人的信任到最后完全融合，这些都证明了，小说中的情感需要一个酝酿、变化、蓄势的过程。

PPT 显示：

> 小说中的情感表现应有一个酝酿的过程。小说的情感要保持一种蓄势待发的态势，它饱满有力，却停留在将要漫溢而未漫溢的状态。

四、读出"咩"字无限真情

师：由此，我们不难看出，作家温情脉脉的目光无所不在，他注视着这个有情天地，不放过任何一个可能的角落和细部，给我们留下许多温馨的回味。那种和谐，那种信任，那种充分表现出世间的美好的感觉，都溢满在我们文字中的每一个地方。那么同学们，请你再看看课文，找出你最能感受到情感在山羊和主人之间双向流动的细节描写。

（学生阅读）

生 15：我觉得是最后那里——有时，阿隆问它："兹拉特，你还记得我们一起度过的那三天三夜吗？"兹拉特用角搔搔颈背，摇摇长着胡子的脑袋，发出它那唯一的声音："咩——"

师：也就是结尾山羊兹拉特和阿隆之间的一段对话。这种情感流露最充分的对话，在文章的什么地方最集中？

生（齐）：82 页。

师：好，我们请同学读一读。男同学，阿隆。女同学，兹拉特！你们直接对话。

男女生（分角色读）：

"兹拉特，我们现在的一切，你是怎么想的？"

"咩——"兹拉特说。

"如果我们没有找到这个草垛，我们俩现在不都得冻僵了？"阿隆说。

"咩——"山羊又答道。

"如果大雪仍继续这样下的话，我们可能要在这儿待几天。"阿隆解释说。

"咩——"兹拉特叫了一声。

"'咩——'是什么意思？你最好说得更明白些。"阿隆要求道。

"咩——咩——"兹拉特试着要说明白。

"噢——你不会说话，可我明白你的意思。你是说，我需要你，你也需要我。是吗？"

"咩——"

（全场掌声）

师：好！同学的掌声已经出来了。哦，阿隆，你说说看，你读出了阿隆的感觉了吗？

生16：觉得有一点不流利。

师：应该是熟悉问题，没关系，其他的呢？

生16：其他，还好！

师：也就是说，你已经很投入了，是吗？

生16：对！

师：模其声容易，动其情则难。我们的同学觉得自己能够感受到，这说明他真的是用情感来阅读的。这位女同学，"咩"这个字为难你了，你觉得——

生17：我觉得我读得挺好的。（全场欢笑）因为我觉得，单单一个"咩"字真的很难表达，它是一只山羊，它的心理活动就是要这个字表达出来。

师：嗯，第一句话我非常赞成，"我觉得我读得挺好的！"（掌声）一个自信的女孩在我们这个班级里出现了，同学们，她读得好不好？

生：好！（齐声、响亮）

师：这就是种自信。（掌声）我想，山羊其实有它的语调，有它的语言文字，课文中有没有出现，山羊"说话"的部分？你再来读一读。

生17（读）：它用疑问的目光，似乎在问："你要把我带到哪儿去？"

生18（读）：它那温和的眼睛似乎在问："这么大的风雪，我们为什么不回家？到底要去哪儿？"（很有感情）

师：哎呀，真是一只在风雪中惶惑可怜的山羊！读得真的很好，阅读以后，你感觉到兹拉特应该是一只怎样的山羊？

生（纷纷低语）：温和、乖巧、单纯、善良、弱小等。

师：这只山羊给我们很多的感受，它温和，很纯净。因此，那个看似单一的"咩"字里面，所体现的，也应该是山羊的温和、纯净与它的善良和爱等等。接下来，我们大家再把这个"咩"字所包含的文字内容给还原一下。请同学们试着还原它原有的含义，想一想山羊在这个时候应该说的是怎样的话，两位一组，一问一答，自己交流一下，开始。

（学生自由讨论）

师：好，真进入情境，对话甚至是不需要酝酿的，它依着我们的心。嗯，来两位同学，你们俩一问一答，给大家展示一下草堆里的温暖。

生19：兹拉特，我们现在的一切，你是怎么想的？

生17：虽然在这里很危险，但是和你在一起，我什么都不怕。

生19：如果我们没有找到这个草垛，我们俩现在不都得冻僵了？

生17：是呀，幸亏有这个草垛在这儿呢！

生19：如果大雪仍继续这样下的话，我们可能要在这儿待几天。

生17：不管待几天都没有关系，因为你会永远跟我在一起。

生19："咩——"是什么意思？你最好说得更明白些。

生17：哦，我是多么想让你明白，我想要说的是什么呀！

生19：噢——你不会说话，可我明白你的意思。你是说，我需要你，你也需要我。是吗？

生17：是的。

（全场掌声）

师：看到吗，自信也是会传染的！自信的女孩产生出了很美的表达。（掌声）老师呢，也把它还原了一下，可能还没有这位女同学好。来，接下来，我读阿隆，你们一起来读兹拉特。

PPT显示：

兹拉特：真的很糟糕，但是一切困苦都会过去的。

兹拉特：是啊，我们还真的要感谢这个草垛。

兹拉特：嗯，阿隆，不用担心，这里有足够的草够我吃。你可以喝我的奶，还可以抱着我取暖。

兹拉特：我说了，你能听到吗？

兹拉特：是的，你一定能明白我的意思。因为我们彼此需要，永不分离。

师：其实我觉得自己写的还真的没有这位女同学更加自然一些，但是不管怎样，我们试着用自己的语言还原了山羊的语言。看似单一的"咩"字却被我们发掘出如此多的语言情感。所以，在处理情感时，让小说情节和人物自己说话，会起到更好的效果。我们更应该把这个"咩"字读好，因为这个"咩"字，包含的话语和情感竟是那样的丰富。

（同学们静静思考）

师：同学们想想看，"如果大雪仍继续这样下的话，我们可能要在这儿待几天"，这时山羊兹拉特的这个"咩——"应该怎么读？要读出一种什么感觉？

生20：要安慰主人。

生21：给他一点信心。

（生试着读"咩"，悠长有力）

师：嗯，安慰的感觉，给他温暖给他信心，要读出安慰的感觉。那"你最好说得更明白些"，大家发现，山羊这时候说了几个"咩"？

生：两个。

师：这两个字应该读得——

生22：急促一些。

师：哎，急切一些。"我都说了，你应该听懂我的心哪！"山羊急于表达这样的意思吧？

生：是的。

师："我需要你，你也需要我。是吗？"这个时候的"咩"字要读得怎样？

生23：很开心很开心。

师：哎，开心。情感，终于得到了回报。阿隆终于说出了这让山羊无比欣慰的爱的语言，这场暴风雪中最温暖的语言。好，同学们，老师读阿隆，你们读"咩——"我们就读这几句话。

师（读）：如果大雪仍继续这样下的话，我们可能要在这儿待几天。

生（读）：咩——（很温暖，充满安慰）

师（读）：你最好说得更明白些。

生（读）：咩——咩——（急促）

师（读）：你是说，我需要你，你也需要我。是吗？

生（读）：咩——（欢乐，幸福）

师：有感觉吗？最简单的语言、最细小的一个字眼，所包含的情感，真的是很丰富。来，自信女孩，再给大家演绎一下，好吗？老师跟你做一个配合。

（老师和女生再读，感情真挚，富有感染力，全班沉浸在温暖中）

师：嗯，真的是这种感觉，（掌声）读得越来越好了。我们都是有真情感的人。此时，我突然想起了另一种情境下的"咩"叫。

PPT 显示：

> 灰黑色母斑羚眼看就要一脚踩进深渊去，突然，镰刀头羊"咩——咩"发出吼叫，这叫声与我平常听到的羊叫迥然不同，没有柔和的颤音，没有甜腻的媚态，也没有绝望的叹息，音调虽然也保持了羊一贯的平和，但沉郁有力，透露出某种坚定不移的决心。——《斑羚飞渡》

师：初中有没有学过这篇课文？

生：有。

师：《斑羚飞渡》里，也有这一处"咩"字。说说看，它的"咩"声和兹拉特的"咩"声有什么不一样？

生 24：它这个"咩"声是绝望的。

师：绝望，还有呢？

生 24：而这里的"咩"声是对主人的安慰。

师：绝望，因为那个镰刀头羊面对的是——

生 24：万丈悬崖。

师：是死亡，万丈悬崖，还有猎人乌黑的枪管。但是我们的山羊兹拉特，它面对的是——

生 25：一个贫穷却充满爱心和信任的世界。

师：一个充满爱心的人，面对的永远是阳光，即使是在风雪之中。镰刀头羊和兹拉特，他们都遭受到了灾难，但是前者的"咩"声是如此的悲壮、悲怆，而后者的"咩"声里面充满了人与人之间的温情。请允许我用"人与人之间"。所以，一个"咩"字，包含着情感，也需要我们同学带着感情的因子去阅读。请问，今天兹拉特的"咩"声里面有没有"柔和的颤音"？

生：有。（学生"咩"出颤音）

师：今天兹拉特的"咩"声里面，有没有甜蜜的媚态？

生：有。（学生"咩"出甜蜜讨好的感觉）

师：但是我相信，兹拉特的"咩"声里，一定不会有"绝望的叹息"。兹拉特的"咩"声里面，一定也透露出一种坚定不移的决心，是什么？

生：是希望，是爱！

师：好！再次阅读，读出这个"咩"字。

（男女同学分角色读阿隆和兹拉特的对话，"咩"字读得真诚感动）

师：由此，我们不难理解，获得诺贝尔文学奖的辛格的小说艺术，"他充满激情的叙事艺术"。我们也很好地理解了小说写作时情感处理的一种方式——节制胜于放纵。

PPT 显示：

> 节制胜于放纵。小说在处理情感上，不宜饱满和激烈。适当的隐忍和节制，让小说情节和人物自己说话，会起到更好的效果。

五、走进"咩"字深处

师：同样，结尾部分，我们一起来读一读，"兹拉特用角搔搔颈背"，一二读。

生（齐读）：兹拉特用角搔搔颈背，摇摇长着胡子的脑袋，发出它那唯一的声音："咩——"

师：而在《儿童文学选萃》里面，也选了这篇课文。《儿童文学选萃》

13

里边，它的结尾加了这样一句，即"这个单纯的声音表达了山羊兹拉特全部的思想、全部的爱"。同学们，想一想，我们今天的读本为什么选用前一篇？

PPT 显示：

兹拉特用角搔搔颈背，摇摇长着胡子的脑袋，发出它那唯一的声音："咩——"（选自课文最后一节）

兹拉特便用犄角搔搔脖子，摇晃着白胡子"咩"一声。这个单纯的声音表达了山羊兹拉特全部的思想，全部的爱。（选自《儿童文学选萃》）

生26：既然是儿童文学的话，肯定会通俗一点。让比我们小一点的孩子更好地理解这层意思。

师：嗯，帮助孩子，理解作品的主题。那么，你们呢？

生27：要给我们中学生一个思考的空间。

师：对，不能说两个结尾谁好谁坏。

生27：是的。

生28：是，要看读者的。

师：故事，对于儿童，是要阅读和倾听的；故事，对于我们，是需要思考，带它走向深刻的。卡莱尔说："任何一本书，一篇文章的影响，莫过于使我们开始做内心的反省。"同学们，一起来读读最后一段。从这个"咩"声中，你还能读懂小说怎样的主题怎样的情感？

（生齐读文章最后一段，思考）

生29：人性的关怀，我们更应该像阿隆一家人对待兹拉特一样，对待我们身边的每一个动物。

生30：人和动物之间是可能产生恒久的情感的。

生31：我觉得，这里面包含的感情很深厚，羊与人的感情又增进了一层。

师：对，"增进了一层"，真好！这个"增进了一层"，就是我们这堂课学习的一个收获。让我们用真诚与信任善待生活中的每一个生命。还有吗？

生32： 山羊的一种奉献精神。

生33： 我在想，山羊与人之间的这种情感尚且能够如此，那么人与人之间的情感，应该要更加的透澈。现在，人与人之间的情感有时越来越复杂，没有那么单纯了。（掌声）

师： 你开始反思我们的社会，开始反思我们的时代了。

生34： 还要我们关注穷人、弱者。

师： 要有悲悯之心。因此我们不难理解，辛格作品的艺术魅力，还在于他反映了人类的普遍处境。小说中，我们能读出人与动物恒久存在的亲情，能找到物质匮乏的世界里永远温情的慰藉，能感受到情感与贫困的较量和我们应有的悲悯情怀……其实，随着网络时代的到来，现代人正面临着情感的暖死亡。所以我们每一个人都要从这声"咩——"中得出更多的启迪。最后，我们一起来读读文章结尾部分的对话，老师读阿隆，你们读兹拉特。读两次，第一次读原文，第二次请同学们把"咩"字一起不提示地还原出来，听懂了吗？

师： 兹拉特，你还记得我们一起度过的那三天三夜吗？

生： 咩——（齐读，欢乐、幸福）

师： 兹拉特，你还记得我们一起度过的那三天三夜吗？

生（异口同声）：记——得！

师： 记得！我们永远记得！也希望同学们把这声"咩"，装在我们的心中，走向我们人生最温暖的时段。谢谢！

（全场掌声）

教学感言

★这个世界真有这样一种美好吗？美国作家辛格以其独特的叙事艺术，用柔和的笔调，给我们讲述这样一个关于人和动物之间温暖又美好的情感故事。这萦绕在字里行间的感情，成为物质匮乏的世界里人与动物之间永远温情的慰藉。可是，它真能超越任何时代的贫困和窘迫吗？下一次困顿无奈的关口，兹拉特还会被卖掉吗？还会有一场突如其来的暴风雪吗？我甚至不敢多想，还是好好享受小说中的感动吧。在万象生活和复杂的人性面前，所有的预测都是不确定的。支撑我们走出艰困处境的往往是永不消失的信念，是对真善美的追求。我们，最是悲悯的受益者。

★小说单元的主题是"情感"，这也是所有文学作品的主题。用动物故事来彰显人类的生存现实，如沈石溪所说，"历经沧桑而天真未泯，敢怒敢骂而蕴含良知，尖刻而不失人性的温婉，平易中透出智慧与敏锐，俚俗中显出优雅，家常琐事中展现趣味，做至情至性的人，发感人肺腑的文字"，山羊得救了，人的自我救赎也完成了。1978 年，辛格荣获了诺贝尔文学奖，获奖理由是："因为他的充满激情的叙事艺术，这种艺术既扎根于波兰犹太人的文化传统，又反映了人类的普遍处境。"我想，这"情感"前的徘徊与挣扎也是在这"普遍处境"里的。

★对于小说，我似乎并不愿意从小说三要素去做板块式的教学。我喜欢融合，我喜欢挑起争论，我渴望掀起波澜。我有些固执。我习惯于这样的教学思维：把这一课的教学内容（包括编者意图）一一地罗列在纸上，以"最需要"原则进行取舍，做出有选择性的要点明晰、线条简洁的组合，寻找最好的教学点，以点带篇，牵一发而动全身，最后引导学生走进小说隐喻的世界和我们的现实社会。选点是最难的，它在考验着我们的教学眼光和文字敏感度。动脑筋的教学，会让我们越来越聪明！

★我听过多堂这篇小说的公开课，看到学生读"咩"时的敷衍与随意，看到他们嘻嘻哈哈远离感动的表情，心里就很不是个味儿。这篇小说，最打动人的应该是人与羊在草堆里的温暖对话。这一个看似单调又极具羊味的"咩"，其实是最让读者深思并深深感动的。可是，学生却在文章的最感人处停步了，他们游离在"咩"字外，他们发出怪异的腔调，他们常常相视而笑互相逗乐。经典前的不尊重，阅读时的漫不经心，其实还是在于教学没有营造出阅读的最佳氛围。只有充分进入小说的情境，只有立足于语言去品味，只有解冻我们内心的情感冰河，去为这个世界的美而阅读而思考，正容以悟之，教学才会真正唤醒生命！我不允许我们以这样浅薄的姿态走出教室，我想帮他们打开幽闭的情感世界。于是，我很想上上这篇课文。

★读书是最重要的教学内容，最基本的教学方式。读出这篇小说的感动与深刻，读出这篇小说的精致与匠心，读出这篇小说的空白与悠远。在诵读中陶冶心灵，在诵读中学会思考。以读促思，以读助悟，我想来想去，还是读书最好。

——肖培东

现场声音

★肖老师对课的处理非常大胆也非常独特，除了开头让学生很简洁地复述一下故事以外，其他所有课堂活动都是为让学生感受作者"充满激情的叙事艺术"这一中心问题服务的。整堂课问题很集中，上得很大气，老师和学生都怀着极大的热情，带着满腔的爱意在跟文本对话！不难看出，肖老师舍弃的是通常教小说时围绕情节、人物、环境三要素进行分析的套路，得到的是对文本深入的挖掘和对学生语文素养及人格修养的提升。如此"大舍""大得"的处理深深地震撼了我。

——浙江省温州市第二十一中学　史素青

★学生们的心境在悄悄变化，潜滋暗长的是生命中那些不易察觉的情绪，很细微，但的确变化了。"咩"字的朗读由开始的"害羞嬉笑"到后来的"感动颤抖"，已直观地证明他们走入故事的深处，心弦已为故事的情感所震动。最后，在所有学生都沉浸在"咩"字的意蕴中深深思索的时候，肖老师用一句"从这个'咩'声中，你还能读懂怎样的主题，怎样的情感"对小说的主旨的理解做了一个引领。这样的升腾并不突兀，因为有了太多的情感做铺垫；这样的升腾又极壮观，因为这是赏读蓄势后的一次"井喷"。

——浙江省开化中学　邱慧萍

★听肖培东老师的课，与其说他是在张扬自己的情感，抑或文本的情感，不如说他是在激活学生的生命意识，抑或对生命的思考。肖老师的课堂既有师生平等的对话，又有激活情感的思维流程；既有酣畅淋漓的师生品读，又有陶冶情感的文本升华。细细品尝，馨香沁脾，永志不忘。

——浙江省宁波市镇海区立人中学　范维胜

名师点评

实实在在地教会学生读书

钱梦龙

听完肖培东老师的《山羊兹拉特》，心里很是感动。这份感动，不仅仅来自文本内核，更来自课堂教学过程。美好情感的呼唤，学生生命意识的激活，生命内涵的思考，悲悯情怀的追问，人生的许多感受都在这堂课里飘荡着。仔细品评这堂课，有很多值得我们语文老师学习。

亲切平等的对话。一堂课我们的着眼点是看教什么，但是教的最后的落脚点则是在学生的学，看学生学得怎么样。《山羊兹拉特》一课给我印象最深的不仅仅是老师教得精彩，最重要的是学生的发言非常好，想说的话表达得很清楚，很明白，也很深刻。我非常欣赏肖老师的这种亲切平等的对话的教学风格。师生互动的方式是对话，而不是问问答答式的多半浪费时间的问答。此课教学，老师先提出话题，供同学思考，而后再适当地点拨，赢得互动。"一只会产奶的山羊是多么重要！是这意思吧？""暴风雪很重要，你给大家读读看。"人性最深层的需求就是渴望别人的欣赏，肖老师很尊重学生独特的思维，同时能够合理地引导。"看到吗，自信也是会传染的！自信的女孩读出了很美的表达。"适时地激励，亲切有效地指点，这种平等对话一直都在课堂里自由流动，学生也就这样走入文本的深处，领略到文本的诸多妙处。

有效的课堂提问。这堂《山羊兹拉特》，肖老师是在有效地通过思考话题探究话题这一方式引导学生走入文本，是可以研讨的话题，而非那些机械的、低效的、可以频繁问问答答的问题。话题和问题的区别是：问题的思考容量和空间都很小，缺乏思考价值，往往是些非此即彼的封闭式问题；而话题思考空间比较大，容量比较多，允许学生做出多种可能的解释和回答，并且有一定的难度。《山羊兹拉特》一课教学，教师是很精心地设计课堂提问点。在了解故事后，肖老师提出了"拯救兹拉特的最重要因素是什么"这一高屋建瓴贯通全文的问题。暴风雪？情感？草堆？学生在重读小说的基础上各抒己见，思维触角很快就深入到"情感"这个单元话题里面。接下来老师又提出了一个话题，"在遭遇暴风雪前后人对山羊的情感有什么变化？"课堂结尾更是用"任何一本书，一篇文章的影响，莫过于使我们开始做内心的反省"这一卡莱尔的名言，启发学生深向解读文本。有板有眼，步步升温，一步步地引导学生走向文本的深处，一步步引导学生欣赏文章的亮处。富有艺术性的课堂提问，使得课文的重点难点都得到了解决，同时又激起学生思维的浪花，极大地提高教学效率。

　　情感境界的创设。感人心者，莫过于情。语文教学要注重情感的体验。《山羊兹拉特》的字里行间，作家辛格温情脉脉的目光无所不在。而这堂课，肖老师也为我们展示着语文的情感境界，他同样注视着课堂这个有情天地，不放过任何一个可能的角落和细部。即使一个简单的"爱"字，也要求学生充满情感温暖地读出。学生在教师的全身心感染、熏陶中增见识、长能力，获得发展，给我们留下许多温馨的回味。那几句暴风雪后的夜空描写，在爱的境界中，学生尤其读得投入，很温暖很感动地带我们走进小说的情感世界。肖老师一直努力地营造情感氛围，引导学生去体验和感受作品的意味，如山羊的"咩"声朗读中，学生没有想象中嬉笑的场面，而是在认真地读，用心地品，同时为使学生更深入地理解，又把山羊兹拉特的"咩"声与初中课文《斑羚飞渡》中镰刀头羊的"咩"声对比，如此层层推进，学生的情感一次又一次得到升华。师生双向的活动把文本蕴含的情感推向了高潮。这些课堂里的感动场景首先缘于老师爱的情境的创设，使得学生披文入情。同时，肖老师的教学语言本身就充满着情感，在教学中，他一直和学生建立着视线的接触，亲切自然，和蔼可亲，"对，你就说两个人，其实你和阿隆一样也已经觉得这只山羊是人了，这就是情感的力量啊"如此等等，课堂就时刻处于情感的张力中。

朗读体验的运用。在"情感"主题的教学中，有感情地朗读是不可或缺的重要环节，它既是感知文本内容的必要手段，也是激发学生情感，更好地体会文本内涵的有效措施。《山羊兹拉特》整堂课上琅琅书声不断，有教师的范读，有个别学生的朗读，也有集体的朗读，还有男女生交错朗读、师生分角色朗读，一到精彩之处更是反复品读。读，读出情感，读出情境，读出思想。学生在读中体味，在读中感动，教师也在读中沉浸，在读中心灵契合，甚至听课的老师也都充分感受到了语言的韵味。读的方式多，读的内容也很注意，不仅读段读对话，即便是那些小说里看似很普通平常的文字，如"不禁泪流满面""也""很长时间的犹豫"等传达出来的韵味也在读中感受得很彻底，而对一个"咩"字的品读更是令人回味无穷。在淋漓尽致的文字品读中，语文味已四处飘散。

如此，实实在在地教会学生读书，应该就是好课了。

《沙之书》

![leaf] **浅浅小语**

　　浅浅地教语文，教字，教词，教句，教篇章，教我们能感受到的也应该要感受的思想。

　　助长，但不拔苗。不刻意的提升，才是自然的成长。

——肖培东

![leaf] **课堂再现**

　　执　　教：肖培东

　　点　　评：李华平

　　教学背景：2013 年 10 月 26 日，四川师范大学，全国语文教学方法论重建会议。这是人教版高中外国小说选读的课文，学生由四川师范大学文学院的本科生拼凑组成。

一、整体感知

　　师：作为文学院的大学生，阅读速度应该会比高中时候快，我想知道阅读的质量是不是也在提高？请同学说说，这篇小说讲述了一个怎样的故事？

　　生 1：它主要讲述的是一个陌生人敲开他的门，卖给他一本叫"沙之书"的书，然后他在这本书里面发现了很多很神奇的东西，让他止不住要仔细地阅读，但是后来他禁不住那本书的诱惑，最后把它藏在了图书馆里面。

师：作为小说故事情节的概括，我觉得你的表达还必须更加简洁，有些可以一言以蔽之，你再来说说看。

生1：陌生人向他推销了一本叫"沙之书"的书，最后作者把它放到了图书馆。

师：你这里犯了一个错误，也许是你不知不觉已经走入了博尔赫斯小说的氛围，你用的是"作者"。小说中的"我"是不是作者？

生（齐答）：不是。

师（对之前回答问题的女生说）：你再来把刚才的话修改一下。

生1：陌生人向"我"推销书，最后"我"把书放到了图书馆。

师：你知道这个小说的主人公是谁吗？

生1（翻看课文，思考片刻）：文中的"我"。

师：那我就建议你用"我"开头来说话，不要用陌生人开头。用"我"开头说话，把小说的主人公定为"我"，改换一下主宾顺序，再来说。

生1："我"买了陌生人推销给"我"的"沙之书"，最后将它束之图书馆。

师：很好，你看这样就清晰了。我从一个推销书的人手里买来了一本——

生1："沙之书"。

师：经历了许多的恐惧之后，最后把它藏到了——

生1：图书馆。

师：简洁又相对完整，这就叫概括，能力就是这么出来的。

（PPT显示小说内容）

生（齐读）：一个退休的图书馆员从陌生的《圣经》推销员手里买下了一本"沙之书"，沉迷于它的神秘并陷入了对不可知的恐惧，最终把这本书藏在了图书馆的阴暗角落。

二、《沙之书》，一本_____的书

师：我必须承认，这位同学概括得比我更加简洁。这其实就是小说概

括的一种艺术，主要情节一定要表现出来。那么同学们，就这么一个小故事却吸引了世界上万千读者的目光，究竟是一本怎样的书才能有这么大的魔力。请同学们结合文本思考一下，这是一本怎样的书？

（学生浏览文章，思考）

生2：这一本书正如文中所说是一本无始无终而神秘不可知的书，最后"我"成了这本书的主人。

师：你把文中的这句话读出来。

生2（读）：他告诉我，他那本书叫"沙之书"，因为那本书像沙一样，无始无终。

师：我觉得你这句话找得非常准。如果要突出无始无终的感觉，你们在读的时候，这两句话我觉得你要注意语气了。

（师带领这位同学一起读这句话）

师：这本书还有什么特点？

生3：它的排列很有特点。它的排列不是像一般的书一样从第一页开始，而是"逢双的一页印的是40，514，接下去却是999"。

师：那其实你想用一个什么词来概括它？你读了这么多，应该把它概括出来。

（生3犹豫，答不出）

师：要不要寻求帮助？

生3：要。

师（指向旁边一位同学）：她刚才说的这一部分如果用一个词来讲，这是一本怎样的书？

生4：排列无序。

师：无序的书，无规则的书。建议你们俩一起把这段话读一读。

（两名同学齐读，读到"逢双的一页印的是40，514，接下去却是999"这一句时，师打断。）

师：它页码的排列引起了"我"的注意，你们在读的过程当中一定要把这个页码怎么排列的，把"我"的这种注意力给大家讲一讲。"比如说"开始。

两名同学（齐读）：逢双的一页印的是 40，514，接下去却是 999。（语气平淡）

师：最后半句话要读好，"接下去"——

两名同学（齐读）：却是 999。（语气有些惊讶）

师：全班同学一起来读，"接下去"，预备，起。

生（齐读）：接下去却是 999。

师：嗯，在你们身上我还能感受到高中的气息，请坐。很好，这是一本无序的书。这还是一本怎样的书？

生 5：既没有首页也没有末页。

师：这本书的页码无穷无尽，没有首页也没有末页。

生 6：这本书是一本非常缥缈的书，通过刚才同学们的描述，我觉得是缥缈找不到实体的感觉。

师：我建议你不要通过别人的描述，你要通过自己的阅读来判断。

生 6：有一句话说，他之前看到的"还有插画：一个钢笔描绘的铁锚，笔法笨拙，仿佛小孩画的"，但是下面一段又说"尽管一页页地翻阅，铁锚图案却再也找不到了"。

师：一个字读错了，铁锚（锚 máo，该生读成 miáo）。

生 7：从它的外表上来说，这本书是一本很旧、印刷很粗糙的书。而且有异常的重量。还有后面一段，这本书每两千页就有小的插画。

师：这说明什么？

（生 7 犹豫，答不出）

师：通过你读的这一段，来告诉我这是一本——

生 7：这是一本有画的书。

师：哦，有画的书，直观感很强，概括要讲究提炼。后来这幅画就找不着了，所以我们说这可能又是一本——

生 7：很像谜一样的书。

师：哦，谜一样的书，你看这个词概括得就有功底了。前面的女同学，你再来说。你能不能从这篇小说当中找到两个字来说这本书的特点？

（生 3 犹豫，答不出）

师：这是一本怎样的书，能找到吗？同学们。我们在阅读的过程中，一般对定语词特别关注。如果找不到你就自己说，两个字。（师继续引导）这是一本——

（这位同学思考，其他学生生纷纷抢答）

生8：荒诞的书。

生9：这是一本邪恶的书。

生10：这是一本可怕的书。

生11：无限的书。

师：好，我们大家一起来看一下第三页的后半段。

（师生齐读"我和他谈话时，继续翻弄那本无限的书"）

师：读了大学，读书的时候特别要注意把这些词圈出来。

（师板书"无限"）

师：这样看来，这是一本无限的书。如果说书是无限的，那么在这本书前的阅读者，"我"，就是无限前的一个——

生（齐答）：有限的个体。

（师板书"个体"）

师：好，这就是这本书的特点。

PPT显示：

像沙一样，变幻不定，无始无终，无穷无尽，不断"生长"。

神秘，荒诞玄幻，奇妙

师："像沙一样，变幻不定，无始无终，无穷无尽，又不断'生长'"。所以这是一本神奇的书，荒诞的书，玄幻的书。一句话，这是一本无限的书。同学们，这样的一本书，我们在生活中找得到不？

生（齐答）：找不到。

师：肯定找不到的，也就是说，作家在——

生（部分）：虚构。

师：很专业。我的高中学生曾经告诉我，"在撒谎、在造谣、在胡编"，你们告诉我作家是在虚构。

三、虚构——真实？

师：其实在课文后边的练习题有一段小提示，我没有印上去。

PPT 显示：

> "……语言艺术有一点奇怪：它百般支吾，闪烁其词，它拼命撒谎。"

师：写小说的作家，他的语言艺术有一点奇怪，百般支吾，闪烁其词，他在拼命撒谎。这本书是编出来的，这个故事也是他虚构出来的。那么同学们，接下来我们就要思考了，作者是怎样让这本书的虚构不像虚构，或者说作者是用怎样的手段让这篇文章、这个荒诞的故事显得合情合理的？你们知道吗？再看看课文。

PPT 显示：

> 再读《沙之书》，文章中有哪些因素使它的故事趋向合理性？

（学生安静思考）

生 12：他是使用第一人称写的，让我们有一种感觉，是自己经历了的事情一样。第二就是……

师：就先说一点好不好？不要把所有的话都说完了。以后你做语文老师一定要注意，课堂上要留一点让别的孩子说说。

生 12：谢谢老师。

师：用第一人称来叙述，相比于传统小说多用第三人称叙述，它更显真实，仿佛这个荒谬的事件是他亲身经历的，增强了故事的真实感。请坐，很好，还有没有？

生 13：从地址方面来看，明确了那个房子的地址和卖书的地方。从地址上来看，生活中是有地理存在的，这就不像是虚构的。

师：小说中有一些生活场景，包括一些地址和图书馆的名字，其实在当时的生活中就有真实的存在的。你给大家读读看，哪些句子？

（生 14 犹豫）

师：我单身住在哪条街？同学们一起来说。

生（齐答）：贝尔格拉诺街。

师：好，那条街叫贝尔格拉诺街。那个卖书的是来自哪个地方的？

生（齐答）：斯坎迪纳维亚。

师：他是什么地方的人啊？

生（齐答）：奥尔卡达群岛。

师：再来看看，还有没有，还说到哪些地名？

生（齐答）：国立图书馆。

师："我要把它放在国立图书馆。"这国立图书馆还真在现实中有，作者晚年就被任命为国立图书馆馆长。这就说明小说中的某些场景就是生活中的场景，所以读起来越读越像，越读越真，好像这个故事就是在这儿发生似的。还有没有？

生15：我觉得逻辑很合理。这里说"我拿起来看看；异乎寻常的重量使我吃惊"，有一种好奇的心理促使他会去翻这本书，之后就更加让他惊讶，然后他才会想去买这本书，我觉得这样的情节在逻辑设置上是很合理的。

师：我在想，如果你换成是高中生，你可能会这么说，对书的描写太真实了。我们一起来看看作者是怎么描写这本书的，逻辑的合理性怎么在书上体现出来的，你给大家读一读。

生15："他打开手提箱，把书放在桌上。那是一本八开大小、布面精装的书。显然已有很多人翻阅过。我拿起来看看；异乎寻常的重量使我吃惊。"还有就是刚刚说的"比如说，逢双的一页印的是40，514，接下去却是999"那里。

师：很认真的回答，我觉得你真像一个读书人，我真想把你送回到高中时代去。（众人笑）

师：全班同学跟着他的感觉来读读好不好，注意那个对书的描写很细腻的地方，咱们一定要把它读出感觉来。

生（齐读）：那是一本八开大小、布面精装的书。显然已有多人翻阅过。我拿起来看看；异乎寻常的重量使我吃惊。书脊上面印的是"圣书"，下面是"孟买"。

师：还有哪些对书的描写，再找。

生15（读）：书页磨损得很旧，印刷粗糙，像《圣经》一样，每页两栏。版面分段，排得很挤。每页上角有阿拉伯数字。页码的排列引起了我的注意，比如说，逢双的一页印的是40，514，接下去却是999。我翻过那一页，背面的页码有八位数。像字典一样，还有插画：一个钢笔绘制的铁锚，笔法笨拙，仿佛小孩画的。

师：请坐，你们看这本书就活灵活现地展现在我们面前，仿佛真的有这么一本书。所以说小说对书的描写很细腻，让我们觉得这本书就真实存在着。不光是书的描写，还有没有其他描写你也觉得很真实？

生16：他们在交换的时候对话很真实，对人物的描写也很真实。

师：买书时候的交易对话就像我们平常生活中一样，最主要是哪一句话？

生16：第三页后面，"'我提议交换，'我对他说，'你用几个卢比……'"（读得随意）

师：如果你这样读的话它就不像是生活中真实的了。"我对他说"这些我们都不要读出，现在老师跟你配合一下，我来读卖书的"他"，你读那个"我"。

生16（读）：你打算把这本怪书卖给不列颠博物馆吗？

师（读）：不，我卖给你。

生16（读）：我提议交换。你用几个卢比和一部《圣经》换来这本书；我现在把我刚领到的退休金和花体字的威客利夫版《圣经》和你交换。这部《圣经》是我家祖传。

师（读）：花体字的威客利夫版！（读得大声并且惊讶）

师（读）：好吧，就这么定了。

师：你知道我哪一句话读得不像吗？

生16："花体字的威克利夫版"，要咕哝地说的。

师：哦，咕哝的声音怎么可以读得这么响，是这个意思吧？来，你读读看这句话。

生16：花体字的威克利夫版。（读得比老师小声很多）

师：好像是在那里做一场买卖心理上的PK，看看谁能够拿下这一本书。很好，买书时的那些言行描写就像生活中发生的一样。

生17：买书后也非常真实。他拿了书之后上床没有入睡，想一想角上的数字。还有就是他退休之前，他说他在某某国立图书馆任职，最后把它放在了图书馆的某一层。

师：你其实是想说，拥有书之后，"我"的什么描写？

生17：很真实的心理描写。

师：心理描写很真实，包括书刚拥有时的那种惊奇，然后慢慢地转化成了？

生17：恐惧。

师：这些心理过程都很真实。所以，人物的相关描写很真实，不仅是心理描写。

生17：语言，神态，动作都很真实。

师：哦，动作描写也特别真实。找找，一起来读读。

生（读）：我把左手按在封面上，大拇指几乎贴着食指去揭书页。

（然后请一位女同学单独读了一遍）

师：这句话要让我们觉得这本书是很真实的存在，你知道你要读好哪几个字吗？

生18："贴着""按"。

师：还有呢？

生18："揭"。

师：嗯，这三个动词一定要读出一点力量来，仿佛这个手就在那本书上很有分量地磨过去的。你再来试试看。

（生18重复读了一遍那句话）

师：再慢一点感觉就更好了，仿佛是有一种真切的感受。同学们一起来读。

（生齐读）

生18：还有在开头强调"如今人们讲虚构的故事时总是声明它千真万

确；不过我的故事一点不假"，极力让读者以为"我"的故事是真实可信的。

师：哦，这篇小说的开头特别奇怪，不知道有没有同学注意，竟然讲到了什么啊？

生（齐答）：点、线。

师：点和线，也就是几何学的原理。这个是博尔赫斯常用的手法，而这个几何学的原理其实就是在讲个体和无限的关系。大家注意到了吗？第一段的最后一句话，我们读读，"如今人们讲虚构的故事时"，预备，起。

（生齐读，然后老师请了一位男同学再读了一遍）

师：煞有介事地说自己的故事就是那么真，强调了自己故事的真实感。我们再来一起读读。

（生齐读）

师：同学们，我们来看看还有吗？几何学原理、第一人称叙述、生活场景，甚至包括这个"我"和作者，在生活当中经历都是很相似的，都在图书馆工作，还有一系列的描写，心理、言行、动作等等描写都有。还有没有？

生19：我注意到了一个细节，他把书最后放到了图书馆里面，还刻意不去记它的位置，意思就是那本书他已经找不到了。读者在读这本书的时候肯定会对这本书非常感兴趣。如果他说是在生活中的某一个具体角落的话，我们肯定会想去看看那本书在哪里。但是他说他也找不到了，我们就无从考证。这样就感觉他说的好像是真的一样，找不到了。

师：设置挺合理的，就把你诱入其中了。这都表明了作者虚构艺术的特征。同学们有没有想过，"沙之书"是不存在的，那生活中有没有类似于"沙之书"一样的东西？

生20：有。时间和空间，也是无限的东西。

师：遥远的无限的时间和广袤的空间，也是一本"沙之书"。你再来说，在生活中，什么东西像"沙之书"？

生21：想不起来。（众人笑）

师：真的想不起来？

生 21：真的想不起来。

师：听到没有，这就是最好的答案。想不起来，人一辈子想不起来的东西、不知道的东西多吗？

生（齐答）：多。

师：所以，对未知事物的探究也像是一本"沙之书"，她现身说法告诉了我们。（学生鼓掌）人生中有许多想不明白的事，我们的困惑就是一本"沙之书"。

生 22：我觉得是感情之类的东西。比如说父母给我们的爱。

师：再扩大一点，其实人类的情感就像一本"沙之书"。

生 23：我觉得是思想。

师：对，无穷无尽，无规无则。

生 24：我觉得是幸福。

师：幸福为什么是一本"沙之书"？

生 24：因为你不管在什么时间遇到一些事情，你都会感到幸福，它是突然的。

（老师点头）

生 25：我觉得对很多东西的思考，没有办法去判断它。比如说，人性本善还是本恶，这种问题就永远都得不到一个答案吧。

师：还有很多未知的事情。因此我们讲，"沙之书"虽然不存在，但是它在现实生活中的隐喻是有凭证的。

PPT 显示：

沙之书：无止境的欲望、无穷大的世界、琐碎繁杂的生活、强大的异己力量、神秘的未知世界、不知其数的金钱、无法挽留的时间、变化无常的命运、浩瀚无穷的知识、让人身心俱疲的爱情……

师：你看，人类无止境的欲望是一本"沙之书"，我们无穷大的世界是一本"沙之书"，未知的世界以及无可挽回的时间，变化无常的命运，让人身心疲惫的情感，等等，它都是一本"沙之书"。所以"沙之书"是不存在的，但是书籍的无限增值性和现实生活的复杂性与无限性其实是一致的，这就是现实的一个隐喻。

PPT 显示：

某种程度上，书籍的无限增值性和现实生活的复杂性与无限性是一致的，它成了现实的一个隐喻。

交易过程的描述（语言、动作、神态、心理等）

"沙之书"本身的描述

开头部分的几何原理（数学术语的哲学合理性）

意象的意义有现实价值

第一人称，我"我"相似

师：小说的作者通过对交易过程的描述，语言、动作、神态、心理等；关于"沙之书"的描述；开头部分的几何原理，数学术语的哲学性；意象意义的现实价值；另外还有第一人称的叙述，包括《沙之书》中的"我"和作者性格命运都有很多的相似性：这些增强了这个故事的合理性。那么我要问问我们文学院的学生了，你怎么理解小说创作中的"虚构"？

生 26：我觉得虚构就是让不存在的东西变得真实，让人觉得它是真正存在的。

师：虚构就是要让人觉得它是真正存在的，说得挺好的。

生 27：我觉得虚构就是你处在这个小说之外，你觉得是不合理的；但是你处在小说之内，你就觉得它是合理的。我觉得这就是虚构。

师：你说的这个虚构的概念非常有道理。

生 28：我觉得虚构要符合艺术上的真实，能够给我们一些想法，不能是随便的一个虚构。

师：虚构不能随便，是一种艺术的真实。

生 29：我觉得虚构是建立在现实基础之上，但是剥离了现实，站在一个比较高的角度来看世界。

师：说得都非常专业。这篇小说之后就有一个对虚构的讲解，我们一起来看看相关的句子。

PPT 显示：

1. 虚构是小说合法化的身份。我们甚至可以认为，虚构是小说的灵魂。2. 小说中的真实是一种想象和虚构的真实。3. 小说最终要表达的不是某种事实，而是一种具有审美魅力的真实。4. "我用一种不像是我的声音"。

师：我想这些句子能够帮助我们更好地理解西方小说当中的虚构。那么我用一种不像是我的声音在述说，但是我们在读书的时候一定要用一种发自肺腑的声音去读书。一起再来读读小说中的书的描写，感受一下这本书的真实感。

生（齐读）：我信手翻开，里面的文字是我不认识的，书页磨损得很旧……引起了我的注意。

师：停，再读一下。"我把左手"，预备起。

生（齐读）：我把左手按在封面上，大拇指几乎贴着食指去揭书页。白费劲：封面和手之间总是有好几页。仿佛是从书里冒出来的。

师："这本书的页码是无穷无尽的"，预备起。

生（齐读）：这本书的页码是无穷无尽的。没有首页，也没有末页。

四、你来写小说的结尾——小说主旨探讨

师：这就是小说给我们写的一本"沙之书"，这本书"我"买来以后会带来什么啊？会带来一种莫名的恐惧。哪位女同学来把这种莫名的恐惧很真实地读出来？

生 30：随着占有它的幸福感而来的是怕它被偷掉，然后又担心它并不真正无限。

师：把那段心理描写都给大家读出来。"夏季已近尾声"，起。

生 30：夏季已近尾声，我领悟到那本书是个可怕的怪物。我把自己也设想成是个怪物：睁着铜铃大眼盯着它，伸出带爪的十指拨弄它，但是无济于事。（读得很有感情）

师：好，同学们一起来读读文章的最后两句。

（教师带领同学们齐读）

师：小说就这样结束了，如果说小说当中的"沙之书"让我们大吃一惊，那么小说的结尾就让我们更加吃惊了。"沙之书"最后被放在了图书馆里，原来无限之上还有一个更大的无限，这就是小说给我们讲的一个结尾。我想问同学们，如果这个小说的结尾你来写，你会怎么处理？

PPT 显示：

> 真正的小说是以想象和虚构为翼才能飞翔，同学们，你还有其他结尾的方式吗？请你发挥想象，飞翔在博尔赫斯的"沙之书"上。

（全班思考）

生31：我觉得他这个结尾挺好的。（众人笑）

师：不敢挑战别人，这不像是我们当代大学生的风采啊。

生32：如果我来写的话，可能我会去寻找另一个接受它的人。

师：哦，把这个悲哀转移给别人。（众人笑）

生32：不是悲哀吧，找一个能接受它无限的人吧。

师：能找到这样的一个人吗？

生32：这个结尾也是留给大家一个想象的空间。

师：恐惧要让别人跟我一起去分担。这是你的结尾方式。

生33：后面说"我竭力不去记住"，我可能会写过了很久"我"还是忘不了那本书，又去图书馆把那本书拿回来，继续接受那本书的折磨。（众人笑）

师：人始终逃脱不了一个被折磨的命运，是这个意思吧。

生34：他对那本书太喜爱了，书太有神秘性了，他还是放不下。

师：还是放不下，又到那儿找这本书。那你觉得能找到这本书吗？

生34：我觉得能找到吧，他虽然不去记，但是是他自己放那儿的。

师：我真建议你去写写《沙之书》的续集。

生35：他不是想把"沙之书"丢掉吗，我觉得他应该把它放在一个地方，之后他又受不了它的诱惑，但是再去找的时候已经找不到了。

师：想找它又找不到了。

生36：我觉得如果是我的话，我会以这本书来建立一个教派，名字叫

"沙教"。然后"我"就带着这本书四处传教，最后就建立起了像基督教一样的教派。（众人笑）

师：你为什么这么想呢？

生36：我觉得这本书应该是一个很有意义的东西，让人认识到我们忽略的东西，当这种东西很多人都还在忽视它的时候。我觉得它不是一种恐惧，我觉得它提供给我们一种理解生活的方式，所以应该让更多的人去理解它。

师：这是另外一种《沙之书》的结尾。

生37：如果是我来写结尾的话，我觉得"我"应该会把这本书给烧了，或者是把它给撕了，让它消失。因为我觉得消失才是永恒的。

师：消失才是永恒的。还有没有主动想说话的。

生38：我想把这本书送回去，我觉得一件事情的产生总有一个源头。或许"我"会踏上一个寻找的道路，不是说是在印度孟买的那个地方吗？"我"会去那个地方找一下，或许"我"在这个途中就会悟到什么东西。

师："沙之书"的追溯之旅。

生39：他沉迷于这本书，然后他就不再与朋友交流，最后当朋友发现他的时候，他已经死去。人们就会提问，为什么他会抱着这本书死去？然后大家就会去研究这本书，最后就跟刚才那位同学的想法一样，就会有更多的人去研究这本书，就形成了一个无限再无限的无限。

师：也就是说研究也是一种"沙之书"。我现在听懂了，我们班的同学其实有两种意见，一种是烧掉、转移给别人，其实都属于和博尔赫斯相同的结尾，就是让它远离"我"。还有一种是成立一个教或者再去研究，这就是一种进一步探索的结尾。那我们来考虑一下，博尔赫斯为什么要用他这样的一个结尾。或者说你把这么多同学的结尾和作者的结尾放在一起做比较，哪个结尾你更喜欢？或者作者这样的一个结尾是想告诉我们什么？

生40：我觉得作者的结尾是很好的，首先，它照应了开头。他先介绍了一个几何原理，说了一个点线面，也就是说了无限和个体的关系。这个结局也是说明了一个人在面对无限的时候的一种无所适从的恐惧感，我们难以摆脱困境的感觉。

师：作者通过这样的结尾其实是在告诉我们一个有限个体在无规则的无限面前的一种无所适从、难以摆脱的心理状态。

生41：我觉得他应该继续探索这个秘密，因为作为一个人对于未知，他肯定会有好奇心。只有好奇心才会创造出很多东西来。

师：你这是一种不同的意见了。人有好奇心所以去探索，但是如果这种探索永远无穷尽，让你受折磨受累时，内心往往就会产生出一种焦虑并且很难受。

生42：我觉得他这样一种结尾就是回归现实。因为他最开始的时候是好奇，可是得到过后是恐惧。意思就是我们在无限的虚拟的想象、好奇当中获得的是神奇，但是最后真正得到的是恐惧。所以呼吁我们要回归现实。

生43：我觉得这是对无限最好的一个阐释，因为文中说"如果空间是无限的，我们就处在空间的任何一点。如果时间是无限的，我们就处在时间的任何一点"。后面还说到"隐藏一片树叶的最好的地点是树林"。我觉得他隐藏那本书最好的地方就是放在图书馆的任何一角。他本来是想阐释个体与无限，我觉得对于一本书要阐释它的无限，就是要放在一个比它大的空间里。

师：你说了很多，我想简单概括一下，你就是想说这应该是我们人类的一种普遍心理。大家一起来读读刚才她给大家读到的那句话。

生（齐读）：如果空间是无限的，我们就处在空间的任何一点。如果时间是无限的，我们就处在时间的任何一点。

师：注意，任何一点是哪一点？

生（齐答）：不确定的。

师：连哪一点都不能确定，那种焦虑那种迷茫那种孤单很可能就表现出来了。看看小说中的其他人物是不是也和作品中的"我"一样，看看卖书的那个人的脸色是怎么样的，在第一页里面，一起来读读。

（师生共读"他散发着悲哀的气息，就像现在的我一样"）

师：所以这不是"我"一个人的心态，在作者的眼里，个体在面对无限的时候，更会表现出一种无所适从，这样更接近心理的复杂性和真实感。当然，在生活中，我们也需要一种积极探索的精神。有限的个体在面对无规则无序的无限面前，显出了人性的无所适从，难以摆脱，这可能就是博尔赫斯想通过《沙之书》告诉我们的。

PPT 显示：

> 艺术家是个说谎的家伙，但是他的艺术，会把那个时代的真相告诉你。

师：博尔赫斯在《论惠特曼》一文中说："一件虚假的事可能本质上是实在的。"我想这个"时代的真相"应该包含人性的真相。

PPT 显示：

> 揭示的事理更为真实——人类面对"无限"时无所适从，所以这样的一个结尾揭示的可能就更为真实，写出了人类面对无限时的一种无所适从的真实。

师：由此我们就更加深刻地理解到什么是虚构。

投影并齐读：虚构要最大限度地接近心灵的复杂活动。

师：我们都有面对无穷尽的星空感到震撼的时候，我们也都有面对无止境的时间和空间惊讶的时候，我想其实我们每个人的心理也都存有一本"沙之书"，因为我们也都有那种心理，也都有那样的内心活动。但是我想，在探索学问的路上还要有一种刚才这位同学所说的积极的进取精神。也希望我们文学院的同学能够把这本《沙之书》好好地解读下去，也许若干年以后，你还会读出更多的"沙之书"。因为我确信博尔赫斯这本小说本身就是一本"沙之书"，最后我们再来读读文章当中的那句富有哲理的话。

生（齐读）：如果空间是无限的，我们就处在空间的任何一点。如果时间是无限的，我们就处在时间的任何一点。

师：希望我们每一个未知的一点，都能够找到自己真正的位置。谢谢大家。

教学感言

★ "沙之书"是一本无穷无尽的圣书，拥有无限的内容，像沙子一样无始无终。每一次翻开同一个位置，呈现的都是不同的页面和变幻莫测的页码，而且永远也翻不到第一页——不管如何贴着封面翻开。主人公从最初得到这本书的兴奋，渐渐变成了惶恐焦虑。因为无穷无尽，所以烦恼便接踵而至。我读着这个荒诞的故事，很快就进入了博尔赫斯的思想世界。语文老师的痛苦，在于他阅读作品不允许彻底的无所羁绊的陶醉与释放，他还要及时抽身出来，去寻找最佳的教学路径。"上帝同时给了我书籍和黑夜/这可真是一个绝妙的讽刺……"我现在觉得，博尔赫斯的诗，说的就是语文老师的幽默与苦涩。

★ "虚构"，本单元的欣赏主题。帮助学生了解博尔赫斯作为"玄幻型"作家的小说的虚构艺术，从而培养学生高格调的审美情趣及丰富其想象力，提升其人生境界，就成了此课教学的重难点。如何在教学中更有效地达成教学目的，不是刻意追求，而是不露痕迹？我苦苦地思索着。看过许多教学设计，不外乎"沙之书"的特性与象征意义、小说中虚构与真实的关系探究这几个环节。这一课，语文老师的教学内容几近相同。我所能做的，就是整合与优化，让课堂更干净，让线条更明朗，这样，我就要多多思考"虚构"可以辐射并包容的文字空间。文章中有哪些因素使它的故事趋向合理性？"沙之书"的现实隐喻融入到这个问题里，教学步骤少了点杂芜。

★ 读不完的"沙之书"，如同读不尽的人生，读不透的人性。我总感到它还讲了一些什么别的东西，不仅仅只是一个有趣的故事。博尔赫斯曾经说："文学即游戏，尽管是一种严肃的游戏。"《沙之书》这篇小说可以看成是一篇游戏之作，却游戏出了人生的真实。"隐藏一片树叶的最好的地点是树林。"无限之上还有更大的无限。很多时候，被生活的圈子挤压得无所适从，我就会在博尔赫斯的文字游戏里寻找慰藉。我觉得这是一本心灵的圣书。

★我很喜欢这个设计：真正的小说是以想象和虚构为翼才能飞翔，同学们，你还有其他结尾的方式吗？让学生发挥想象，飞翔在博尔赫斯的《沙之书》上，既完成了课后的想象练习，又紧紧扣住文本，把《沙之书》的主旨思考和虚构艺术感悟更推进一层。逃避还是坚持，显示了博尔赫斯与崇信科学的人的分歧——对于笃信科学万能的人来说，他们会用进取的心态坚持；而对于相信神秘主义的博尔赫斯来说，在令人敬畏之物面前，他会选择停步。这个设计，你们喜欢吗？

★为了强化个性阅读，我还有这样一个教学结尾，"博尔赫斯的书就是一本'沙之书'，其中那些玄之又玄的秘密，给读者留下了无穷的思考空间。请以《_____——读博尔赫斯的〈沙之书〉》补充正标题，显示你此课的收获"。小说中的"我"还是在惶惶不安中放弃了"沙之书"，有一种朝圣者的谦卑。毕竟这仅仅是一个故事，也许，面对无限，我们还应该在敬畏之中存有一份挑战进取的勇气，包括对《沙之书》的教学。

——肖培东

现场声音

★第一次听肖培东老师的课，就是《沙之书》（宁波中学），而这堂课也像令人着迷的"沙之书"一般，是一口可以无限汲舀的"深井"。

★这是一堂具有纵深层次感的课，在肖老师的引领下，经由情节概括、"沙之书"的特点、故事的合理性、内在的隐喻性、虚构的真实、结尾的其他设想这一路线，不断抵达文本内蕴与学生心智的深处。从设计课堂删繁就简而又螺旋而上的思维路线角度，多琢磨这堂课，能获得教学举重若轻的秘诀。

★肖老师不仅是个课堂设计师，他的高明还在于不断尊重、顺应学生，因而有了教师与学生无痕融入的"肖式"智慧，就像"沙之书"虚构与真实的关系"仿佛水消失在水中"。课堂最好的一个细节是，学生以时间、我们自己、大脑、空间、未来、命运、生活、人性等来不断回应"沙之书"的隐喻，一学生一时答以不知道，肖老师让他大声重复，并应以

"沙之书"的本质就是不知道，极为巧妙。而在学生未能进入文本时，肖老师总是不吝时间，慢下来领学生朗读，不是以外在的灌输，而以心灵深处的理解促成内化，这就是"肖式"课堂总能演奏师生交响曲的关键。

—— 浙江省宁波中学　时剑波

★《沙之书》是一篇很有味道的小说。学生兴奋又困惑，不得其解而又苦苦追寻。在这种阅读期待下，如果教师僵硬寡淡地落实单元教学目标"虚构"或是"隐喻"，显然是会让学生意犹未尽和失望的。

★老师是怎么实现这个教学目标的呢？他耐心地引导你在文本里走走停停，瞻前顾后。前三个教学环节，从情节概括到书的特征再到虚构的真实感，课堂里的每一个指令都以文本为抓手、为核心，由浅入深，逐层推进。他一会儿带你远眺山形地貌，一会儿又和你一起近嗅桃李芬芳。不知不觉，你已经来来回回在文本里走了好几遍了。这，还不够。还要读出来。肖老师的课堂一直在提倡"读"书，"悟"了以后再"读"书。语文味，就在这些鲜活生动、值得细细咀摸的文字和琅琅的书声里荡漾出来。没有专业高深的术语来解释"虚构"，阐明"隐喻"，但每一次对话都在贴着你的理解和思考，然后和你一起往更深处漫溯，直至插上想象的翅膀，然后展翅飞翔。

—— 浙江省富阳中学　骆文俊

★《沙之书》教学难点有三：小说内容的消化，小说的主题理解，小说技巧的领悟。大多教师在教学中都是在努力地完成第一个问题，结束时顺便提及小说的现实性和技巧的表达（这也是教材中小说专题的要求），很少会有教师会在后两个问题上着力。但我们的肖老师却通过两个极其简单的主问题便消化了所有的难点：一是这一本虚构的书，你在阅读中怎么感觉到它的真实；二是用其他结尾的方式，发挥想象，飞翔在博尔赫斯的《沙之书》上。这两个问题的设计，我很感兴趣。一是问得自然，是水到渠成之举（我觉得是一种不露痕迹的高明设计和提问）。二是问题的容量惊人，很多教学内容和设计均可纳入其中，两个设计均扣小说的"虚构"

生发，不枝不蔓，有的放矢。三是问题趣味性强，对于这一点，实录中学生的表现已经得到了印证。反观我们的教学设计是主问题套着小问题，讲究的是环环相扣，讲究的是创造出新，大有不一鸣惊人就死不罢休的架势："《沙之书》让你想到了什么？""从哲学的角度来看，《沙之书》给了我们什么？"面对这样高大上的提问，不要说学生，就是教师也大多"心领神会"地听听课而已。我们实在应该多来听听肖老师的课。

——浙江省永嘉中学　周康平

名师点评

抓住本体内容，体会"运用"之妙
四川师范大学文学院　李华平

肖培东《沙之书》教学是一堂难得的好课，值得细细品味。他紧紧扣住"小说虚构的真实性"的本体性教学内容，教学生理解文本中作者对语言文字的运用之妙。而整个教学过程中，思路简洁流畅，把本体性内容与非本体性内容的辩证关系处理得十分妥帖；教学方法简单有效，对学生的指导具体、细致、到位，思维含金量很高。

一、教学内容简明准确

新修订的语文课程标准明确指出："语文课程是一门学习语言文字运用的综合性、实践性课程。"学习语言文字运用，包括理解别人对语言文字的运用（听、读）和自己对语言文字的运用（说、写）。这是语文教学的本体性内容，是语文学科"独当其任"的任。从学习阅读的角度来看，本体性内容是文本形式和文本解读的策略与方法。也就是说，教学生学习阅读，重心有两个：（1）学习文本形式——作者怎样构思行文、遣词造句；（2）学习文本解读的策略与方法。

肖培东老师本课教学依次有四个主要内容：（1）这是一个怎样的故事；（2）这是一本怎样的书；（3）作者怎样把假故事写得像真的；（4）

怎样给文本重写一个结尾。第一、二个教学内容，是理解文本内容；第三、四个教学内容，是理解文本形式。整个教学过程中，本体性教学内容所用时间较多，教学重点也因此很突出。

我们且来看第三个教学内容——作者怎样把假故事写得像真的。这实际是引导学生理解"小说虚构的真实性"。肖老师一步一步引导学生概括出这篇小说把假故事写得像真的，所用技巧有：（1）用第一人称增强故事的真实感；（2）描写了一些真实的生活场景（包括一些地址和图书馆的名字）；（3）对书的描写很真实；（4）对人物买书的动作、心理描写很真实（包括买书时候的交易行为和买书后的心理活动）；（5）文本开头的语言表述让人感觉故事很真实。这样一步一步地引导，学生对小说虚构的真实性就理解得很深刻了。

这种对文本"怎样写的"的探究，正是语文阅读教学的关键所在。而我们常见的一些课，却把重点摆在了文本"写了什么"上。这是对语文教学内容本末倒置的错误理解，这种倾向亟须得到纠正。在这个意义上说，肖培东老师《沙之书》教学的引导价值就格外突出。

二、教学思路简洁流畅

课堂教学中的师生活动都是在时间的线性序列上推进的，因此就得顺应学生学习心理在时间线条上的运动规律，不能杂乱无章，而要简洁流畅。

本堂课教学思路非常简洁，教学中的四个主要内容自然形成四个教学环节：怎样的故事—怎样的书—怎样把假故事写得像真的—重写结尾。这四个环节中，一、二两个环节是理解文本内容，三、四两个环节是理解文本形式。先理解文本内容，再理解文本形式；在理解文本内容的基础上理解文本形式，主干清晰，不枝不蔓，简洁简单。正因为这样简洁简单，所以教师对学生的指导就具体、细致、到位。

环节与环节之间也很流畅。所谓流畅，是指前一内容与后一内容之间、前一环节与后一环节之间要经得起逻辑推敲。前一段水渠里的水要能够顺利流到后一段水渠里，否则就是不流畅。肖培东老师的《沙之书》教学的四个主要内容，前两个是理解文本内容，是学习后两个内容——理解文本形式的基础和保证。

在当前"语用"一词成为学界热词的时候，我们有必要保持一定的清醒。尽管文本内容（"写了什么"）不是语文阅读教学的本体性内容，却是与本体性内容（"怎么写的"）相联系的重要内容，是理解本体性内容的基础。有一些课，在学生还没有理解文本基本内容的时候，就仓促地理解文本形式。这也是有违语文教学基本规律的。要理解文本形式，如果没有文本内容做铺垫，就始终会是隔了一层。在这个意义上，特级教师陈日亮指出："语文既是教形式的，也是教内容的，但归根结底是教内容的。"

肖培东老师此课教学，辩证处理好了理解文本内容与理解文本形式之间的辩证关系，既突出了重点、难点，又没有将重点、难点推到极端，使之孤立。这是非常符合阅读教学的基本规律的。这里没有高深的学问，就是需要教师老老实实教学生老老实实读书。从理解文本内容入手，理解文本形式，训练语文能力。

三、教学方法简单有效

在当前不少语文课花样不断翻新的背景下，肖培东老师《沙之书》教学在教学方法上也有矫弊之效。大匠无痕，整堂课教学方法简单，而师生互动充分，教学氛围轻松愉悦，具有很高的教学艺术价值。在学生理解文本内容、文本形式的过程中，教师没有强行灌输，没有强拉硬拽，只是相机进行具体、细致、到位的指导。

这种指导首先集中体现在朗读上。朗读，是语文教学的重要方法。朗读成功了，文学作品的教学就成功了一半。遗憾的是不少语文课，教师、学生都在朗读，但是缺少朗读指导。没有指导的朗读是低效的朗读。肖老师对学生朗读的指导则是具体、细致、到位的，因此也是效果明显的。且看下面的教学片段：

生（读）：我把左手按在封面上，大拇指几乎贴着食指去揭书页。
（然后请一位女同学单独读了一遍）

师：这句话要让我们觉得这本书是很真实的存在，你知道你要读好哪几个字吗？

生 18："贴着""按"。

师：还有呢？

生 18："揭"。

师：嗯，这三个动词一定要读出一点力量来，仿佛这个手就在那本书上很有分量地磨过去的。你再来试试看。

（生 18 重复读了一遍那句话）

师：再慢一点感觉就更好了，仿佛是有一种真切的感受。同学们一起来读。

（生齐读）

　　上述片段中，教师在指导一个学生朗读一个重要句子"我把左手按在封面上，大拇指几乎贴着食指去揭书页"，首先教师指导学生要抓住三个动词，然后要"读出一点力量"，再是要"慢一点"，"仿佛是有一种真切的感受"。这种把朗读或者说有表情的朗读具体化了。在这样的指导下，学生朗读水平的提高就变得可感可见了。整堂课对朗读的指导可圈可点之处还有很多，而对学生朗读的指导正在成为肖培东老师课堂教学的特色之一。

　　而简单背后，则是教师不简单的功力。肖培东老师这堂课，扎扎实实地对学生进行了语文思维训练，带领学生进行纵向运动。语言文字运用的核心是思维，没有思维运动的听说读写是低效甚至无效的。

　　"问题是撬动思维的杠杆"，肖老师《沙之书》教学整堂课通过主问题引导学生仔仔细细读书。比如，引导学生理解文本内容的两个主问题：第一个主问题"这是一个什么样的故事"引导学生把握文本基本故事情节，第二个问题"这是一本什么样书"引导学生把握文本中心事物——"沙之书"的特点。在把握文本故事情节和中心事物的过程中，教师训练学生进行概括能力的训练。理解文本内容的教学行为运行在前台，而运行在后台的是实实在在的语文概括思维训练。肖老师对学生第一个问题回答的引导就很巧妙有效，"概括小说的故事情节"这一环节教师处理得非常到位，不急不躁，渗透方法，最终在实践中提升了学生的概括能力。这个教学片段中，教师进行的是概括思维的训练，其要求是"简洁又相对完整"。概括，是语文思维的一种，是语文考试常考的内容。而对概括思维的训练，不能够只是在考前复习中进行，它更需要在日常教学中巧妙地进行。此处，不是概括思维专题训练，而是文本故事情节的梳理。在梳理中，教师根据概括的相关要求，一步一步引导学生归纳出文本故事情节。

这个工作，是一种思维的纵向运动。课堂教学既需要顺着时间序列一步一步平面推进，更需要进行思想的纵向提升，思维的纵向深入。这种向高处、向深处的纵向运动，体现了教师对学生的指导——教师是否具备带领学生进行纵向运动的功力，也是学生是否需要教师指导的理由所在。有些教师没有这种硬功夫，就只好无原则地、无目的地称赞学生，顺着学生的朗读、回答往前遛——"脚踩西瓜皮，滑到哪里算哪里"。这对学生的成长是没有任何意义的。比较来看，肖培东老师此课的意义就更为突出。

《假如我有九条命》

🍃 **浅浅小语** \\\\\\

我不是最优秀的，但我在激发最优秀的我。

我不是最出色的，但我在努力走向最出色的我。

浅浅地，拨开繁杂的草丛，找到最亮丽的一株种成课堂的大树。

——肖培东

🍃 **课堂再现** \\\\\\

执　　教：肖培东

点　　评：金军华

教学背景：2014 年 12 月 5 日，江苏省无锡市梅村高中。

（学生课前朗读课文《假如我有九条命》）

一、标题导入，感知"九命"

师：同学们好，这篇课文你们是什么时候知道要教的？

生 1：昨天吧。

师：那我要问个问题，当你看到这篇文章的题目时，你最想问些什么？

生 2：为什么会有九条命？

生 3：九条命能够用来干什么？

生 4：他有九条命，会用这些命来完成哪些没有完成的事情？

生 5：要做到怎么样才会有九条命？

师：我发现你们都没问一个问题，作者说的这九条命到底是哪九条命？这个问题看来你们自己都能解决。说说看，文中的九条命都在哪呀？

生 6：文章的开头。

师：哦。那我们把这九条命读一下，只把这九个句子读一遍。

生（读"九条命"）：一条命，可以专门应付现实的生活；一条命，有心留在台北的老宅，陪伴父亲和岳母；一条命，用来做丈夫和爸爸；一条命，用来做朋友；一条命，用来读书；一条命，用来教书；另一条命，应该完全用来写作；一条命，专门用来旅行；最后还剩一条命，用来从从容容地过日子。

师：简单的问题你们自己解决了。那么我们这堂课就要解决的是为什么想有九条命？九条命究竟要实现作者什么理想？我发现你们之前读文章的时候没有画，现在一边读一边画。

（学生看书）

师：我看还有其他同学最后两个段落没有看到，我们一起把最后两个段落读一下。

（生齐读课文最后两个段落）

师：在这篇文章中，作者余光中先生以独特的思维与角度设想了九条命，这九条命按同学们的说法就是他人生的理想。我建议大家把这九条命抽出来一起再读一读，这次读呢，请同学们不要一口气读下去，一条命与一条命之间稍微停顿一下，感受一下，好吗？

（生读）

二、以"教书"命切入，"一命"联"九命"

师：你们知道吗？这九条命的文字，有一条命与作者原著中的表述是不同的，就是"教书"的这条命。余光中的原文里说这条命的时候，段落第一句话就是"书要教得好，也要全力以赴，不能随便"。换句话说，我们教材里这条命中的第一句话"一条命，用来教书"，也就是这一段首的中心句是编者加上去的。同学们，其实按照这篇文章其他八条命的中心句的写法，编者是有很多加"教书"这条命的中心句的表达方式的。大家思考一下有几种方式。

（师生看文章九命的中心句，共同整理）

PPT显示：

　　一条命可以专门应付教书

　　一条命有心教书

　　一条命用来教书

　　一条命应该完全用来教书

　　一条命专门用来教书

师：我们看看，如果按照第一条命的写法，可以是这样的，"一条命可以专门应付教书"。如果按照第二条命的写法可能是这样的，"一条命有心教书"。如果按照第三条命的写法可以是"一条命用来教书"。如果按照第七条命的写法可以是"一条命应该完全用来教书"。如果按照第八条命的写法可以是"一条命专门用来教书"。所以说编者在加中心句的时候有五种选择，我们一起把这五种选择读一下。

生（读）：一条命可以专门应付教书；一条命有心教书；一条命用来教书；一条命应该完全用来教书；一条命专门用来教书。

师：想想编者为什么要选"一条命，用来教书"这句话？

（生思考，讨论）

生7：第一条命"应付"带有不喜欢的意思，敷衍的。

师："应付"换句话来说是敷衍的意思。那我们来看第一条命，为什么现实世界用的是"应付"？

（学生快速阅读这段）

生8：因为他说现实生活有很多的烦恼，他应付不过来。

师：按照苦命的丹麦王子来讲是"千般惊扰"。看作者是怎么写现实生活的"千般惊扰"？在文章中，作者认为现实生活最烦的事情是什么？

生9：办手续。

师：大家一起来读读。

生（读）：办手续最烦的一面莫过于填表格。表格愈大愈好填，但要整理和收存，却愈小愈方便。

师：这些句子已经写出了填表格的什么？

生10：极度麻烦。

生11：头绪太多，时间和精力很是消耗。

师：对，麻烦，烦琐，教书则是要发挥"人师"之功的事情，是作者喜欢做的事情。所以，显然教书这件事情不应该这么去写，因此不能用"应付"。那第二条"一条命有心教书"，行不行呢？

（生思考）

生12："有心"是指留心，教书则是要全力以赴，不能随便的事，所以要比"有心"的程度更深一点。

师：我们想想是这么解释吗？教书就要全力以赴，对待父母就可以不全力不尽心了？还是先找找"有心陪伴父母"的文字部分看看，再去思考"有心"教书行不行。

（学生阅读）

生13：我觉得也可以吧。

师：为什么？

生13："有心"教书也是全力以赴地教书，就是把自己的一生都献给教书。

师：哦，那我们看看课文中写教书命的段落是怎么写的？作者是怎么把这个"心"放在教书这个段落里的？

生14：因为有很多学生要考老师，但是问的问题都是出于无形，所以我觉得老师要不断丰富自己的知识。

师：教师要不断丰富自己的知识，课文中还有哪些句子写出教书要有心？

生15："老师太有名了，便忙于外务，席不暇暖，怎能即之也温？倒是有一些老师'博学而无所成名'，能经常与学生接触，产生实效"，这里可以看出。

师：嗯，大家知道吗，教书这个活本来就是余光中的——

生 15：本职工作。

师：对，职业。

生 16：前面讲到要有心陪伴岳母和父亲，应该就是平时没有时间用心，所以才说"有心"。而这里教书是他的本职，是他可以做到的。

（有生小声说"愧疚"）

师：这位同学能从两方面去思考问题了，很好的思维方式。也就是说，"有心"这个词说明在平常生活中，实在是有意但是无力去做好的事。看看对待父母这段话。请一位学生来读读父母的片段，读出有意但无力的愧疚的感觉。

生 17（读）：父亲年逾九十，右眼失明，左眼不清。他原是最外倾好动的人，喜欢与乡亲契阔谈宴，现在却坐困在半昧不明的寂寞世界里，出不得门……情如半母，使我常常感念天无绝人之路，我失去了母亲，神却再补我一个。

师：对父母，我平时都只能做什么？用四个字来说。

生 18："常常感念"。

师：就是课文中说的"常常感念"。所以说平日里余光中对父母更多的是用什么来表达的？

生 19：感念！没有实质性地去多陪伴他们。

生 20：没有多少实际行为。

师：因此他要用"有心"，要用点心去孝敬父母老人啊。但是教书是不是这么回事啊？

生 21：这是他的正职，肯定已经有心。

师：所以，这"有心"也不是最妥帖的。那再来看第七条命是关于写作的。那能不能这样改，"一条命应该完全用来教书"，行不行？

生 22：不行。他说到"应该完全用来写作"，但是正职已经是"教书"。

师：所以说"写作"是他的兼职，"教书"是正职。看看这句话中，哪些词是要注意品味的？

生 23："完全"，这说明作者没有把全部时间投入到写作上去。

师：还有吗？

生24（小声）："应该"。

师：是，另外还有个词叫"应该"。如果在"教书"上加上这个"应该"，我们一起读读看。

生：一条命，应该完全用来教书。

师：你觉得哪个词放上去不适合了啊？

生25："应该"。

师：为什么？

生25：他本来就在教书，应该完全用来教书。

生26：这是他的本职，本来就应该完全用来教书的，用上去就显得"不该"了。

师：那我程度加深一点，也像旅行这条命一样表述行不行？大家一起读读看。

生：一条命，专门用来教书。

师："专门用来教书"。而我们的编者加上的是什么？

生27："用来教书"。

师：如果再加上"专门"，从这个词上你能思考到什么？

生28：我觉得他的本职工作就是教书，已经是专门的了。

师：本职工作是教书，说明从事的是这个职业，有一点道理。

生29：旅行前面用"专门"说明在日常生活中很少有机会出去旅行。

师：对，旅行这件事往往是被大家忽略的。我希望男同学来读旅行。

男生（读）：一条命，专门用来旅行。我认为没有人不喜欢到处去看看：多看他人，多阅他乡，不但可以认识世界，亦可以认识自己……

师：按这么个说明，旅行应该成为生活的一部分，但是现代人忘记了这件事，所以加上了"专门"这个词强调生活要有时间给旅行，要付诸行动。把这两句中心句对比性地齐声朗读一遍。

生（读）：一条命用来教书，一条命专门用来教书。

师：男同学读第一句，女同学读第二句。

男生：一条命用来教书。

女生：一条命专门用来教书。

师：所以"专门"这个词透射出这种必须而不该忘怀的感觉来了。这样看来，就要选择"一条命用来教书"。大家一起把"教书"这个段落朗读一遍。

生（读"教书"这一段）：一条命，用来教书。书要教得好，也要全力以赴，不能随便……

师：文章这段话就非得加上"一条命，用来教书"不可吗？为什么在真实的文章中这句话是不存在的？你觉得这句话要不要加上去？

生30：我觉得他有可能觉得教书是自己的主职工作，所以前面不加这句话，后面的意思也足够表达了。

师：对，也就是说你要从"我"的文章当中读出"我"要说的话。

生31：因为前面有三句，就太多了。

师：太多了，重复也不一定好，也有道理。

生32："书要教得好，也要全力以赴，不能随便"这句当中有个"也"字，所以已经是承接上文了。

师：说得好，有个"也"，"也要全力以赴"。那，我们把这个段落编者加的第一句话去掉，读读是什么感觉。

生（读）：书要教得好，也要全力以赴，不能随便……

师："也"说明是承接上文而下的，大家已经能够读出来了，所以读书也要学会从副词上来思考问题。有没有发现，编者加上去"一条命，用来教书"，读是读得方便，但是散文的那种……

生33：散文要形散意不散。

生34：统一，也不一定好看。

师：嗯，不只是形要散，而且要各具特点，打破行文的单调，余光中的散文是很随意也很自由的。我们一起来读读这九条命，把"教书"的那条命加上的中心句去掉，读读原文的表述，好好感受。

生（读）：一条命，可以专门应付现实的生活；一条命，有心留在台北的老宅，陪伴父亲和岳母；一条命，用来做丈夫和爸爸；一条命，用来做朋友；一条命，用来读书；书要教得好，也要全力以赴，不能随便；另一条命，应该完全用来写作；一条命，专门用来旅行；最后还剩一条命，用来从从容容地过日子。

三、比较异同，感悟文章情感和行文风格

师：接下来的问题还与这九条命有关，除了教书这条命的写法，余光中写哪条命与其他命也有不同？

（生阅读思考）

生 35：最后一条命与其他八条命不同。

师：哪里不同？

生 35：因为最后一条命没有……（没说下去）

师：有感性的认知了，接下来同学们就要思考了。同学们说，最后一条命和前面的命哪里写得不一样？接下来我们读读最后一条命。女生读给大家听。

女生（读）：最后还剩一条命，用来从从容容地过日子，看花开花谢，人往人来，并不特别要追求什么，也不被"截止日期"所追迫。

师：说说这条命的写法与其他八条命的写法有什么不同？

生 36：最后一条命是总结，回归到日常生活中。

师：这是一个好角度。大家发现没有，回归到日常生活中的最后一条命只有一个句子。我们看看最后一条命句子长不长？

生：长。

师：那最后一条命要和前面的命表述得一致，哪一个标点要改？

生 37："用来从从容容地过日子"后面改成句号。

师：你太聪明了，我们一起来改改看，读读。

生（读）：最后还剩一条命，用来从从容容地过日子。

师：考虑一下余光中为什么要用逗号？

生 38：因为后面写的生活，是"从从容容地过日子"的承接。

师：那我们句号也可以承接的啊，你听老师读。（老师读）你看，我读到这里，就停下来，然后你再读下去。用逗号读完感觉怎么样？

生 38：从容，慢悠悠的。

师：长句子慢慢读完，也有一种从容感。我们把这种感觉读出来。

（生读，从容的）

师：还有什么发现吗？

生39：这条命没有具体说出什么事情。

师：是怎么表述的？

生39：花开花谢，人来人往。

师：哦，事情在这里变成了"看花开花谢，人来人往"这样的抽象表述。啥具体的事都不说了，啥事都不写了，所以，你看这个段落与其他段落相比，段落是不是要短，文字是不是要少？生活中的事情实在是太多了，干脆从从容容面对它。刚才大家也说了要读出这个从从容容的味道。我们再一起来读，感受这从从容容的感觉。

（生读此段）

师：除了这个段落，还有没有某个段落有不同的感觉？读下来的味道？

生40：第八段用来写作的那条命。

师：为什么？

生40：因为里面举了两个例子。

师：这里面有举例子，其他段落没例子，这也是一个方面。那从语言的风格上看，哪个段落与其他段落感觉不一样？

生41：我觉得第五段，因为我觉得好笑，"中国的'旧男人'做丈夫虽然只是兼职，但是做起朋友来却是专任"，很好笑。

师：好笑，那你读哪一段你不笑的？

生41：父母的这一段。

师：很好，也就是说其他段落写作的时候余光中更多的是用幽默调侃式的笔调。来，我们读读这篇文章好笑的地方。

生（读）：中国的"旧男人"做丈夫虽然只是兼职，但是做起朋友来却是专任。妻子如果成全丈夫，让他仗义疏财，去做一个漂亮的朋友，"江湖人称小孟尝"，便能赢得贤名。

师：看看，很有味道。

生 42： 办手续的句子很幽默。最烦的一面莫过于填表格。表格愈大愈好填，但要整理和收存，却愈小愈方便。表格是机关发的，当然力求其小，于是申请人得在四根牙签就塞满了的细长格子里，填下自己的地址。许多人的地址都是节外生枝，街中有巷，巷中有弄，门牌还有几号之几，不知怎么填得进去。

师： 这些四个字四个字地说，一股嫌麻烦之气就出来了。好好读一下。

生 42： 许多人的地址都是节外生枝，街中有巷，巷中有弄，门牌还有几号之几，不知怎么填得进去。

师： "不知怎么填得进去"，自嘲味十足，预备读。

生： 不知怎么填得进去。

师： 文章当中这种语言很多很多，但就是父母这段话没有这种感觉，我们来读读给父母的这段。

师生（读此段）：父亲年逾九十，右眼失明，左眼不清。他原是最外倾好动的人，喜欢与乡亲契阔谈宴，现在却坐困在半昧不明的寂寞的世界里，出不得门，只得追忆冥隔了二十七年的亡妻，怀念分散在外地的子媳和孙女……我失去了母亲，神却再补我一个。（沉重，缓慢，心痛地读）

师： 同学们，感觉到了吗？要从字里行间去揣摩作者的情感。余光中写这段的时候全部都是真诚严肃的感情，对父亲对岳母的愧疚，对父母的孝心，跃然纸上。而其他的段落中幽默的语言表达却是很多。所以对父母、朋友，为人子，为人父，为人夫，余光中写作的文字充满了内心最真的情感。而生活中的其他事情，写作的时候则是信手拈来，引经据典，幽默清新。这样我们可以看出来他散文语言的一个特点。

四、探讨作者精神世界，感受高尚人格和复杂情绪

师： 我们再归结到最后一段话。"看花开花谢，人往人来，并不特别要追求什么，也不被'截止日期'所追迫"。把"特别"去掉，可以吗？画了之后读读。

生（读）：看花开花谢，人往人来，并不要追求什么，也不被"截止

日期"所追迫。

师：把"特别"加上之后读一下。

生（读）：看花开花谢，人往人来，并不特别要追求什么，也不被"截止日期"所追迫。

师：讨论一下"特别"能去掉吗？

生43：不能去掉，因为人生肯定是要追求什么的。

师：看似从容，但有追求。现在我们就回到一开始上课提出的问题了，九条命，使人深思、给人启发，余光中在追求什么？

生44：追求幸福的生活。

生45：我觉得还要追求亲情、友情和责任感。

师：追求责任感，非常好。

生46：追求人生不遗憾。

师：人生永不遗憾。

生47：追求知识。

师：为什么？

生47：因为要用一条命专门用来读书。

师：对，读书陶冶他的性情，丰满了他的生活。

生48：追求惬意的生活。

师：哪一段？

生48：用来旅行。

师：最惬意的是怎样旅行？

生48：和妻子一起。

师：好，把这种惬意读一读。

生（读）：我所优为的，却是驾车长征，去看天涯海角。我的太太比我更爱旅行，所以夫妻两人正好互作旅伴，这一点只怕徐霞客也要艳羡。

师：同学们，惬意的话是要读得快一点还是慢一点？嗯，慢一点，悠闲，幸福，不要急。大家一起来读一读。

生（读）：我所优为的，却是驾车长征，去看天涯海角。我的太太比我更爱旅行，所以夫妻两人正好互做旅伴，这一点只怕徐霞客也要艳羡。

（读得舒缓，憧憬感十足）

师：所以即便是浅游，但依旧是惬意地生活。还要追求什么？

生49：追求专业写作的成功。

师：所以我们看看句子中一个"追求"，一个不被生活所"追迫"，"追求""追迫"，文章读完了以后，你能读出余光中的什么？

生50：愿望。

生51：理想和价值。

生52：感情。

生53：无奈。

生54：内疚。

师：所以，九条命里有他的理想、愿望，有他的人格，有他的精神，同时也有对生活的无奈，对亲人的愧疚，对自己的反省，对自己严格的要求，而这些内容完全就浓缩在一句话上，你知道是哪句话吗？

生55：开头第一句"假如我有九条命就好了"。

师：太棒了，"假如我有九条命就好了"。哪几个词？

生55："假如"。

师：说明只是假设，还有呢？

生55："就""好了"。

师：同学们用愧疚的声音来读这句话，这句话是说给父母听的。

（生愧疚地读）

师：对现实生活的烦琐？

生56：无奈。（无奈地读）

……

（学生朗读，多种情感的体会。此时下课铃声响起）

师（很遗憾地说）：假如我有九条命就好了，就能更多地去学这样朴素美丽的课文。

最后一张 PPT 显示：

> 感性与知性，幽默与庄重，头脑与心肠交织在一起，构成了他独特的散文路径。他渊博的学识，总是掩饰不了天真性情的流露，他雄

健的笔触，发现的常常是生命和智慧的秘密。他崇尚散文的自然、随意……

教学感言

★《假如我有九条命》，我已经读了许多次，读来都觉得仿佛是余光中在用他的一生沧桑和一世情怀在和我交谈。印着残月，披着寒霜，看满眼凄凉，然后他体察到了他的心，他的等待，他的乡愁。人，往往是在穿越一身的繁华后，才知道这个世界最后的归宿都是落寞和孤独。这个时候，我不会诵读起那湾浅浅的海峡。不错，乡愁有，但不是那么的庄重神圣高大的，它就是台北的老宅，就是父亲半昧不明的寂寞的世界，就是岳母殷殷照拂我的蹒跚之身，就是四个女儿天各一方的默默思念。现在的我，已经越来越能感受多条命的渴望，不是为了长寿，而是为了还愿和感恩，当然，还有找到真实的自己。"不但可以认识世界，亦可以认识自己"，我以为，这"认识自己"是我们最重要最真实的凤愿。

★我知道，我们终究只能完成一条命的旅程。走着，走着，我们有了遗憾，有了憧憬，有了归结，有了等待。我们的命，要为生计，为亲情，为爱，为语文，为我们的心。岁月再长，也只是瞬间。时间再多，终究只是我们手心的掌纹，深浅不一而已。九条命，是我们丰富的人生内容，更是我们分身乏术的遗憾。在余光中幽默清新的文字里，我读出了很多的无奈和愧疚，也读出了一个文人学者高尚的人格和美丽的精神世界。"认识你自己！"我想起了古希腊神庙里的那句话，我的眼睛又开始搜寻余光中的文字。我好像读懂了，但又觉得没完全读出这个味道。

★文章自然是好文章，余光中以独特的思维与角度设想了这九条命，娓娓道来，字里行间充满了睿智与哲理。可是，这文章形式很简单，文段很统一，九条命都在每段的开头第一句托出，一眼看去即可大致理解九命的内容，没有曲折的行文在课堂上是很难教出个精彩的。语文教师，似乎更喜欢有跳跃性的、有起伏感的文章，余光中的这篇文章似乎缺乏我们喜欢的摇曳多姿。九条命是什么？为什么要有这样的九条命？它体现了作者怎么样的思想情感？一段一段地去讲，一条命一条命地去分析？我甚至不允许脑海里掠过这样的想法。还是多读几遍吧！

★如果只绕"九条命"而谈余光中的精神世界，因这"九条命"而拓展成人生设计、生命理想等教育，散文就成了宣言，语文就会成为说教。感受余光中的思想情感，升华我们的生命观价值观，更重要的是要让学生沉浸在余光中的文字里，徜徉在余光中的散文艺术中。我坚定了这样的教学理念，又开始读文章。

★"书要教得好，也要全力以赴，不能随便……"我突然发现余光中的原文里，这段话是没有教材中的第一句话，即"一条命，用来教书"这句中心句的。也就是说，编者自己加上了这句话，使得文章的段落形式更为一致。为什么要加这句话？这句话为什么必须是这样的？其他形式的表达可以吗？余光中又为什么不要这样一句话呢？我想着想着，很多"命"都想通了。我感激地朝着黑夜微笑。

★"书要教得好，也要全力以赴，不能随便。"余光中说的是自己，你用心读了，觉得他也在劝勉我们。教书，全力以赴，不能随便。

——肖培东

现场声音

★带领学生反复诵读精彩语句，共同寻找语言的精彩，简简单单教语文。本色的语文与坦率的童心，让我们看到了肖老师对文本解读的个性追求。学生是课堂的主角，又成了课堂的推动者，他成了技艺高超的船长，随波逐流，随心所欲，又能恰到好处，言有尽而意无穷。学生是肖老师生成课堂的核心，这显露了肖老师对学生的仁心。对语文的执着与恒久的爱，深度研究语文课堂，是《假如我有九条命》一课成功的关键。这堂课展示了一位语文老师对语文执着而有深度的爱。本色，生成，深度。童心，仁心，恒心。和肖老师同课异构，我在这三重境界这三颗心前想了很久很久……

——江苏省无锡市梅村高中　杨宏国

★"你们知道吗？这九条命的文字，有一条命与作者原著中的表述是不同的。就是'教书'的这条命。"这节课，是从这里切入的。这个课堂主问题，犹如精准的"点穴"，带来的是"杂花生树，草长莺飞"的思维风景，一个人指路，一群人探路，独舞与狂欢都水到渠成。教学灵感是怎么来的呢？我有幸亲眼见证了肖师兄《假如我有九条命》教学设计"产出"的全过程，可是我还是想不明白这一点。这篇文章，蕴含丰且深，然而文本形式很简单，文章结构近乎整齐划一，九条命几乎在每段的开头第一句就直白讲出，文章主要内容一眼就能望见。这样的文章不曲折，不婉致，所以不容易生成合适的教学切入点，不容易寻找文章的教学空白，不容易架构学生和文本之间的阅读桥梁，也就不容易把学生领进文章里，难以组织起一个师生融融的阅读教学。看着他气定神闲地站在课堂上，目光温和，我多少明白了一点。心底装着余光中，心底装着文字，心底装着学生，"我自拈花笑，清风徐徐来"，这是语文的高度和境界。

——浙江省湖州市织里中学　蒋云斌

★集中于语言表达形式，品味其中的语言之美。一如既往，肖老师的课堂充满了这样的元素，尽得语文教学之三昧。当然，语言表达形式不只是语言问题，更可以是文章的谋篇布局，行文风格，甚至，后者更能体现作者的个性特点和文本的"这一个"的特色。如肖老师整体感知了课文后，另辟蹊径，从编者加的一句话"有一条命，用来教书"切入，盘活全文教学。这个问题关注的核心就是文章的结构：余光中为什么在整齐单一的结构中，"变"了一下？他为什么这么经营而不是像编者这样？最后从结构上自然地归结为散文"不只是形要散，而且要各具特点，打破行文的单调"，落实到文体特点和内容上。再如肖老师紧承上一问题，问学生"除了这条命，余光中写哪条命与其他命不同"，再次从"怎么写"的比较中引导学生关注："从语言的风格上看，哪个段落的语言风格与其他段落的语言风格似乎不一样?"并在一再的朗读中，体味幽默诙谐和深情庄重的两种不同的文风，并深入余光中那颗内疚和感激共存的复杂的心。

★毋庸讳言，从这个角度关注"语言表达形式"，较之语言文字的揣摩，更大气，更个性，也更见难度和挑战。这样的语言表达形式，一旦和语言文字的揣摩相得益彰，一为骨架，一为血肉，两者水乳交融，课堂就立体了。

——浙江省永嘉中学　陈海光

名师点评

贴着文本语言行走

江苏省无锡市梅里中学　金军华

2014 年 12 月 5 日，在江苏无锡梅村高中有幸聆听了肖培东老师执教的《假如我有九条命》一课。余光中先生的散文《假如我有九条命》是苏教版高三的一篇选修课文，语言质朴，结构严谨，想象丰富，感情真挚。作者作为传统的道德理想主义者，通过"九条命"中前七命的戏说，以求全责备的愧疚之情，一一叙述其各司其职的责任，眺望着自己人格多向度的自我完善；同时又以后两命享受生活与生命的用项，表明自己生命观的全新内涵。

有人说，教学过程就是学生的一种特殊的生活过程，这个过程单一了，学生发展就会单一；这个过程丰富了，学生的发展就会丰富。许多教师在语文课上联系现实，不去关注学生用什么样的语言表达，而是片面地关注"意义联系"，这就导致了"语文味儿"的缺失，影响了语文课堂教学质量的提高。肖老师的这堂课为我们诠释了这样一个朴素的真理：语文课，应回归语文教学的本真，贴着文本语言行走。肖老师这堂课以"分享初读感受、探讨比较异同、深度探究内涵"来组织教学，自始至终紧扣文本语言展开教学，通过精当提问引导学生一步步熟悉文本，走进文本。

一、贴着文本语言切入，架构学生和文本的桥梁

《假如我有九条命》的文本形式简单，文章结构整齐划一，九条命几乎在每段的开头第一句就直白讲出，近似"流水账"。这样的文章不容易生成合适的教学切入点，不容易寻找文章的教学空白，不容易架构学生和文本之间的阅读桥梁。我们来看肖老师是如何切入的：

师：你们知道吗？这九条命的文字，有一条命与作者原著中的表述是不同的，就是"教书"的这条命。余光中的原文里说这条命的时候，段落第一句话就是"书要教得好，也要全力以赴，不能随便"。换句话说，我们教材里这条命中的第一句话"一条命，用来教书"，也就是这一段首的中心句是编者加上去的。同学们，其实按照这篇文章其他八条命的中心句的写法，编者是有很多加"教书"这条命的中心句的表述方式的。大家思考一下有几种方式。

……

师：想想编者为什么要选"一条命，用来教书"这句话？

肖老师以他对语文教学本质的深刻领悟，对教学文本的独特理解，聚焦文本语言的表述形式，敏锐地捕捉到作者原著中对"教书"这条命的表述和课文表述的不同之处，贴着文本语言设计主问题：想想编者为什么要选"一条命，用来教书"这句话？这一问，轻巧而又从容地探寻到了《假如我有九条命》这个桃花源的入口，从而有效建立起学生与文本之间的联系。这一问，精妙而又不失大气，自然地由"教书"这一命，牵动了对其他八条命的剖析，引导学生深深地进入课文，激发了他们的创造性思维，从而有效地避免了课堂上浅层次的"碎问碎答"的教学过程，让学生真正成为课堂活动的主体和课堂活动的主人。接下来，肖老师在学生读懂的基础上，抓住文本中有价值的"节点"提问：文章这段话就非得加上"一条命，用来教书"不可吗？为什么在真实的文章中这句话是不存在的？你觉得这句话要不要加上去？肖老师的这个主问题，还是从文本语言的表述入

手，不仅带动了对全篇文章更深入全面的解读，而且巧妙地要求学生在理解课文主要内容的基础上进行语言表达的斟酌与品味。

二、贴着文本语言细读，感悟文章表达的情感

文本细读是指一种品味式阅读，它直指语言本身，透过字、词、句等语言材料的细读，努力挖掘言语内涵，激发学生情感体验，最终达到教学的目的。教学中，肖老师运用文本细读，引领学生通过对词义的理解，语言的感悟，标点的斟酌，走进文本世界，感知真实生活，最终产生情感共鸣，建构学生自我心灵的空间。请看，肖老师的这一个教学片段：

师：那最后一条命要和前面的命表述得一致，哪一个标点要改？

生37："用来从从容容地过日子"后面改成句号。

……

师：考虑一下余光中为什么要用逗号？

生38：因为后面写的生活，是"从从容容地过日子"的承接。

师：那我们句号也可以承接的啊，你听老师读。（老师读）你看，我读到这里，就停下来，然后你再读下去。用逗号读完感觉怎么样？

生38：从容，慢悠悠的。

师：长句子慢慢读完，也有一种从容感。我们把这种感觉读出来。

（生读，从容的）

师：还有什么发现吗？

……

读书只有把自己带进文本，去亲历、去探寻，才能与文本亲密接触，血水相融，才能"使学生获得人生发展的养料"。在这个教学片段中，肖老师以他的智慧按照阅读的基本规律引领学生学会阅读，关注语言，关注细节，在读中体会文意，在读中感知、理解、质疑、探究。肖老师引领学生从一个标点入手，探究用逗号和句号的区别，从而让学生对文本有了兴

味盎然的阅读，并且感悟到余光中蕴藏在字里行间的人生追求。通过文本细读，学生向文本走去，文本向学生走来，两者相互找到知音，文本的意义得以生成。

三、贴着文本语言对话，鉴赏文章语言风格

汪曾祺说："探索一个作者的气质、他的思想，必须由语言入手，并始终浸在作者的语言里。"《假如我有九条命》荒诞的假设产生了幽默，作者的自嘲与自我调侃表现了幽默，从而创造了作品极富艺术感染力的幽默境界。怎样让学生真正理解余光中这篇文章的语言风格？是告诉，还是对话？我们来看看肖老师的教学处理。

师：那从语言的风格上看，哪个段落与其他段落感觉不一样？

生41：我觉得第五段，因为我觉得好笑，"中国的'旧男人'做丈夫虽然只是兼职，但是做起朋友来却是专任"，很好笑。

师：好笑，那你读哪一段你不笑的？

生41：父母的这一段。

师：很好，也就是说其他段落写作的时候余光中更多的是用幽默调侃式的笔调。来，我们读读这篇文章好笑的地方。

……

师：文章当中这种语言很多很多，但就是父母这段话没有这种感觉，我们来读读给父母的这段。

语文课堂上的对话应该是双方阅读体验、阅读联想、阅读评价的交流，是情感的互动和思想的碰撞。教师提出问题的目的是为了引导学生阅读，是为了引发学生的问题，而不是为了教师自身的需要，更不可为"问"而问。肖老师贴着文本语言这样提问：从语言的风格上看，哪个段落与其他段落感觉不一样？这一问，从学生的阅读体验出发，抓住段落与段落之间语言风格的不同点，从而开启了学生、教师和文本之间的对话教学，让学生读出了余光中散文的幽默的特点。语文教师在课堂上要做的就

是领着学生读进去，走出来。所谓读进去，即走进文章的内部世界，走进作者的内心世界；所谓走出来，即不为读而读，不是被动地接受作者的思想，不是单纯倾听作者的言说，而是和作者进行对话，能在接受中激活自己的情感，形成自己的思想。

肖老师的这堂课亮点甚多，令人目不暇接，比如精妙的朗读训练，精当的提问设计，灵动的语言表达，智慧的课堂调控，温暖的课堂评价……这些教学艺术外在特征的背后，是肖老师对学生怀着的大爱，是肖老师对语文教学的本真理解，是肖老师在广博的阅读中积淀的丰厚的文化底蕴。

《就任北京大学校长之演说》

你很深刻，不代表语文课堂必须深刻。你很锋芒，不代表语文课堂必须咄咄逼人。河流，可以绕过所有的高山，可它的流淌依旧温和。因为，它要滋养的是两岸的草木，是水里的鱼虾。得大道者，必有大德、大学问、大智慧、大涵养。

——肖培东

课堂再现

执　　教：肖培东
点　　评：何立新
教学背景：2012 年 12 月 27 日，浙江省临安市天目高中，"长三角语文教学论坛"。

一、中心句"予今长斯校，请更以三事为诸君告"

师：同学们好！

生：老师好！

师：请坐。

师：同学们，时至岁末，这节课我们需要回到近百年前北京大学的演讲堂里，去聆听蔡元培先生发自肺腑的演讲。先一起大声地把本文的标题读出来，预备起！

生（齐读）：就任北京大学校长之演说。

师：这篇演讲词，同学们已经看过了，我想请问同学们，这篇演讲词里，哪一句话点明了蔡元培先生此次演讲的主旨和内容。你能找到是哪一句话吗？哪个同学说说看？

生1：第一段的最后一句。

师：好，请你大声地读出来。

生1（读）：予今长（cháng）斯校，请更（gēng）以三事为诸君告。

师：好的，找得不错。但有两个字读错了，这两个字都是多音字，都容易读错。第一个字是"长"（zhǎng），不读"长"（cháng）；还有一个字读什么？哎，是"更"（gèng），自己加注音。

师：好，同学们一起来读一下。"予今长斯校"，读！

生（齐读）：予今长斯校，请更以三事为（wéi）诸君告。

师："为（wèi）诸君告"，三个字念错了。（微笑）

（学生标注）

师：好，一起再把这句话读准了。"予今长斯校"，预备起！

生（齐读）：予今长（zhǎng）斯校，请更（gèng）以三事为（wèi）诸君告。

二、告——思路清晰、中心明确

师：也就是说，这一次演讲，蔡元培先生要向在场的北大学子告几事？

生（齐）：三事。

师：这位同学，请你读读看，告了哪三事？

生2：一曰抱定宗旨，二曰砥砺德行，三曰敬爱师友。

师："一曰抱定宗旨，二曰砥砺德行，三曰敬爱师友。"再问你，就只讲了这三事吗？还有吗？

生2：他还有计划两事。

师：哦，还交代了他做北大校长接下来要着手计划的两件事情。哪两件事情？

生2：一件是要改良讲义，第二件是要添购书籍。

师：在文章的哪里？

生2：最后一段。

师：好，请坐。

师：我再问一个同学，就你了，你知道刚才这位同学为什么会这么快地找到答案？

生3：这个文章都有标号，标出的是"一曰""二曰""三曰"。

师：也就是说，这篇文章有一些明显的标记——"一曰""二曰""三曰"，你还发现什么吗？

（生思考）

师：旁边这位同学，你来说说看。

生4：前面都有总体的解释。

师：你这句话意思是说，这几句话都是每段开头的第一句话。是这个意思吗？

生4：嗯。

师：好，我们一起连起来读读看。"予今长斯校"，接下来"一曰"，预备开始！

生（齐读）：予今长斯校，请更以三事为诸君告。一曰抱定宗旨，二曰砥砺德行，三曰敬爱师友。

师：同学们，蔡元培先生为什么要把这些话都设计在段落的最末一句或者第一句呢？

生5：因为这篇文章是一篇演讲词，他要让北大的全部学生都听到他说话的内容，所以，他就要突出这些重点。

师：这也就是说，演讲必须要突出中心，主题鲜明，是这个意思吗？

生5：是的，让大家快速明白。

师：因此，他就要把它放在醒目的位置，段落的第一句，让大家马上就能够抓住要领。这样的话呢，我们就必须把蔡元培先生的这十二个字真正地读到我们的内心深处去，再来读读，预备——"一曰"，一、二，读！

生（齐读）：一曰抱定宗旨，二曰砥砺德行，三曰敬爱师友。

师：很好。所以，演讲三"告"，"告"要告得思路清晰、中心明确，要让在场的所有听众都能很快地就记住这次演讲的主题，突出蔡元培先生要嘱咐大家的事情。

师：同学们再想一想。这些内容，我们刚才是在文本上看到的，也就是在演讲稿上读到的。演讲的时候听众是没有纸质文章的，怎么才能让听众瞬时捕捉到这些核心句呢？也就是说在演讲现场，蔡元培先生又该怎样去突出这个中心，交代出这样一个清晰的思路呢？

生6：他可以通过反复强调他要强调的部分，或者用强调的话来讲明他要讲的事情。

师：反复强调？"一曰""一曰"这样重复，是这个意思吗？

生6：是。

师：那你重复试试。

生6：一曰，一曰……（声音渐弱，感觉不对）

师：同学们，这样重复，演讲就没有一气呵成的感觉了。现场记录中，蔡元培先生并没有重复这些句子。我们再来读读，好吧。同学们把"予今长斯校"和"一曰"内容连起来读一下，好吧？

生（齐读）：予今长斯校，请更以三事为诸君告。一曰抱定宗旨。（连得很快，没有明显停顿）

师：好，这么读的话，重点句是听不出来的。你知道问题在哪里吗？

生7：我觉得要通过明显停顿来表现。

师：对了，要想在演讲现场让大家听到你的演讲重点，你首先要在关键点上读出你的重音来。

师（范读）：为诸君告。（"告"字读得稍重）

师：还有，三件事情，要让大家竖起耳朵听，事与事之间要不要马上连下去？

生：不要。

师：你要给他一个等待的机会，让全场适度安静下去后再说下一点。"一曰抱定宗旨"，是不是这样读啊？一起来读读看。"予今长斯校"，预备起！

师生（齐读）：予今长斯校，请更以三事为诸君告。一曰抱定宗旨。

（节奏好，重音好）

师：很棒，再来，假设这一段读完了，读"二曰"也需要给出这么一个等待的时间。因此，在演讲的现场，蔡元培先生一定是通过语气、语调、重音、停顿的处理来突出今天他要讲的内容，这就是演讲！这位同学再把中心句和"三曰"内容一起来读读看。

生8（读）：予今长斯校，请更以三事为诸君告。（节奏、重音较好）

生8（继续读）：一曰抱定宗旨，二曰砥砺德行，三曰敬爱师友。（节奏、重音较好）

师：你看，这样的话，大家就听懂了，是不是？来，我们把掌声献给这个第一次给我们演讲的同学。

（生鼓掌）

师：同学们一起来，"予今长斯校"，预备起！

生（齐读）：予今长斯校，请更以三事为诸君告。

师（读）：请更以三事为诸君告。（节奏、重音好）一起来。

师生（齐读）：一曰抱定宗旨，二曰砥砺德行，三曰敬爱师友。（节奏、重音较好）

师：很好，所以，在演讲现场，他应该通过这样的演讲话语来突出他这次演讲的主题，大伙一听就记住了。演讲一听而过，所以，必须要表现出你鲜明的主题。因此，"告"要告得思路清晰、中心明确。

PPT显示：

告——思路清晰、中心明确

师：再来"告"一次，好吗？"予今长斯校"，预备起！

生（齐读）：予今长斯校，请更以三事为诸君告。一曰抱定宗旨，二曰砥砺德行，三曰敬爱师友。（节奏、重音的处理越来越好）

三、告——直面沉疴、有针对性

师：好，你们看，"请更以三事为诸君告"，同学们，有没有注意到，蔡元培先生为什么要加上这个"更"字？哪个同学说说看。

（生思考）

师：如果想不出来，就把这句话读读看。"请更以三事为诸君告"，预备起！

生（自由读）：请更以三事为诸君告。

师："请更以三事为诸君告"，你说说看，这个"更"字在这儿起什么作用？

生9：强调。

师：强调，很好！同学们再想想看，蔡先生为什么要特别强调这三件事情？

（生思考）

师：接下来，我们再把文章读一下。老师先读前半部分，你们接下去。想想看，蔡先生为什么要特别强调这三告的十二个字。

师（读）：一曰抱定宗旨。诸君来此求学……果欲达其做官发财之目的，则北京不少专门学校，入法科者尽可肄业于法律学堂，入商科者亦可投考商业学校，又何必来此大学？（节奏、重音、语气好）"所以诸君"，预备起！

生（齐读）：所以诸君须抱定宗旨，为求学而来。……此余所希望于诸君者一也。

师："二曰"内容请一个同学来读。这位女同学，请你来读下去。

生10（读）：二曰砥砺德行……此余所希望于诸君者二也。（节奏、重音、语气较好，个别语句有点不熟）

师：有点难是吧，有些字读错了，大家找出来了吗？"颓（tū）俗"还是"颓（tuí）俗"呀？

生：颓（tuí）俗。

师：还有几个句子呢，读的时候把词语换掉了。注意，读的时候呢，一定要把字词看准。好，请坐。还有一节，同学们自己快速地浏览，然后思考。

PPT 显示：

蔡元培先生为什么要强调这三事？

（生自由读）

师：好，哪个同学说说看，蔡先生为什么要特别强调这三件事情？

生11：因为，当今社会风气不好，然后大学生就应该有一个不一样的面貌来正面引导这个社会。

师：当时的社会风气相当不好，所以，希望大学生能够挑起改变社会风气的重任。

生11：是的。

师：好，你给大家说说看，哪些句子说明当时的社会风气极差。

生11（读）：且辛亥之役，吾人之所以革命，因清廷官吏之腐败。即在今日，吾人对于当轴多不满意，亦以其道德沦丧。

师：哦，你找到这一句话了，"亦以其道德沦丧"。

师：关于"道德沦丧"的句子还有吗？来，这位同学。

生12（读）：方今风俗日偷，道德沦丧，北京社会，尤为恶劣，败德毁行之事，触目皆是，非根基深固，鲜不为流俗所染。

师：哦，这一句大家看到了吗？在"二曰"内容里面。"方今风俗日偷，道德沦丧"，这句话告诉我们，当时风气差，连贵为北大者都难脱流俗。所以，北大当时的学风、校风都是相当糟糕的，请坐。

师：请同学们再找找看，北大的学风、校风状况。

生13：当时北大人都"志在做官发财，宗旨既乖，趋向自异。平时则放荡冶游，考试则熟读讲义，不问学问之有无，惟争分数之多寡；试验既终，书籍束之高阁，毫不过问，敷衍三四年，潦草塞责，文凭到手，即可借此活动于社会"。都想着当官发财，没好好读书。

师：看到了吗，同学们？当时北大的学生有没有认真在读书？

生：没有。

师：平时都是在——

生13："放荡冶游"。

师："放荡冶游"。你请坐。来，后面的同学，你再来找找。还有哪些句子是说明当时的社会道德败坏以及北大学风糟糕的？

生14（读）：外人每指摘本校之腐败，以求学于此者，皆有做官发财思想，故毕业预科者，多入法科，入文科者甚少，入理科者尤少，盖以法科为干禄之终南捷径也。

师：这句话说明什么？

生15：北大学子到这儿来求学的目的都是为了功名利禄。

师：所以，这样一种内心情怀和功利目的的人，他是绝对不能研究好学问的。由此我们可以看出，蔡元培先生之所以特别强调这三件事情，他是针对什么？对，是针对当时的社会、北大的现状而定的。也就是说，在这一次演讲之前，蔡元培先生一定是对当时的北大以及北大之外的社会，做了很细致的调查研究。我们来看这样一些句子，这就是当时的北大。

PPT 显示：

外人每指摘本校之腐败，以求学于此者，皆有做官发财思想……

平时则放荡冶游，考试则熟读讲义，不问学问之有无，惟争分数之多寡；试验既终，书籍束之高阁，毫不过问，敷衍三四年，潦草塞责，文凭到手，即可借此活动于社会，岂非与求学初衷大相背驰乎？

方今风俗日偷，道德沦丧，北京社会，尤为恶劣，败德毁行之事，触目皆是，非根基深固，鲜不为流俗所染。

道德有亏，行有不正，为社会所訾詈。

师：所以，蔡元培先生在演讲的时候，他不会像刚才这几位同学读的那样平平淡淡的。说到这些现状，他的内心一定会是——

生16：悲痛，痛心的！

师：悲痛、痛心、痛恨的！我们请一个同学给大家读一下。

（一生起立）

师："方今风俗日偷"这句，你觉得蔡元培先生在演讲这句的时候，是不是刚才那位女同学给我们读的那样的感觉？

生17：不是。

生17（读）：方今风俗日偷……触目皆是……

师：停，感情还没注进去。你刚才说是痛恨的，就要把这种痛恨注入这个句子里面。

师（范读）：风俗日偷，道德沦丧。（感情悲痛、语气加重）应该是有这么一种感情在这里面的。全体男同学一起来读一遍，"方今"，预备起！

全体男同学：方今风俗日偷，道德沦丧，北京社会，尤为恶劣……

师：停。"尤为恶劣"应该读好哪个词？

生："尤"。

师：这个"尤"是更加的意思，所以，悲痛的感情应该在这个词上爆发出来。"北京社会"，预备起！

生（齐读）：北京社会，尤为恶劣。（加重语气）

师生（齐读）：败德毁行之事，触目皆是。（语气、语调较好）

师：好，请坐，再请一个同学来读。来，你来。

生18：方今风俗日偷，道德沦丧，北京社会，尤为恶劣……鲜不为流俗所染。（语气悲痛，语调较好）

（师生鼓掌）

师：这就是为什么当时的北大已经陷入了一种很糟糕的道德污染之中。因此，蔡元培先生强调这些，是想告诉大家，大学是干什么的？

生（齐）：研究高深学问者也。

师：所以，不明白大学性质，你在大学的行为就可能走向一个极端。所以，演讲，"告"要告得有针对性，这样才能把字字句句都落在在场的每一个北大学子心中，也会落在我们的内心当中。想想我们的社会，想想当时的大学，每一个学生在现场都会低下他沉重的脑袋去思考。

PPT 显示：

　　告——直面沉疴、有针对性

师：来，一起读一遍。"方今风俗日偷"，预备起！

生（齐读）：方今风俗日偷，道德沦丧，北京社会，尤为恶劣……鲜不为流俗所染。（感情越来越好）

四、告——古朴典雅、浅显易懂

师：对，道德有亏，行有不正，为社会所责。所以，这次演讲的每个字，每一句，都是蔡元培先生内心要对学生说的。因此，在场的学生，基于这种现状，他会去反思，他才有了触动。那么，同学们，再看这句话"予今长斯校"，刚才有同学读的"cháng"，老师说读为"zhǎng"，你知道为什么吗？来，哪位同学说说看？

生19：这字是"校长"的意思。

师：哦，"校长"，同学们说是"校长"的意思吗？"我现在校长"？

生20：成为校长，做动词用。

师：哦，我成为校长，名字用作动词。那么，同学们可以看出来了，这一句有着很浓烈的文言气息。这就是这篇演讲词的语言风格，蔡元培先生的演讲词是一篇有文言味道的演讲词，而当时正好是文言文向白话文过渡的时期，这种文言文我们把它称作浅意性的文言文。那么，考虑一下：蔡元培先生用这样的文言语句在北大的礼堂里演讲，你觉得有什么效果？

生21：先生文言功底深厚，知识渊博。

师：还有呢？

生22：有高深的学问。

师：哦，看上去有浓浓的文人气质。

生22：嗯。

师：知识渊博、有文人气质，那蔡先生是不是把这些句子弄得很深奥很难懂的？

生22：不是的，还是能懂的。

师：我们来看一下这个段落。

PPT 显示：

诸君肄业于此，或三年，或四年，时间不为不多，苟能爱惜光阴，孜孜求学，则其造诣，容有底止。

师：我们发现蔡先生在演讲的文言文里都用了些什么句子？

生（齐说）：短句。

师：对了，短句便于帮助大家理解。当我们都能读懂这些句子的时候，可想，当时的北大学子就更加容易读懂它了。来，这位男同学，你给大家读一读。注意，这个时候，你就是蔡先生，很有文人气质的先生。

生 23（读）：诸君肄业于此，或三年，或四年，时间不为不多，苟能爱惜光阴……

师：先停，记住，你读出的不仅是文字，还是蔡先生的文化，蔡先生的气场和风度。所以，读的时候，字字铿锵，非常非常有感觉的。来，同学们，我们一起来读一遍。

生：诸君肄业于此，或三年，或四年，时间不为不多，苟能爱惜光阴……容有底止。

师："或三年，或四年"，这个短句在读的时候，语调可以——

生 24：稍微快一点。

师：懂了吧？这样的话，演讲的时候，语速就有一个快慢的变化。再来读一遍。"诸君肄业于此，或三年，或四年，时间不为不多"，预备起！

生（齐读）：诸君肄业于此，或三年，或四年，时间不为不多，苟能爱惜光阴，孜孜求学，则其造诣，容有底止。（节奏、语调、感情较好）

师：哎，把最后一个音拖长一点，文言的味道就出来了。来，"则其造诣"，预备起！

生（齐读）：则其造诣，容有底止。（"底止"稍微拖得长、慢）

师：这样，演讲词文言的味道就出来了。所以，演讲不能用晦涩深奥的语言去演讲，而是用浅显易懂的。浅显易懂，文言词的注入又多了份纯朴、典雅。蔡元培先生的书卷气、文人气质和风度，也都能从这篇演讲词中烘托而出。

PPT 显示：

告——古朴典雅、浅显易懂

师：好，再看，"予今长斯校，请更以三事为诸君告"，同学们，在这里蔡先生为什么要加一个"请"字？有想过吗？

生 25：有一种勉励的意思。

生 26：尊重的意思。

生 27：这个"请"字表达了他希望同学们一定要记住这三件事情。

师： 小小的"请"，很尊重孩子们，同时也提出了自己的勉励。因此，用这个'请'字表现出的是对听众的尊敬。两者之间的心理距离就不知不觉地拉近了，这就是优秀演讲的秘诀了。再看看，蔡先生在这一段里面是怎么样拉近与同学们之间的距离的？大家乐于听，喜欢听他的演讲。

师： 来，这位同学，你来说。

生 28（读）： 士别三日，刮目相见。

师： "士别三日，刮目相见"，很有感情。这是在对孩子们——

生 28： 先进行夸奖。

师： 夸奖。你们很棒！你们有长足的进步了！这就使当时在场的北大学生们心里听了非常的高兴。然后，再提点要求，要告诉你们三件要做好的事情。因此，我们讲，演讲还要注意"情感因素"。来，你给大家读一读，"士别三日"，开始！

生 28（读）： 士别三日，刮目相见，况时阅数载，诸君较昔当必为长足之进步矣。

师： 嗯，不过，我还没有听出你要和孩子们拉近距离的感觉。要夸奖，你就好好地真诚地夸。

生 28（再读）： 士别三日，刮目相见。

师： 重音，"士别三日，刮目相见"，你在读的时候，把嘴咧开一点好吗？来，同学们，真心夸一下，预备起！

生（齐读）： 士别三日，刮目相见。（重音、语气把握得较好）

PPT 显示：

> 五年前……诸君多自预科毕业而来，想必闻知。士别三日，刮目相见，况时阅数载，诸君较昔当必为长足之进步矣。
>
> 诸君肄业于此，或三年，或四年，时间不为不多，苟能爱惜光阴，孜孜求学，则其造诣，容有底止。
>
> 因敬官心热，对于教员，则不问其学问之浅深，惟问其官阶之大小。官阶大者，特别欢迎，盖为将来毕业有人提携也。

师生（齐读）： 况时阅数载，诸君较昔当必为长足之进步矣。（语气、

重音好）

　　师：那你说，谁还不愿意接受蔡元培先生的教诲呢？哪个字感情很浓烈？

　　生29："必"。

　　师：一个"必"字，承认大家都已经进步了，然后再慢慢地反省自己的粗陋之处。因此，我们说，演讲其实是一个情感交流，你只有与现场的听众有情感的沟通、共鸣，甚至打动他，你才能走进他的心田。所以，大家注意这个"必"字，一起读这句话。

　　生（齐读）：诸君较昔当必为长足之进步矣。（"必"字加重，"矣"字拖长，情感较好）

　　师：所以，这是一种真诚的夸奖。再来看，第二节里面，哪个字要注意呢？

　　生："苟"。

　　师："苟"。来，这位同学，你来读读看。

　　生30（读）：诸君肄业于此，或三年，或四年，时间不为不多，苟能爱惜光阴……

　　师：这个"苟"字，你觉得是什么情感？

　　生30：希望大家能爱惜光阴。

　　师：嗯，希望，那种深深的希望，深深的期待，就在这个词上面看出来了。同学们，一起来读一遍。语重心长的，"苟"预备起！

　　生（齐读）：苟能爱惜光阴——

　　师生（齐读）：孜孜求学，则其造诣，容有底止。

　　师：很棒！再来看，联系感情是不是只说好话呢？不是，在指出社会的沉疴、它的弊端的时候，蔡元培先生又是非常的严厉的，"官阶大者，特别欢迎"，哪个词？

　　生31："盖"。有痛惜的感觉。

　　师：对，"盖"，表原因，都是这么做的。"官阶大者"，来，预备起！

　　生（齐读）：官阶大者，特别欢迎，盖为将来毕业有人提携也。

　　师：愤怒些，痛惜些！因此，一个"必"字，是赞扬；一个"苟"

字，有期待；一个"盖"，就很深沉地揭示出了社会道德沦丧的丑陋。因此，我们讲，这一"告"，告出的是蔡元培先生的语重心长、情感真挚。

PPT 显示：

告——语重心长、情感真挚

五、告——正反对比、有逻辑性

师： 再看到这句话，"予今长斯校，请更以三事为诸君告"。

师： 要让北大这么多学子、诸君完全听懂并接受蔡元培先生的这段劝勉是不容易的。蔡元培先生除了情感以外，还需要他很深厚的说理功底。我们看看，蔡元培先生是怎样让诸君接受他的告白，一起来读一读第二段"抱定宗旨"下面几节。"若徒志在做官发财"，预备起！

生（齐读）： 若徒志在做官发财，宗旨既乖，趋向自异。平时则放荡冶游，考试则熟读讲义，不问学问之有无，惟争分数之多寡；试验既终，书籍束之高阁，毫不过问，敷衍三四年，潦草塞责，文凭到手，即可借此活动于社会，岂非与求学初衷大相背驰乎？

师： "宗旨既乖"，这个"乖"是什么意思？

生： 违背。

师： 违背了这个宗旨会怎么样？再看看这段话前面的"宗旨既定"，你能告诉我蔡元培先生此处演讲用了什么手法？

（生思考）

生 32： 正反对比。

师： 正反对比，再加上文中蔡先生所举的一些道德沦丧的例子，就使得这一告非常具有逻辑性。北大的学生一听，就能很容易地接受蔡先生的这一告。

师： 同学们，我们再来读。注意正反对比，两种情感。正面充满的是希冀，反面则是深沉的悲愤、痛惜之情。"宗旨既定"，起！

生（齐读）： 宗旨既定……容有底止。

师（跟读）： 宗旨既乖，趋向自异。

六、三告，告出怎样的蔡元培?

师：就在这严密的逻辑之中，蔡元培先生的三告走进了无数北大学子的心田，北大也从此展开了一个崭新的纪元。所以，这三告其实包含的是蔡元培先生"学术自由，兼容并包"的精神，也从此奠定了北大的精神。所以，同学们，演讲是一门技巧，既要有针对性、鲜明性，又要注意语言风格、情感和逻辑严密。那么，同学们想过吗？通过这"三告"，通过这两个计划，你听出了一位怎样的蔡元培?

生33：循循善诱的蔡元培。

生34：文采斐然的蔡元培。

生35：严谨认真的蔡元培。

师：严谨在哪儿?

生35：他这文章非常有逻辑性。

师：不但演讲如此，他做事情也很严谨。你发现了吗？他居然提出了两个小小的计划，是什么?

生（齐）：改良讲义、添购书籍。

师：相对于现在的有些校长，我们蔡校长真的是非常的细心、严谨，而他所做的一切都是匍匐在"大学是研究高深学问者也"上边的。我们还可以从这"三告"中"告"出有更多精神品质的蔡元培。有人就用这八个字来称赞他，来，我们一起来深情地赞扬一下，预备起!

生（齐读）：学界泰斗，人世楷模。

师：加上点感情好吗？"学界"预备起!

生（再齐读）：学界泰斗，人世楷模!（饱含感情）

七、读好"三告"

师："学界泰斗，人世楷模"，这堂课，我们最主要的就是要听懂他的"三告"，然后，读好他的"告"。在场的天目高中的同学们，今天，让我们也把蔡元培先生的深深勉励融入我们的内心深处，读好这段话，预备起!

生（齐读，饱含感情）：所以诸君须抱定宗旨，为求学而来……则其造诣，容有底止。

师：真好，比前边第一次要读得好多了，真正地把蔡元培先生的声音提炼到自己内心。让我们记住蔡元培先生一个世纪前的声音。全体起立！一起来读一读，蔡元培先生最重要的声音。"予今长斯校"，然后读出"三曰"，预备起！

生（齐读，感情饱满）：予今长斯校，请更以三事为诸君告。一曰抱定宗旨，二曰砥砺德行，三曰敬爱师友！

师：希望这十二个字也能装载在你们的内心深处，为你们的天目高中争光，谢谢！

教学感言

★实用文，要教出"实用"值。这篇演讲词，很容易教成北大历史课或者班会德育课，上着上着，就会和学生大谈做人做学问的道理。我在备课本上把"演讲"两个字写得大大的，然后我会紧紧地盯着它，直到它融进我的内心。我想起钱梦龙老师的"课前自问"习惯。他在进入教学过程之前，总要这样自觉地问问自己："我教的是一门什么课？为什么要教这门课？这样教对促进学生的发展有什么意义？"我觉得，我们还要把老师自问中的"课"字改成"文"字，即"我教的是一篇什么文章"。知晓课程意识，还要彰显文体意识。课程思维外，我们的教学思维首先是文体思维，其次才是文本思维。我很喜欢林忠港老师说的一句话："对于演讲词而言，文体是纲，要用它提纲挈领；听众是灯，要用它照亮文本。"扣住文体来教学，彰显文体意识，这维系着我们的专业立场和职业尊严。

★读蔡元培和他的文字，总会神往那个"思想自由，兼容并包"的各学派大师云集的北大，总会想起矗立在未名湖畔、苍松翠柏之间的那尊伟大的、永远为教育思想着的半身铜像，总会想起1917年1月9日北京大学开学典礼上那个痛心呼告的身影。"教育者，非为已往，非为现在，而专为将来。"百年前真正实现了教育民主和教育平等的北大今何在？"抱定宗旨，砥砺德行，敬爱师友"，百年前的"三告"犹在耳边！《易经》曰："凡益之道，与时偕行。"有时，回归才是一种出发。我们，能吗？教育，能吗？

★中山装，红色围巾，我用这样的穿着向这百年前振聋发聩的演讲致敬！到了课堂后半段，听着学生越来越好的演讲诵读，我真觉得回到了遥远的北大礼堂。窗外细雨蒙蒙，所有的树都静默着！它们也不喜欢透彻的分析！

★既要教出演讲稿的本质特征，又要教出"这一篇"的独特个性，这大概就是教学此文的难处所在。我在备课纸上排列着演讲的特点，比如鲜明性、针对性、逻辑性、感染性等，我反复读着"予今长斯校，请更以三事为诸君告"这一演讲核心句，思维辐射状地朝向演讲的各个特点。没错，围绕"三告"，做足文章，就是它了！"演讲的时候听众是没有纸质文章的，怎么才能让听众瞬时捕捉到这些核心句呢？"这样一转，演讲词结构明晰、话题鲜明等特点就化成了真实的演讲诵读，学生就能借助语速、语气等的调整变化来表现演讲中心以及结构的特点，这就是在实实在在实践演讲类文本的教与学了。

★"我总相信，在沉睡的世界中，只有我的心为这千万颗太阳激动。"雨果的诗，我用来思考语文教学。语文面前，我们要做最真诚的思想者，它的门必定会为最纯洁的心开启。

——肖培东

现场声音

★"这是一篇演讲词，我就想体现'演讲'，就想把它上成一堂'演讲'的语文课。"肖老师这样说，也是这样做的。肖老师始终紧扣演讲词的特点，引导学生在反复诵读的过程中体悟蔡元培先生为何要如此来设计这篇演讲词。在课上我们可以反复听到这样的提问，如"为何这位同学这么快就找出了答案"，如"如果在演讲现场该如何体现这句话"，如"为何突出'更'""为何用'请'字"等等。这些提问不管是针对字、词，还是句，我们都可以鲜明地体会到肖老师对于此文的文体特征——演讲词的关注。肖老师几乎没有我们所谓的"深入分析，深刻体悟"，他完全就是一个导读者，他遵循着这一文本体式的规律，引导学生反复地在诵读中体悟文本的内涵以及蔡元培先生的精气神。语气、语调的把握，重音的关注，停顿的控制，在肖老师的引导下，学生读得一遍比一遍到位。清晰的文体定位上出了精彩，感谢肖老师在这堂课中的时时提醒：我们是语文老师，我们有自己的使命。

——浙江省天台县平桥中学　何　丹

★下午第一节课是来自浙江永嘉的肖培东老师执教的《就任北京大学校长之演说》。肖老师抓住"予今长斯校，请更以三事为诸君告"这一关键句，从实用文的角度别开生面地通过"今""长斯校""请""更以""三事""诸君""告"几个词的剖析来串接全文，特别是围绕"告"字的分析，得出：蔡元培演说思路清晰，中心明确；演说内容直面沉疴，有针对性；演说言辞古朴典雅，浅显易懂；演说语重心长，情感真挚；演说逻辑性强。整个课堂在教师带领学生细读文本和深度剖析中完成，充分抓住实用文的本体特点，从环节设置到炼字炼句再到信息提取，浑然一体，从容大气。

——安徽省合肥市第六中学　张选军

★之前听过一些老师上这课，总觉得旁枝末节的东西多了些，讲北大的前世今生，大谈当今大学的现状，谈对蔡元培提的"三事"的理解、启迪，等等，课堂热闹，师生言而无尽，乐此不疲。从德育的角度出发，这样的课是成功的，有思想，甚至针砭时弊，然而，回忆历史代替了咀嚼文字，热闹的讨论代替深情的朗诵，文字的美感、思想的碰撞、感情的炽热没了，语文的世界单薄而乏力。听完肖老师的"演讲"课，我们庆幸，文字的美感没有丢失，课文的灵魂没有迷失，蔡元培先生的思想那样深邃，感情那样炽热，其人犹在历史的隧道里用深邃的目光看着我们，看着我们今天繁华而浮躁的语文世界。我更愿意像肖老师那样"颔首"，乃至是

"匍匐"着教语文，我不想离文字太远，也不想在功利这条路上走得太偏。

——四川省成都市第七中学　刘方旭

名师点评

细节见功力，慢中有奇珍

四川省教育科学研究所　何立新

《就任北京大学校长之演说》是培东先生2012年12月27日在浙江省临安市天目高中"长三角语文教学论坛"上的一堂公开课。课堂上，培东先生着中山装，系红色围巾，用精妙的课堂构思和绵密的语文逻辑，向中国现代教育家蔡元培先生百年前那场振聋发聩的演讲表达着敬意。

正如培东先生在其博文中说的那样，"知晓课程意识，还要彰显文体意识。课程思维外，我们的教学思维首先是文体思维，其次才是文本思维……扣住文体来教学，彰显文体意识，这维系着我们的专业立场和职业尊严"，培东先生紧紧抓住课文演讲词的文体特点，围绕蔡元培先生的"三告"，精准定位教学内容，课堂结构精致、细腻，富于节奏感，教学程序不紧不慢、张弛有度，层层深入、步步推进，学生语言实践能力和思维品质的提升得到了具体落实，真可谓"细节见功力，慢中有奇珍"。

一、千淘万漉，吹沙见金：精准的教学内容选择

众所周知，对于语文教学来说，"教什么（学什么）"远比"怎么教（怎么学）"更重要。换而言之，教学内容选择直接决定了语文教学学科属性的存亡和学科价值的高低。

语文教学必须回归语文学科本位，教学内容的选择不能过度关注文本的人文内涵，过于强调情感的熏陶和思想的启迪，轻视对文本语言材料的玩味涵泳，轻视对文本的文体特征的认识和对作品艺术手法、语言风格等的具体理解和赏鉴。语文教学应通过教学内容的合理选择来引导学生透过"语音语调层""意义建构层""修辞格层"逐步走向"意象意境层"和

"思想情感层"，不能以思想性取代文学性，把语文教学异化或泛化为架空文本、脱离语言的空洞抽象的、贴标签式的道德说教。

《就任北京大学校长之演说》是一篇演讲词，教学时很多教师最容易犯的一个错误就是把它教成和学生大谈特谈做人、做学问道理的历史课、班会课、思想政治课，从而失去这篇课文教学应有的语文属性和学科教学价值。

而培东先生则是"在备课本上把'演讲'两个字写得大大的，然后紧紧地盯着它，直到它融进自己的内心"，在教学内容选择的细节上做足文章。小课堂，大讲究。纵观培东先生的整个课堂教学，皆以演讲词这一文体特征为出发点，紧紧抓住"三告"，引导学生从演讲词文本中的核心句入手，借助语速、语气等的调整变化，具体体会演讲词结构明晰、话题鲜明等共通特点；课堂教学还不断诱导学生深入了解这篇演讲词语言上使用浅近的文言文，多用短句，巧用正反对比等手法的运用，深切体验蔡元培先生"这一篇"的独特个性。篇章结构、语言风格、句式特点、手法运用的赏鉴成为这堂课的核心内容和任务，语文教学的学科属性和价值在这堂课上得到了高度重视和实现。

二、抽丝剥茧，层层深入：缜密的教学程序设计

合理的教学内容选择必须用缜密、细致的教学程序安排来得以具体落实。教学程序的缜密、细致则又具体体现在教者对教学过程中一个个具体细节的设计和把握之中。

钱梦龙先生认为，"教学细节，细而不小"，"一个教学过程如果充满了生动活泼的细节，这样的教学过程必定也是生动活泼，乃至是异彩纷呈的；反之，如果教学细节处理失当，则必定导致整个教学过程的失败"。

培东先生是一个极其细腻、精致的人，从衣着打扮到言谈举止。课如其人，《就任北京大学校长之演说》一课教学程序的设计可谓细腻、精致到了每一个细节：从课文中心句"予今长斯校，请更以三事为诸君告"入手，引导学生整体把握演讲词文意，进而步步追问，让学生从课文明显的语言标记——"一曰""二曰""三曰"等中概括出演讲词的内容要点，

体会演讲词的内容结构以及思路清晰、中心突出的共通特点；然后再用"蔡先生为什么要特别强调这三件事情"的问题，引导学生把阅读关注点从宏观的篇章结构的感知引向中观的思想内容的理解，依次领会演讲词对于当时社会风气和北大学风、校风的现实针对性；接着，培东先生充分运用诵读的教学方法，让学生在具体的语言实践中细致感受蔡元培先生演讲词运用浅易文言的语言形式，妙用短句和正反对比手法所产生的古朴典雅、浅显易懂、语重心长、情感真挚、逻辑性强的语言表达功效；最后，课堂教学基于文本，又跳出文本，教师深入引导学生认识课文中显现出的蔡元培先生"学界泰斗，人世楷模"的精神风范，领会演讲词中"抱定宗旨，砥砺德行，敬爱师友"对于自身生命成长的重要意义。整个课堂教学程序的设计循序渐进、丝丝入扣、简洁清晰、浑然天成，有细节之实，亦有灵动之美。

再则，教学过程中每一张PPT出现的时机也都很有讲究：培东先生绝不用自己的意见的先行来取代学生的阅读体验和思考，总是在学生充分地诵读感知和思考探讨后适时出现，显现出教者对学生个性阅读体验的尊重，看似不经意，实则有精细的设计和考量。

三、深入践行，循循善诱：细腻的言语实践活动

《义务教育语文课程标准（2011年版）》明确指出，语文课程是实践性课程，应着重培养学生的语文实践能力，语文教学尤其要重视引导学生丰富语言积累，培养语感，发展思维。

《就任北京大学校长之演说》一文采用浅易的文言写作，具有古朴典雅、浅显易懂、语重心长、情感真挚、逻辑性强的语言风格和特色。要真正体会作品的这一风格和特色，必须在课堂教学中让学生充分实践，深入品味演讲词的语气、语调、重音和停顿，从中细腻体味演讲人的思想情感。

培东先生《就任北京大学校长之演说》一课最为显著的行为特征就是学生丰富诵读实践的开展和诵读领悟能力的提升，琅琅的书声回荡在课堂上；语文智慧的火花燃烧在碰撞中：

①"告了哪三件事?""只讲了这三件事吗?""哪两件事情?""为什么会这么快找到答案?""你还发现了什么吗?"

②"反复强调?'一曰''一曰'这样重复,是这个意思吗?""这样重复,演讲就没有一气呵成的感觉了……这么读的话,重点句是听不出来的。你知道问题在哪里吗?""对了,要想在演讲现场让大家听到你的演讲重点,你首先要在关键点上读出你的重音来!""再来'告'一次,好吗?'予今长斯校',预备起!"

③"悲痛、痛心、痛恨的!我们请一个同学给大家读一下……""停,感情还没注进去。"

④引导学生对文本中"请更以三事为诸君告"中的"请"和"更","尤为恶劣"的"尤","予今长斯校"的"长"等关键词语的意蕴及诵读技巧,以及对"诸君肄业于此,或三年,或四年,时间不为不多,苟能爱惜光阴,孜孜求学,则其造诣,容有底止"这一短句的节奏、语调和情感的具体把握。

……

教学活动中,学生的诵读不仅限于读准字音,在教师的引导下,学生的诵读指向了文本内容结构的显著语言标志——"一曰""二曰""三曰"及其表达功效,使得演讲词思路清晰、中心明确,指向了节奏、重音的合理处理对于演讲效果的具体作用,指向了对演讲者直面沉疴、痛心疾首的情感的深切体会,指向了对此篇演讲词古朴典雅、浅显易懂、语重心长、情感真挚、逻辑性强的语言风格及特色的具体感悟……

这样的语言实践活动细腻而深入,充满了教者在教学过程中的从容和期许,显现着培东先生"慢下来,活出自己,享受生命的从容和宁静"的生活态度对其语文教学的影响。

不仅如此,从上面的具体教学行为中,我们还能深深领会到培东先生对学生内部言语能力的重视,善用追问,推动学生主动的言语实践,启迪学生的语文智慧,扎实训练学生的思维品质,是这堂课十分重要的一种价值追求。

　　"语文课，首先必须是文本阅读课，有琅琅的书声，有真诚的对话，有主动的揣摩，有深刻的反思，有精神的升华。"

　　培东先生是这样说的，更是在教学实践中这样做的。

　　观其课，读其人，心有所感焉，故记之。

《始得西山宴游记》

![浅浅小语]

从细雨下，点碎落花声/从微风里，飘来流水音/清浅细微/诗人的美/语文的美

——肖培东

![课堂再现]

执　　教：肖培东

点　　评：邓　彤

教学背景：2013 年 9 月 24 日，浙江省湖州市第二中学。

（课前学生自由朗读）

一、题目能不能改成"西山宴游记"

师：文章有几个较难读的词，注释里标有拼音的我们一起读一下，读的时候也看看它的意思。来，一起跟老师读读：僇人、施施、斫榛莽、茅茷、箕踞而遨、衽席、岈然、垤、攒蹙、培塿、颢气、引觞。

（学生读）

师：我们已读过了这篇文章，请问同学，柳宗元所写的这篇文章，题目能不能改成"西山宴游记"？

生：不能。

师：为什么？

生1：因为文章中说他是在法华西亭才望见西山的怪异之处，然后才开始游西山，还没有把西山彻底游遍。

师：你的意思是"西山宴游"必须是尽兴游，而文中作者还没有把西山彻底游遍，游山还不够酣畅淋漓，是这个意思吧？

生1（不好意思的）：好像也游得很开心了。

师：哦，心里觉得有点不对了。看看文章，都写了什么内容，再想想。好，你来说说看。

生2：作者游西山，也游了其他的山，所以不能只叫"西山宴游记"。

师：游西山，这文章哪段写的是游西山？哦，第二段，那你说说看，第一段在写什么？

生3：第一段不是西山游记。

师：是游什么呢？

生3：是其他山，是州里面的其他地方。

师：找出文中的词来说说，游的是什么地方？

生3："是州之山水"。

师："是州之山水"，是不是？简单来讲，这篇文章之所以不能叫"西山宴游记"，是因为它还写到了西山以外的其他地方的游览。这篇文章写了柳宗元两种游，第一段是游"是州之山水"，第二段开始才是西山宴游。所以这篇文章题目就叫作——

生："始得西山宴游记"。

师：你来解释下，什么叫作"始得"？

生4：才开始游。

师："得"是什么意思？

（生支支吾吾，语塞）

师：读书要有好习惯，先要读懂题目。"始"是"开始"，"得"呢？组词，试试。

生4：得到，获得。

师：嗯，开始得到，引申为发现，这样文章就是写开始发现西山宴游的乐趣的一篇游记。请坐。

师：那么好，同学们，再快速看一下文章，找一找，柳宗元写两种游的"得"分别是哪一句话？这能找到吗？你来说。西山以外的游览，也就是"是州之山水"的游览，作者之得是哪句话？

生5：意有所极，梦亦同趣。

师：你先把这句话翻译一下。

生5：意有所至，梦也同往。

师：这个"趣"怎么理解？

生5：是通假字，同"趋"，往，赴。

师：现在你再来判断自己说的这句话是不是游山之得？得，也就是他的认识，他的感受，他的结论。

生5：应该不是了，应该是这句"以为凡是州之山水有异态者，皆我有也，而未始知西山之怪特"。

师：你看，多好，自己做出了更正。大家齐读这句话。这里有一句话，这是西山以外的游览作者之得。你再来找西山宴游，他的"得"又是哪一句？照你刚才的思维，你再找找看，西山宴游的"得"是哪句话？

生5：心凝形释，与万化冥合。

师：你刚才第一句"得"是怎么找出来的？你再按照这种路径找找，他的得在什么地方？建议一起来读读看，预备起。

生（齐）：然后知吾向之未始游，游于是乎始。

师：是不是有点惭愧啊！学习是应该这样学的。好，我们来读读作者两种游所得的句子。

PPT 显示：

> 以为凡是州之山水有异态者，皆我有也，而未始知西山之怪特。
> 然后知吾向之未始游，游于是乎始。

师：我请一个同学读一读第一句，你来。

生6：以为凡是州之山水有异态者，皆我有也，而未始知西山之怪特。

师：这个句子也有异态，你知道在什么地方吗？

生6："皆我有也"。

师：你整句读读看。

（生6轻轻读）

师：找到没有，这个异态的地方？

生（齐）：以为凡是州之山水有异态者。

师：这里的"凡是"和现在意义相同吗？

生7：不同，是两个词。

师："凡"和"是"，读的时候要隔开，"以为凡是州之山水有异态者"，你觉得这是个什么句子？你来说。

（生8说不上来）

师：这学期学过哪一篇文言文？

生8：《劝学》和《师说》。

师：《劝学》都已经学过了，是吧？那这个异态肯定能找出来的，来，我们翻到《劝学》篇。老师给大家读一句话，"蚓无爪牙之利，筋骨之强"，什么句子啊？

生：定语后置句。

师：哦，定语后置句。那你再翻译一下"是州之山水有异态者"？

生8：这个州有异态的山水，哦，我懂了，也是定语后置句。

师：山水有异态者，有异态的山水，它的标志是"者"，这也是一个定语后置句。我们在初中学过很多，"马之千里者"。请坐。

师：接下来一起读出这个句子的句式特点，"以为凡"，预备起。

生：以为凡是州之山水……（"凡是"句读错误）

师：停。还是连读成"凡是"，这在文中是两个词，"以为/凡"，预备起。

生：以为/凡/是州之/山水/有异态者。

师：记住了。这个州里的有奇异形态的山水。不错，再请同学读读最后一句。

生9：然后知吾向之未始游，游于是乎始。

师："然后"怎么理解？

生：这样以后。

师："向"呢？

生：从前。

师：从前。这个从前就是指"是州山水"的游，是吧？再请你解释一下，"于是乎始"的"于是"什么意思？你来说。

生10：从此。

师：从这里。这个"乎"是语气词，好了，这是两次游山之得，请坐。

师：第一次"得"，游了是州有异态的山水后，柳宗元以为山水"皆我有也"。第二次"得"，柳宗元认为真正的游览是从这里才开始的。前面的游览都不能叫作什么？

生：宴游。

师：因此，这两句话产生了明显的对比。好，读出这两句话的不同语气。第一次怎么读？

生11：他是很得意的。

师：对，"皆我有也"，很得意，以为游尽了异态山水。读读。

生：以为凡是州之山水有异态者，皆我有也。

师："皆我有也"，很高兴，挺牛的感觉，预备起。

生：皆我有也。（感觉出来了）

师：后一句，"然后知吾向之未始游，游于是乎始"，一起读读。

（生读）

二、与其说柳宗元在游西山，不如说柳宗元＿＿＿＿＿＿＿西山

师：同学们，从对比中我们知道，西山之游，柳宗元才真正获得宴游的乐趣。那么，西山之游究竟是一种怎样的游呢？请一个同学，给大家读一读，来，这个女同学，第二段。大家看看是否读准了字音和句读。

生12（读）：今年九月二十八日，因坐法华西亭，望西山，始指异之……故为之文以志。是岁，元和四年也。（读得较快）

师：同学们，学文言文一定要注意它的诵读。文言文一般适合舒缓语调的朗读。记住，这种快速的读法一定要把它改过来。你再来读一下，就

读最后两句好不好？"然后"，开始。

生 12（读）：然后知吾向之未始游，游于是乎始。故为之文以志。是岁，元和四年也。（有所改观）

师：嗯，刚开始读，有点小毛病，慢慢地把它校正过来。"为之文以志"，为这件事情写文章。好了，同学们，我们来看，那一年，那一日，柳宗元坐在法华西亭，望到那座西山，心向往之，于是就一路跋涉，登到西山的峰顶，遍览西山秀色，迟迟不愿归去。于是，他就写下了这篇著名的文章。这一写，就是柳宗元《永州八记》的第一篇，也奠定了中国山水游记的基础。由此可见，西山和柳宗元之间一定有着一种不解的情缘。所以，老师想问一句话，与其说是柳宗元在游西山，不如说是柳宗元什么西山？请你们好好看看课文。

PPT 显示：

　　柳宗元_____西山？

师：在这个句子里，请填上一个表示情感态度的动词，来表达你对柳宗元游西山的理解。慢慢看文章最后一段，想一想。

（学生静静地读书）

师：没事，我们可以放慢节奏。我建议大家再默默地读一遍。"今年九月二十八日，因坐法华西亭"，来，你再来读一遍。

生 13（读）：今年九月二十八日，因坐法华西亭……其高下之势……（后面的句子读不下去了）

师："岈然洼然"。（给出了拼音）大家再读读这里的几个难读的字：衽席、岈然、垤、攒蹙、培塿、颢气、引觞。（做了相关的解释）

（生 13 继续读至文章结束）

师：我们再一起读读最后几句，"然后知吾向之未始游"，开始读。

生（读）：然后知吾向之未始游，游于是乎始。故为之文以志。是岁，元和四年也。

师：再次读这篇文章，同学们考虑一下，这不仅仅是柳宗元游西山，更是柳宗元什么西山呢？填上一个字。

师：你有想法吗？来，说一下。

生14：赞西山。

师：柳宗元赞西山。哪句话，找出理由来。

生14：悠悠乎与颢气俱，而莫得其涯；洋洋乎与造物者游，而不知其所止。

师：狡猾的回答，就读了个句子。（笑）赞西山什么？

生14：它的美丽。

师：这句话只是赞它的美丽？有没有更明显写西山美丽的句子呢？这就是读得随意答得也随意。来，你还是先把这句话读一下。

生14（读）：悠悠乎与颢气俱，而莫得其涯。（读得很随意）

师：你知道吗？这么一读，那就不是在赞西山。"悠悠乎"是什么感觉，同学们？

生：心旷神怡，悠然。

师：辽阔，遥远。仿佛山、人、天完全就一体化了。来，"悠悠乎"，调子悠长，你跟着老师读读看。"悠悠乎"，开始。

生14（读）：悠悠乎与颢气俱，而莫得其涯。

师：刚才你朗读的问题出在什么地方，你自己知道了吗？自己的胸中没有这口颢气，读过去以后就变成了梗气。所以，西山的美丽在你的语调里是一个很苍白的表达。原谅我批评你，你先坐下来好好想想，我待会儿再叫你。来，赞西山，哪里赞西山？

生15：萦青缭白，外与天际，四望如一。

师：是赞它什么？

生15：辽阔。

师：辽阔，赞美！读出来！

生15（读）：萦青缭白，外与天际，四望如一。

师："萦青缭白，外与天际，四望如一。"尤其"四望如一"，读得舒缓陶醉，那才是真正发自肺腑的赞美。继续赞美，还有哪些地方赞西山？你说。

生16：其高下之势，岈然洼然，若垤若穴，尺寸千里，攒蹙累积，莫得遁隐。

　　师：是赞西山的什么？

　　生16：气势宏伟，高耸挺拔。

　　师：气势宏伟，高大险峻。请坐。

　　师：好，这个同学说的是赞西山，我觉得他说得很好。柳宗元是在赞西山，还有没有自己的观点？这个女同学举手了。

　　生17：我觉得是醉西山。

　　师：柳宗元醉西山。哇，醉，这个字妙！哪里看出醉？

　　生17：引觞满酌，颓然就醉，不知日之入。

　　师：嗯，"引觞"的"觞"什么意思？

　　生17：酒杯。

　　师：酒杯。"引"呢？

　　生17：端起。

　　师：端起。端起酒杯满满一喝。

　　生17：就醉了。

　　师：哎，就醉了。那你说，柳宗元醉西山是醉什么？

　　生17：是醉西山的辽阔，西山的悠然。

　　师：醉的是西山的辽阔，醉的是西山的浩茫美丽。因此，这里不仅仅是酒醉，更是山水之醉。这个"醉"字用得非常棒。读读看这个醉的感觉。注意，醉！

　　生17（读）：引觞满酌，颓然就醉，不知日之入。

　　师：声音再响一点，摇头晃脑，沉醉其中。预备起。

　　生（读）：引觞满酌，颓然就醉，不知日之入。（读得很有醉感）

　　师：哎，太棒了！柳宗元醉西山。我觉得这个"醉"字比这个男同学的"赞"字更有力度了。柳宗元什么西山？有醉字，有赞字，还有没有？

　　生18：柳宗元恋西山。

　　师：哦，恋，哪里可以看出柳宗元恋西山？

　　生18：苍然暮色，自远而至，至无所见而犹不欲归。

　　师：哦，"苍然暮色，自远而至，至无所见而犹不欲归。"怎么说呀？

生18：暮色越来越近，什么都快看不见了，但是柳宗元还不想回去，是对西山的深深依恋。

师：哪个字最能体现出这种依恋？

生18："犹"。还是不想回去。

师：哦，"犹不欲归"，依恋深深。其实在他登西山的过程中，我们也能看出这份西山之恋，把它找出来，看看他是怎么样登西山的。

生19：遂命仆人过湘江，缘染溪，斫榛莽，焚茅茷，穷山之高而止。

师：嗯，很好，这些描写说明这一路登山的旅程——

生19：非常艰难。

师：艰难。但一定要"穷山之高而止"，跋山涉水，劈荆斩棘，这就是对西山的恋。请问，"穷"是什么意思？

生19：尽。

师：尽，这里做什么词？

生19：动词。

师：哎，动词。一定要登上山的高处，才停下来，这句的力量也正体现在动词上，大家圈出动词。我建议你把前面登山过程三个字三个字地再读一下。

生19（读）：过湘江，缘染溪，斫榛莽。（很坚定，有气势）

师：真是一个很聪明的女孩子，我都没做提示，你都已经明白了。原来这里的动词一定要读出他的登山的坚韧不拔。"斫"，什么意思？哦，砍伐的意思。看似柔弱的女同学已经能够读出这样的感觉了。来，全班同学，我们读好这几句，读出他眷西山登西山的艰辛与一路的向往和坚持，读得急促点，预备起。

生（读）：过湘江，缘染溪，斫榛莽，焚茅茷。

师：不要停，不要着急着把声音降下来，老师再给你们一个节拍，过湘江，嗒嗒嗒，预备读。

生（读）：过湘江，缘染溪，斫榛莽，焚茅茷，穷山之高而止。（读出了气势、节奏）

师：对西山之眷，对西山之恋，由此可见一斑，非常棒！还有没有，柳宗元什么西山？醉西山，恋西山，赞西山。后排同学，你来说。

生20：柳宗元望西山。

师：忘记的"忘"，还是"望见"的"望"？

生20：望见。

师：我以为你是忘记的"忘"，是看西山的"望"吗？

生20：望西山，始指异之。

师：哦，你就说了这么一个简单的动作？柳宗元望见了西山。这个"望"字，如果仅仅是望见，味道就不够了。读书过程中可以挑战自己的思想，往更深处想想。你来说说。

生21：望，有一种向往，它写出作者内心的神往。

师：所以，一个"望"字，绝不仅仅是看见的意思。他这一次回去以后，又一次一次在心里望西山，这个"望"就更有味道了。其实，我甚至很希望你说"忘记"的"忘"，柳宗元忘西山，我觉得那更是一种意境了。你们觉得呢？来，你先把他那个望西山的坚毅、惊喜劲儿给读出来。

生21（读）：望西山，始指异之。

师：哦，"始指异之"，味道读没了。这个"异"什么意思啊？哎，是意动用法，对……感到惊奇，"异之"读的时候声音别马上低下去，要惊奇一点，来试试看。

生21（读）：望西山，始指异之。

师："望西山，始指异之。"来，跟着老师读，好吧？

生21（读）：望西山，始指异之。

师：好，望西山，虽然还不够望得完美，但是，也小鼓励一下，好吧！来，还有同学说说看吗？柳宗元什么西山？醉、赞、恋、望，老师给你们做个提示好不好？就在这一段里有些动词，你们可以把它们用起来。来，女同学，你来说。

生22：我觉得是梦西山。

师：柳宗元梦西山。有感觉，哪里啊？

生22：第一段里"醉则更相枕以卧，卧而梦"。

师：从第一段里就梦到西山啦！这个梦穿越了。（生笑）这是未来的

98

梦。要梦到第二段去。

（学生点头）

师：再看看，最后一段里有很多字，你们大可以把它们用上去。来，你来说。

生23：柳宗元合西山。

师：哦，合西山。冥合，不知不觉地融合为一体。合，真正的好词！那么这个合西山的"合"，你为什么这么用？

生23：他在观赏西山的美景之后，觉得自己已经与西山融为一体了。

师：柳宗元合西山，山人合体。文章哪里有句话说明西山和柳宗元是相合的？

生23：心凝形释，与万化冥合。

师：嗯，这个是最后的感受。之所以能够合西山，是因为西山和他极为意气性格相投。是哪句话？

生24：然后知西山之特立，不与培塿为类。

师："西山之特立，不与培塿为类"，说明什么？

生24：说明西山和他一样，不跟……（有点难以表达）

师：西山不是培塿，"培塿"是什么东西啊，同学们？

生：小土堆。

师：哎，这就说明西山超凡脱俗，超出一般的土丘，超出一般的山。而柳宗元的特立，又在哪里呢？

生25：他也有一种超人的才华。

生26：他也很清高。

师：哎，超人的才华，脱俗的气质。因此，西山它的孤僻，它的清高，它的傲然，和柳宗元是相冥合的。我觉得，这个合西山说得非常棒，其实，也可以换成另外一个字，柳宗元了解西山，哪个字？

生27：然后知西山，是知音。

师：柳宗元借山水之灵眼读懂自己的内心，西山仿佛是柳宗元冥冥等待的知己，慢慢走进了他的内心深处。真好！还有没有？刚才有个同学已经说到这句话了。来，就刚才说"望西山"的这个同学，再望一次。来，再读一下，"苍然暮色，自远而至"，预备起。

生20（读）：苍然暮色，自远而至，至无所见而犹不欲归。

师：你觉得是哪个字？

生20："见"。

师："见"，还是"望"，还有吗？"苍然暮色，自远而至，至无所见而犹不欲归。"哪个字？你来说。

生28："自远而至"的"至"，到西山。

师："自远而至"的"至"，这个动词也很有味道。至西山，到西山，西山是他的精神之家，都是对西山的一份眷念。还有吗？

生29："犹不欲归"，他不想归，就说明想归到西山。

师：归西山，归家，西山就是他的家，一个精神的家，这是心灵的皈依。柳宗元归西山，你看，慢慢读发现很多字都是很有表现力的。好了，我们一起来总结一下，同学们。与其说是柳宗元游西山，不如说是柳宗元什么西山？

生：合西山，至西山，归西山。

师：合西山，归西山，赞西山，知西山，醉西山，还有呢？哎，很多词。最主要的还是要投入思考，他和西山如此情投意合如此了解，所以在这个游览西山过程中，柳宗元和西山已经完全浑然一体，一起来读读那一句话。"悠悠乎"，预备起。

生（读）：悠悠乎与颢气俱，而莫得其涯；洋洋乎与造物者游，而不知其所穷。

师：这一种陶醉，一定要读得非常舒缓，心胸开阔，"悠悠乎"，预备起。

生（读）：悠悠乎与颢气俱，而莫得其涯；洋洋乎与造物者游，而不知其所穷。

师：再读读柳宗元知西山的味道，他对西山的一见钟情，"然后知西山之特立"，预备起。

生（读）：然后知西山之特立，不与培塿为类。

师：他的醉西山，来，预备起。

生（读）：引觞满酌，颓然就醉，不知日之入。

板书：*游——醉——知——归*

三、对比两种游的"游——醉——知——归"

师："苍然暮色，自远而至，至无所见而犹不欲归。"从这里就可以看出来，柳宗元和西山就是这么一种情缘。因此，写的是柳宗元游西山，但最后看出来，柳宗元醉西山，知西山，归西山，那么西山之外的游览呢？有没有醉？有没有游？有没有知？有没有归呢？我们一起来看看第一段。是州之山水，他是怎么游的？读读。

（学生阅读思考）

生30：日与其徒上高山，入深林，穷回溪，幽泉怪石，无远不到。

师：好。"上高山，入深林，穷回溪"，你觉得是什么感觉？

生30：速度很快。

师：很快的，快就说明这种游览是——

生30：很随意的，不是很喜欢。

师：不是真正的喜欢，是很随机的，没有目的的，来，再来读一读这句话。

生30（读）：日与其徒上高山，入深林，穷回溪，幽泉怪石，无远不到。

师：哎，"上高山，入深林"也是三字句式，但是这种行为，它是没有目的的，很随意的，因此，这个游和西山之游的游有区别了。还有没有？第一段里，怎么游的？我们一起来读读第一行字。

生（读）：其隙也，则施施而行，漫漫而游。

师：这八个字要读好，女同学，"其隙也"，预备起。

全体女生（读）：其隙也，则施施而行，漫漫而游。

师：老师想把这八个字缩成四个字，好不好？其隙也，则施行漫游，你觉得怎么样？你来说。

生31："施施而行"，是缓慢行走的意思，改后就没有那种很随意的感觉了。

师：很随意，这个随意是不是休闲放松？"施施而行，漫漫而游"，什

101

么感觉？

生 31：没有精神，茫然。

师：没有精神，很无聊，很无趣的，随便走的，所以它与西山之游的这种状态不一样。来，一起来读读这八个字，读出柳宗元此时的无聊、无趣，预备起。

生（读）：其隙也，则施施而行，漫漫而游。

师：很好，所以这一种游，跟西山之游是有明显区别的。再看，这个"醉"字，前面之游有没有醉过？来，还是你，说"望"的同学。

生 20：醉过，"到则披草而坐，倾壶而醉。醉则更相枕以卧，卧而梦"。

师：你说说看，"到则披草而坐，倾壶而醉"，这个"倾壶而醉"的"醉"和柳宗元后面的"引觞满酌"的"醉"有什么区别？

生 20：这里是纯粹的喝酒，然后醉了，后面的是形容沉醉于山水美景。

师：看看，这个回答多好，这是你三次叫起来最好的一次回答，来，大家掌声鼓励一下好吧！

师：这次的醉纯粹是借酒消愁，而后面的醉不仅是酒醉，更是山水之醉，因此，醉也分出了等级，所以，它不是宴游。再来看，前面有没有知的感受？你来说。找找看。

生 32："醉则更相枕以卧，卧而梦。意有所极，梦亦同趣。觉而起，起而归。以为凡是州之山水有异态者，皆我有也。"这是不知道山水趣味的表现。

师：好，读的这句话里面，看看，柳宗元对这里的山水知不知？合不合？有没有细细地让自己的灵魂走进这座山水？

生 32：没有。

师：哪里？

生 32：觉而起，起而归。

师："觉而起，起而归。"这是归了，这个归——

生 33：是回家去。

师：是回家去，而后面的归是归去哪里？

生 33：西山。

师：西山之去，大家发现了吗？柳宗元在第一段里面的句子很有特点，老师给大家读读看，"更相枕以卧，卧而梦""觉而起，起而归"，你觉得这个句子有什么特点吗？发现了吗？

生34：中间都有个"而"字。

师：中间都有个"而"字，不错，这个"而"字你觉得是什么语气？读读看。

生35（读）：觉而起，起而归。

师：你觉得是种什么感觉？

生35：是很随意的。

师：嗯，很随意的，行到哪，走到哪，睡到哪，梦到哪，是这意思吧？因此，对山水有没有做充分的领略啊？没有，请坐。大家发现吗？这其实是修辞格里的顶真格，"觉而起，起而归"，说明他的生活在这个地方是很机械的，很麻木的，好，一起来把这段话读一读，好吧？"醉则更相枕以卧"，预备起。

生（读）：醉则更相枕以卧，卧而梦。意有所极，梦亦同趣。觉而起，起而归。

师：对，读出一种无聊、机械、麻木、颓废，"觉而起"，预备起。

生（读）：觉而起，起而归。

师：哎，挺好，这是很有味道的，预备起。

生（读）：觉而起，起而归。

师：记住，那么再看：前面的"归"是归家，而后面的"归"，他是想归到哪里去？

生：西山去。

师：所以，这样一对比，就知道，游山的"游——醉——知——归"等高境界，他是在西山做到了，读读看，"心凝形释，与万化冥合"。所以，西山之游，他是神游；而"恒惴栗"下的其他游山，只是一种形游。这一切都告诉我们，唯有西山之游，才是他人生宴游之开始。那么，同学们，我们一起来读一读第一段，体会一下他当时的那种感受，"日与其徒上高山"，预备起。

生：日与其徒上高山……以为凡是州之山水有异态者，皆我有也。

师：可是，在西山，他又是怎么样的感受？一起再来读读看"悠悠乎"，预备起。

生（读）：悠悠乎与颢气俱，而莫得其涯；洋洋乎与造物者游，而不知其所穷。

师："然后知"，预备起。

生（读）：然后知吾向之未始游，游于是乎始。

师：这样，我们就对比出来了，"游于是乎始"。那么，同学们，这种西山之游，你读到了一个怎样的柳宗元？

（生思考）

生36：陶醉于西山的美景。

生37：找到了心灵慰藉的柳宗元。

生38：豁然开朗。

师：豁然开朗，这个"豁然"用得太好了。长久无法排遣的郁闷，突然在西山似乎找到了一个释放空间。你来说。

生39：由之前的心情不振到后来的非常兴奋，遇到了知音。

四、柳宗元能归西山吗

师：由之前的颓废到后面精神振作，是这个意思吗？好，四个同学都是以乐观的态度来看待柳宗元的。这里，老师还要问一句，柳宗元想要找到自己心灵的诉求，请问，真的能够归到西山吗？这一次西山之游，他的心灵世界是不是得到了永恒的解脱，他真的能够归西山吗？你来说。

生40：我觉得不能。

师：为什么？

生40：因为他不能永远待在西山。

师：哪一句话？

生40：至无所见而犹不欲归。

师："犹不欲归"，还能从哪里看出？看看最后一段，想想。你来说。

生41："故为之文以志"。如果说柳宗元可以归西山，他就不用"为之文以志"。

　　师：写文章来纪念，你觉得如果他能够一辈子归西山，他就不用写文章了？甚至连文人的纪念方式都要忘却？你再往前面的文字找找看，他真的能够完全归西山吗？

　　生42："然后知吾向之未始游，游于是乎始。"他现在才开始游，他不是游一个地方，他还要游其他的。

　　师：呵呵，"于是乎始"这话有可琢磨的地方了。他还要游东山，他还要游南山。你把他的行为理解成了具体的行为，道理上还是有的，我们再往文字里游游。

　　生43：苍然暮色，自远而至，至无所见而犹不欲归。

　　师：又回到"犹不欲归"了，什么意思，你来说。

　　生43：还不想回去。

　　师：言下之意是什么？

　　生43：还不想，但他必须要回去。

　　师："犹不欲归"，那最后终将还是要回去？回到是州的居所去。醉了归西山，醒来又要回到那个偏居一隅的幽僻地方，因此，犹不欲归终须归，山水的解脱只是一种暂时的释放，中国的文人步履艰难的表现从这个"犹不欲归"中就可以看出来了，因为他们平时的生活状态是怎么样的？文章第一段三个字，预备起。

　　生：恒惴栗。

　　师：哪个字最有嚼头？

　　生："恒"。

　　师：聪明，不是"惴栗"，而是"恒惴栗"。因此，西山暂时的解脱以后，他醒来以后，必须要回到那个总是让他心怀惴栗的地方。所以，西山，只是他精神的慰藉；西山，只是他人文世界的一种等待和期盼，但是，这里他暂得解脱，却不是永远的归宿，也无法完全释放自己内心的愁苦，于是，一篇又一篇的文章，《永州八记》的精美文章就流传在我们这个世界。所以，同学们，还是感谢西山吧！它为我们带来了一位中华文化史上和思想史上的巨人，也给他灵感为我们创作了许多愁苦的美文，让我们再来读一读西山之游，最后一段，"悠悠乎"，预备起。

生（读）：悠悠乎与颢气俱，而莫得其涯；洋洋乎与造物者游，而不知其所穷。引觞满酌，颓然就醉，不知日之入。（很有感情）

师：停。你来说，这个时候你来读这几句话，除了我们所说的大气、悠远，你觉得还要加上一种什么语气？

生44：还要加上一种不舍和伤感。

师：不舍和什么？归而不归，不归而又欲归的一种伤感之痛。所以，他不是纯快乐的，纯解脱的。一起来，再读这几句话，注意"悠悠乎"，预备起。

生（读）：悠悠乎与颢气俱，而莫得其涯；洋洋乎与造物者游，而不知其所穷。引觞满酌，颓然就醉，不知日之入。苍然暮色，自远而至，至无所见而犹不欲归。

师："犹"这个词要好好读，再读读看。

生44：而犹不欲归。

师：很沧桑的，在这里有味道，男同学来表现这种感受，"自远而至"，预备起。

男生（读）：自远而至，至无所见而犹不欲归。

师：所以，同学们，请你有空的时候再读读这篇文章，希望你能真正触摸到柳宗元的西山和柳宗元的人格，以及他思想上的痛苦和愁闷。这将是你学这篇课文的最大心得。下课，同学们再见！

教学感言

★我想，我是能读懂柳宗元的西山了。阅读，和心境有关，和岁月有关，和经历有关。小时候读唐诗，读到柳宗元的《江雪》，唯一的感受就是这寒天冻地的，太冷了。冷到"千山鸟飞绝"，冷到"万径人踪灭"，冷到自己的心里都寒飕飕的，然后痴痴地想那苍茫一片大雪飞舞的世界。现在读起《江雪》，更神往那"独钓寒江雪"的"孤舟蓑笠翁"，那稳稳的钓竿，那积雪的蓑笠，孤独中是怎么样的一种淡定和从容。究竟是怎么样的一望，能让柳宗元如此痴迷，不顾险阻？超拔脱俗又无比寂寞的西山，飘逸潇洒又有无限愁苦的文人，柳宗元哪里是在游西山？那分明是冥冥之中的一种契合！用天地之心读世上之书，阅读就有了着落。成熟，不是瞬间的事，但，阅读，能让你不至于肤浅。

★主问题教学，最重要的是让你的主问题既包住文章又深入文章。它不是平面的，而是立体的，它首先是文本的，又是个性的。既让我们一目见西山，又不忽略一路的花草私语。"与其说柳宗元游西山，不如说柳宗元_____西山？"这填的字，可以是文章中的，也可以是自己想的，它都是对"游"字更深层次的思索。教学的时候，既要给学生思考的开放空间，又要让学生聚焦在文本，风筝可以飞得很高，但线得在你的手中拽着。想出好的主问题是一种智慧，实践好主问题教学则是一种艺术。教师要能收能放，能迁善导。生成的精彩，可以预约。我们需要努力并提升的真的很多很多。教学当如游山，好课永远在下一节。"然后知吾向之未始游，游于是乎始"，说的可不是我们上课吗？

★"悠悠乎与颢气俱，而莫得其涯；洋洋乎与造物者游，而不知其所穷。"我一次次读这句话，我得读出其中的邈远阔大与天地合的感觉，我努力在音调上表现这种意境。终于，我发现，心不至则音不到，这"悠悠乎""洋洋乎"真不是拉高声音拖长调子就能表达出来的。读书，取决于心，光从形式上去演绎，西山就是缺失灵魂没有精神的。我一遍一遍读，想着那急于摆脱惴栗的作者，想着那高傲独立的秀美西山，闭上眼睛等浮云飞过，"心凝"方能"形释"，教学真是一种修行。

★"归"，该是我们最喜欢最憧憬的字了。柳宗元要归西山，是要归到他的精神栖息地，是要归到他的心灵慰藉港湾。归家，是一种永远的期待，倦鸟归巢，更何况漂泊的心？教学，也不能忘记这个"归"字。回归常识，让语文教学返璞归真，在回归路上致力创新。文言文教学要处理好"文"与"言"的关系，体现出它应有的教学内涵，又不能失之枯燥缺少趣味。文言文的教学既是扎扎实实的，又是灵动新颖的。寒波澹澹起，白鸟悠悠下，隽秀西山在你勤勉踏实的脚步中，也在你登高望远的视线里。语文教学，归向何方？

★ "柳宗元望西山。""是望见的'望',还是忘记的'忘'?"有时候,我会有这样的灵感,把学生回答的路拓宽。望西山,"望"是崇敬是神往;忘西山,"忘"是沉醉是融入。读音相同,境界有区别,柳宗元该是先望西山有憧憬之心,然后忘情自失,忘我于西山。可有时,学生很好的回答,我总是缺少进一步点拨的心思,遗憾地让那机会瞬间流失,醒悟时已是后悔莫及。教学,真是一门诚实的艺术。

——肖培东

现场声音

★ 听肖老师上这课,是在温州龙湾的一所私立高中。我甚至会想起明湖居里的说书。上课伊始,肖老师引导学生解题,寻找两种"游"之得的句子,在学生基本没有预习的情况下,细细引导,循循善诱,字斟句酌,披文入情,让人"以为观止矣"。哪知他竟又翻出"与其说柳宗元在游西山,不如说是柳宗元_____西山"这一神奇之问,"赞""醉""恋""望""合""知""归",字字都联系文中相关句子,字字皆指向诗人内心情感,老师稍一点火,学生就能幻化五彩烟花,师生"于那极高的地方""回环转折",精彩至极。板书上的"游、醉、知、归"四字,是小结归纳,竟然又是新的开启。借助这四字比较两种游,真正明白随意游与"宴游"的不同,让学生触摸到一个屡遭打压的正直士大夫的精神苦痛和从山水中找到精神契合的内心愉悦。至此,教学的盛宴该结束了吧,可是肖老师一句"他真的能够归西山吗"又在安静的湖中掀起涟漪,这一问使学生从之前的"走近"柳宗元深入到"走进"柳宗元,如明湖居里说书般"几啭之后,又高一层,接连有三四叠,节节高起"。

——浙江省永嘉中学　金晓忠

★ 这一课,主问题的精妙暂且不说,重点句的诵读也是余韵无穷。"悠悠乎与颢气俱,而莫得其涯;洋洋乎与造物者游,而不知其所穷"无疑是重点句子和疑难句子,学生理解起来可没那么容易。柳宗元将西山之怪特与自己受挫折却不甘沉沦的人格之美相互映照，达到物我交融、合二为一的精神境界。整节课中"悠悠乎"这句话在不同授课环节读了八次，老师多次指点，让学生读出"辽阔，遥远"的意境，感受到柳宗元游览时的陶醉与解脱。当肖老师问道："这个时候你来读这几句话，除了我们所说的大气、悠远，你觉得还要加上一种什么语气?""不舍和伤感。"学生的回答很肯定。此时，学生的情感体验几乎与柳宗元有了共鸣，课文的重难点就此击破，而这正是通过多次的诵读实现的。

—— 浙江省嘉兴市第一中学　孙　凯

★"始得"是这一篇散文中最具有教学价值的"生长点"，又是多数同学不甚理解的一词。如何突破这一难点，使其成为教学的有力抓手? 这一课，肖老师在这"得"上做了很精彩的教学示范。新课伊始，第一问立足"始得"："我们已读过了这篇文章，请问同学，柳宗元所写的这篇文章，题目能不能改成'西山宴游记'?"而后围绕"得"推进教学："找一找，柳宗元写两种游的'得'分别是哪一句话?"课堂就转向"西山"。最精彩的，极富生成性的问题"与其说柳宗元在游西山，不如说是柳宗元_____西山"使课堂成为一个开放的、灵动的课堂。借助"游——醉——知——归"等词的前后比较，最后理解了西山之"始得"，走进了柳宗元复杂的内心世界。所以，主问题的背后其实是一个"得"字，它就像一粒种子，会发芽、生长、开花、结果。

——浙江省湖州市第二中学　贾桂强

名师点评

"言""意"交融　妙合无垠

上海市黄浦区教育学院　邓　彤

肖培东老师的《始得西山宴游记》教学实录令人耳目一新，使我们得以一窥文言散文教学之门径。

109

我们已经意识到文言教学应当关注"文言、文章、文化"三大要素和谐统一，但究竟如何融合统一，在实际教学中却多半各行其是。"文言、文章、文化"的融合，不是拼盘式地将三者叠加在一堂课中，而是你中有我、我中有你的水乳交融。肖培东老师的《始得西山宴游记》课例庶几臻于此境界。

现从四个方面简述如下。

一、赏鉴章法之妙

标题是文章之窗，本课例因此首先从"析题"入手。从解析标题进入文本原本不稀奇，但肖老师的做法实在是高妙至极。

妙处之一在于通过解析标题领悟章法之妙。教师通过提问"题目能不能改成'西山宴游记'"让学生意识到文章显然可分为两大部分：写了柳宗元两种游，第一段是游是州之山水，第二段开始才是西山宴游；前者为陪衬，后者为重点。散文的章法、作者的用心于此可见。妙处之二在于通过层层叠加的方式逐渐析出标题的意蕴。通过对"始得"二字的把玩，一层层地让学生感受到柳宗元"两次游山之得"之妙趣之差异。

清代李渔在其《闲情偶记》中曾言，一出好戏必须"立主脑"。"主脑非他，即作者立言之本意"，《琵琶行》中"重婚牛府"为全剧主脑，《西厢记》中"白马解围"为全剧主脑。只有确立了"主脑"，才能突出主体，更好地表现作者"立言之本意"。由此想到，一堂好课，同样需要立主脑。本课例对标题的解析，就是确立了全课"主脑"。"主脑"一旦确立，随后的教学便如行云流水，一条清晰的课脉因此显现。

二、领略文化之美

教学进入第二环节，教师重点引导学生感受作者的心境之美，并通过体验文人对待山水的种种态度不断深化对文本丰富文化意蕴的体味。

教师通过让学生品味文章填写关键词的方式抽丝剥茧一般将柳宗元心境折射出来："与其说是柳宗元在游西山，不如说是柳宗元_____西山？"这一处的"填词"活动，引出了学生一连串各不相同的解读——

"赞西山、醉西山、恋西山、望西山、梦西山、合西山、知西山、至西山、归西山",作者心中极为复杂极为细腻的感受被师生从不同角度不同侧面全方位地感受体验了一番。而教学的最后一个环节,教师又提出了一个问题:"柳宗元能归西山吗?"这个问题使得学生对文化的体味进一步走入深处。师生在讨论中意识到:山水之美在中国文人生命中只是一种安慰,可以让人暂得解脱,却不能够成为永远的归宿,由此可见中国的文人人生步履之多艰。

需要特别指出的是,这些对作者心境的体味,对文化的咂摸,都是通过一系列学生活动实现的,而不只是教师的讲解与灌输。请看,学生在教师指导下,填词、阅读、讨论,最后获得了丰富的体验和感受。另外,这些感受又是在对语言文字细细体会的基础上获得的,学生披文入情,沿波讨源,使得原本飘忽空灵的情感、文化在这堂课上变得实在可感起来。

三、注重知识教学

本课例还有一大特点,就是高度注重文言知识教学。先以肖老师课例中的两个小片段为例略加讨论。

【片段1——顶真修辞格】

这其实是修辞格里的顶真格,"觉而起,起而归",说明他的生活在这个地方是很机械的,很麻木的。

【片段2——"定语后置"教学】

教师引导学生研读"以为凡是州之山水有异态者"一句。先研读"凡是"。

师问:这里的"凡是"和现在意义相同吗?

生7:不同,是两个词。

师:"凡"和"是",读的时候要隔开,"以为凡是州之山水有异态者",你觉得这是个什么句子?你来说。

(生8说不上来)

师:《劝学》都已经学过了,是吧?……老师给大家读一句话,

111

"蚓无爪牙之利，筋骨之强"，什么句子啊？

生：定语后置句。

师：哦，定语后置句。那你再翻译一下"是州之山水有异态者"？

生 8：这个州有异态的山水，哦，我懂了，也是定语后置句。

师：山水有异态者，有异态的山水，它的标志是"者"，这也是一个定语后置句。

肖老师在课例中所教的文言知识显然是经过选择的。他对文言知识的高度重视，其实有着深刻的学术研究背景。由于种种原因，文言知识教学一度被冷落甚至被妖魔化。如今，人们开始意识到：文言知识理应在文言教学中占据重要位置。文言知识是文言教学的基本抓手，也是形成文言文阅读能力的主轴和基础。肖老师的实录使得学生对于一些重要的文言知识掌握得更加扎实。

但是，对于如何进行文言知识的教学，笔者在此想稍微多说几句。人们已经认识到：文言教学不是要不要知识的问题，而是教什么知识，怎样教知识，教知识干什么的问题。

正是基于这一点考虑，我想在肖老师课例中挑一点刺：本堂课中在教"顶真"修辞格时，是不是还可以让学生体会一下"顶真"与"定语后置"究竟为文本带来了怎样的表达效果？另外，在知识呈现的方式上，除了采用教师直接告知的方式，是否还可以运用其他方式？

当然，以上片段中的文言知识教学，肖老师或许另有考虑，只是在课例中没有凸显而已。因此，上述一番个人管见，其实想强调的是：在阅读教学语境下的文言知识教学，需要遵循如下原则：一要教有助于学生理解文本的知识；二要教学生运用知识解决阅读中的问题。因此，如何呈现知识就显得非常重要。文言知识应该具有多样化的呈现方式：不同类型的知识应该有不同的呈现方式，不同的学生应该有不同的呈现方式，不同的教学阶段应该有不同的呈现方式。

四、善于诵读指导

研读本课例，对于教师的诵读指导，我们一定会有特别的感受。

朱自清先生曾言，古文和旧诗、词等都不是自然的语言，非看不能知道它们的意义，非吟不能体会它们的口气。叶圣陶先生一再强调：学习文言，必须熟读若干篇。勉强记住不算熟，要能自然成诵才行。而肖老师对诵读的重视以及引导学生通过诵读体味文本的方法有诸多可圈可点之处。

最值得肯定的是：许多地方，教师只是简单点一下，示范一下，就很好实现了诵读指导的目的。例如，"'悠悠乎'调子悠长，你跟着老师读读看"——这是范读；再如，"自己的胸中没有这口颢气，读过去以后就变成了梗气。所以，西山的美丽在你的语调里是一个很苍白的表达"——这是要求学生先有"情"再"传情"；又如，"不要着急着把声音降下来，老师再给你们一个节拍，过湘江，嗒嗒嗒，预备读"——这既有教师的诵读指导又为学生提供节拍这一诵读支架。

总之，好的文章，语言与意蕴总是水乳交融的。而合宜的阅读教学，对于语言的体味与对于意蕴的把握也必然是相互交融的。肖老师的这一实录，就是一堂言意妙合无垠的具有标本意义的课例。

《菩萨蛮》（人人尽说江南好）

浅浅小语

　　我想浅浅地教语文，甚至教成你们心里的肤浅，我相信，浅到心底的文字，纯净地堆积起来，就是高度。

　　我想浅浅地教语文，甚至教成你们眼里的低矮，我相信，矮到能扎根的思想，真切地凝聚起来，就是厚度。

——肖培东

课堂再现

执　　教： 肖培东

点　　评： 朱震国

教学背景： 2015 年 5 月 19 日，浙江省萧山中学。

一、江南好

　　师： 这节课一起来学习一首词，韦庄的《菩萨蛮》。大家说说看，学诗歌最好的方法是什么？

　　生： 读。

　　师： 读，一个字，最朴素的，又是最关键最实用的学习方法。那我们就开始读这首词。第一遍读，请同学们轻声地朗读，《菩萨蛮》，轻声地，预备起。

　　（学生轻轻地读）

师：很好，第二遍读，我们默读，读的时候可以看看文中的注解。来，把所有声音都放进心底，"人人尽说江南好"，在心里读，预备起。

（学生默读）

师：请一位同学来读一下。

（生1读，语调平淡）

师：说说看，她读的节奏对不对？

生2：我觉得读得挺对的。

师：是吗？大家一起来看练习一的相关提示。"诵读的时候要注意平仄，词的格律比诗更为严格，而且同一词牌还有变体。这首词每两句换一次韵，且仄韵、平韵、仄韵、平韵，重复回环，有复叠之美。"下面几句话一起来读："诵读时，遇平声韵'天''眠''乡''肠'应拖长音，稍作停顿；遇仄声韵如'好''老''月''雪'等则应急促些。"

师：这位同学，你再来说说自己读得对不对？

生1：不对，读的时候长音和急促音都没读出来。

师：你的节奏、急缓完全是一样的，停顿节拍也都是一样的。诗词诵读时，节奏的停顿尤其重要，大家读的时候一定要注意了。来，我们再试试看。

（学生自由读）

师：有进步了。好，现在你来读一下。

（另一女生读，整体读得快了）

师：你看，语速快了。记住，古诗文诵读一定要沉得住气，要处理好诵读的停顿、语速、重音及语气，一起来试试看。

（齐读）

师：这首词，给我们描绘了一个非常熟悉的地方，是——

生：江南。

师：我们会读到已经深嵌在我们文学记忆库里的一句非常熟悉的诗句——

生："江南好"。白居易写的。

师：那就先一起读读白居易的《忆江南》，"江南好，风景旧曾谙"，一起读读。

（生有感情地诵读）

师：接下来，再把这首词中具体写"江南好"的句子读出来。

生（齐读）：春水碧于天，画船听雨眠。垆边人似月，皓腕凝霜雪。

师：这"好"的味道可以读得更浓些。摇头晃脑地自由地读读。

生（自由读）：春水碧于天，画船听雨眠。垆边人似月，皓腕凝霜雪。

师：读出韵律美，还要读出画面美。韦庄也写到江南之好，这四句话分属于上下两阕，但又自成一体。我们一起再来读读看，读慢一点。

生（齐读）：春水碧于天，画船听雨眠。垆边人似月，皓腕凝霜雪。

师：江南好，就在这四句里得到了集中体现。那江南之好，好在哪里呢？轻轻地读一读，想一想。

（学生轻轻读，思考）

生3：江南好，因为春天的水非常绿。

师：哪里体现？

生3："碧于天"。

师：春水一片碧绿，胜过天色。因此江南好，好在春水碧波。

生4：后面那句写到人儿很美，"垆边人似月"。

师：这人是江南的什么人？加上一个字。

生5：美人。

生6：女人。

师：对，那江南的女人，你从哪里可以看出来她的美？

生6：用了比喻的手法来写的，她的双臂洁白如雪，人就像月亮一样多情。

师：多情，从形象说到内韵，真好。词人把她比成天上月亮，月亮是非常皎洁、澄澈的，江南女子呢，卖酒时攘袖举酒，露出的手腕白如霜雪，这一句比喻极写江南人物之美。来，读读看，读出人物的美。

生6（读）：垆边人似月，皓腕凝霜雪。（声音响亮）

师：你来评价一下她的朗读。

生7：我觉得声音过高，月亮嘛，还是要轻柔些。

师：说得有道理，美女只能温柔地欣赏，太大声会吓跑她的。（生笑）一起读读这一句，想象一下月亮般光彩照人的江南美女。

生（齐读）：垆边人似月，皓腕凝霜雪。

师：因此，江南的美女很美。

生8："画船听雨眠"，人躺在船上听着江南的雨声，写出了江南的生活非常的闲适。

师：读读这句话。

生8（读）：画船听雨眠。

师：大家听听看是不是闲适的味道？

生9：闲适的感觉读的时候要缓慢一些。

师：对，从容，安静，在读的时候是渐渐慢下来的，再来试试看。

（生8再读）

师：你为什么读得那么轻？

生8：这个雨感觉是小雨。大雨应该不会这样悠闲。

师：有道理，能揣摩出雨的大小了。那哪个字上你还可以看出这句不能读得响？

生8："眠"。

师：这是要睡觉，所以在读的时候千万不能用大声去惊扰这一场春天江南的雨中之梦。读得轻轻柔柔的。齐读这四句。

生（齐读）：春水碧于天，画船听雨眠。垆边人似月，皓腕凝霜雪。

师：感觉上来了，这就是江南的美好。江南之好，在词人眼里好在什么地方？

生10：景色好，人好，生活的情趣好。

师：这就构成了这幅美丽的江南图。我们再一起把这美丽的图读出来好不好？考虑下对好的事物、美的事物在朗读的过程中怎么读？

生11：读得慢一些。

生12：充满对江南的憧憬与期待。

师：要细细地进入文字当中，仿佛自己就已融入到这个江南的山水之间，所以每一个字都要很真很真地去读。

生（齐读）：春水碧于天，画船听雨眠。垆边人似月，皓腕凝霜雪。（感觉越来越好）

（一女生再读）

师：记住了，"天"和"眠"相对都是长音。另外，这四句之间，你觉得哪一处停顿要更长一些。

生13："眠"和"垆边"之间停顿更长一些。

师：为什么？

生13：上阕和下阕之间的停顿。

师：所以，同学们，即使是两个拖长的音调，这两个音调的节拍也是不同的。

（教师范读）

（学生齐读）

师：第二句"眠"字读的时候尤其要沉得住气。声音慢慢地由高到低，由微到无，要"眠"到心里面去，然后垆边那个人就站出来了。所以，同学们，读，也是考验你风度和耐心的时候。记住，读"春水"的时候那种憧憬感还是要读出来。

（再请两位男生读）

师：两位同学一比较，大家感觉到了么？读"春水"的"春"字的时候，一幅江南美景刚拉开，这个时候所有的希冀、憧憬、期待也刚刚拉开帷幕，因此这个"春"字的情绪尤其重要，它要引出整个江南好。再读一遍。

（生齐读）

师：课本翻到22页，请看单元导读第二段。"中国古典诗歌中，不少作品具有诗情画意，意境优美。我们在欣赏这些作品时，要反复诵读，置身诗境，借助联想和想象，将作者所描绘的意象和画面一一再现到自己的脑海中，使整个心灵沉浸在一个想象的世界之中，得到审美享受。"所以同学们，声音不到是因为你的心不到。心里把这个春天赶走了，再用声音外加去表现春天美丽，这个时候你就是刻意而为了。要记住，这个春天就在你的眼前，在你的心里。我们一起来背诵一下。

（生齐背诵）

师：再背诵一下白居易的"江南好"。

（生背诵白居易的《忆江南》）

二、江南老

师：白居易写江南的诗句，跟韦庄写江南的诗句一起读，觉得哪一句是非常相似的？

生14：都写到春天的江水。

师：韦庄五字，白居易七字。我们把两句一起读读。

（齐读"春水碧于天""春来江水绿如蓝"）

师："春水碧于天"，我想把这个"于"字改成白居易的"如"字，"春水碧如天"，我们一起来读读看。韦庄为什么不用"如"字？

生15：后面那句"画船听雨眠"第四个字是"雨"，前面用"于"的话，有音韵美。

师：还真有音韵的感觉。你是从前后句用词上去思考问题，这是一个角度。

生16：我觉得词人着力要表现的不是天的碧绿，而是要显现出春水的碧绿。

生17："春水碧于天"的主体是春水，"春天碧如天"的话，主体就变成了天。

师：应该说大家的视线就可能被天给带去了，虽然是水天一色。词人着力观察描绘的还必须是眼前的"春水"，再想一想，还有吗？

生18："春水碧于天"，碧绿在程度上更深一点。

师：哪个字？

生18："于"，比的意思。

生19："春水碧于天"说明春水比天还要碧，然后感觉天就印在了水里，好像水比天还要大。

师：也就是说作者此时眼里更多的是关注那浩浩荡荡的一江春水。春水引发了他此时无限的思绪。那么同学们，望着这流动的春水，词人可能会想到什么？

生20：这么美的景色，我要在这里多玩几天。

生21：这边的景色好，人也一定是很好的。

师：所以引出了后边的垆边佳人，是吗？再回到前面23页第三段，"有些作品的精妙处，不在整个诗篇的优美、浑成，而在于一联、一句之美，甚至一字一词之妙，以小见大，着重表现自然界或生活中不为常人所注意的瞬间之美、新奇之美。在阅读时一定要对这些写景佳句多加涵泳、玩赏，品出其精微的诗艺来。"再看最后一段，对于写景的句子"我们切不可以单纯的景语视之，而应揣摩、感悟其中蕴涵的诗情"。要想读懂这一江春水，我们还是先读读其他你可以感受到的句子。词人此时在江南的美景中他的心情是怎样的？

生22：闲适的。

师：哪句？

生22：画船听雨眠。

师：我们都读出了这里面的闲适。闲适是怎么表现出来的呢？

生23：优美的意境。

师：优美的意境落在哪些词上？

生23："听雨""眠"，我感觉只有江南这种温柔的气氛才能孕育这种闲适。

师：再读读这一句，想象一下碧江春雨下美丽的画船，感受那"听雨眠"的情趣。

（生齐读）

师：你能想到什么？

生24：我觉得这好像是欣喜得不能入眠。

师：哦，原来写"眠"，实际是"不眠"，高！

生25：我倒觉得词人有种淡淡的哀愁，无法入眠。

师：你看，矛盾了不是？你来具体说说。

生25：听雨，让我联想起余光中的文章《听听那冷雨》，雨声最后总会让人产生出愁思。

师：想到余光中了，这个"眠"字，看似在眠，其实他听雨，就不能眠了，我们到了赏析景物描写诗句时的关键处了。都说听雨不眠，这写景诗句里究竟包含了些什么？词人究竟为什么不眠？再读读诗句吧。

（生读）

师：说说你的感觉。

生26：我感觉到了安逸。

师：情感的领略是非常难的一件事情。同学们想想看，茫茫的江水，闭上眼睛，一艘船，一阵雨，闲适地在这里听，安逸以外，还会有怎样的感受？

生27：词人有淡淡的愁绪。

师：这个愁绪来自什么地方？

生27：水是很宽阔的，感觉到前途很渺茫，就像这一江春水一样。

师：有点道理。

生28：我觉得他可能在一江春水中，在画船中感到自己的渺小。

师：这种情绪很逼真，揣摩就是要进入文字现场，就有属于你自己个人的想法。

生29：我觉得可能闲得有点难受吧。（同学们笑）

师：为什么会难受？

生29：因为他现在没有什么作为，没有自己能够办到的事情。只能在这里游玩，消磨时间。

师：你从哪里看出他没有作为？

生29："画船听雨眠"，只能够在江南游玩，不能有所作为。

生30：江南不是他的家乡，所以他应该会有一些淡淡的哀愁。江南再好，也不是他的家，想家了，愁绪就来了。

生31：词人只是江南的游客，听雨，会听出思乡来。

师：雨落江上，更落在词人心里。乡愁渐浓，听雨难眠，因此只品出闲适，是读这首词的最初境界。"听雨"两个字，我们可以读出许多人生的沧桑、情感的复杂来。有点感受了，同学们，我们一起来读读看。

（齐读"画船听雨眠"）

师：这有一份闲适、一份哀愁，有一份思念。其实我还想讲的是有一份孤独。所以从这船，从这茫茫的江上，从这一江春水上面，其实我们大家都可以感受到诗人隐藏的情绪的密码。

（再次齐读"春水碧于天，画船听雨眠。垆边人似月，皓腕凝霜雪。"）

师：我们再来看看这四句中，除了"画船听雨眠"，你还能在什么地方找出一个乡愁情绪的密码？

生32：后两句"垆边人似月"，他这里想到了人了。

师：谁？

生32：司马相如的妻子。

师：他去想司马相如的妻子？（同学们笑）这叫用典，当然用典一定会跟现实相接，大家说说他会想谁？

生：自己爱的人。

师：韦庄《菩萨蛮》第一首就写到了思念的"绿窗人"，所以写这个美丽的女子其实是在怀念遥远地方的一个美丽的女子。再看，这里还暗藏了他平时的一种行为。

生33：喝酒，"垆边"。

生34：借酒消愁。

师：是的，在江南异乡，饮酒行乐，又何尝不是因为思乡之苦而借酒消愁。春水、美人其实都无法抚慰他的哀愁的内心。所以，表面的闲适美丽其实深深读进去都是沉郁的愁绪。这样看来这江南的"好"就要转化成江南的什么？

生：老。

师：江南老，非是江南好。江南"好"其实暗藏了江南"老"的情绪。因此，诗歌的很多情绪要从潜伏的字中去思考。那么，再来看这"碧于天"的春水，你怎么理解？

生35：老师，我想到了李煜的"恰似一江春水向东流"，这是比天更大的愁。

生36：作者眼里只有茫茫春水，心里有浓浓的思乡情感。

师：碧水阳春不足以解其愁，美酒佳人不足以慰其情，"老"字才逼出了那无计消除的乡愁，难怪清人陈廷焯在《白雨斋词话》赞韦庄词"似直而纡，似达而郁"。再读读。

（再次齐读"春水碧于天，画船听雨眠。垆边人似月，皓腕凝霜雪。"）

师：江南好，这个"好"对词人来讲其实是放不下的一份愁。这个"好"其实是词人内心的一份"哀"。春水再碧不过天，天再蓝却没有家暖，美人再美却不是心爱的人。因此，乡愁的心结不解，词人就难以入眠。所以在美的期待当中更要读出一种怅惋沉郁来。

（再次齐读"春水碧于天，画船听雨眠。垆边人似月，皓腕凝霜雪。"）

三、想家乡

师：注释一说"他生活在唐帝国由衰弱到灭亡、再到五代十国分裂割据的混乱时期"，避乱江南，思念无边。这写江南好的四句，其实每一句都暗藏着一种想念。面对江南之好想起家乡之景，那遥远的家乡此时会是怎么样的一番光景呢？我们一起想象一下，我说前者，你们说后者好吗？

（学生默读，思考）

师：江南"春水碧于天"。

生 37：家乡却血流成河、一片战乱、天地昏暗。

师：江南"画船听雨眠"。

生 38：而家乡却是一片打打杀杀的声音。

生 39：家乡原本也有这样的悠闲，也可以和家人一起在船里听听雨声，可是，战乱改变了一切，家乡再也不见这样的情趣，到处都是流离失所，哭声连天。（学生鼓掌）

师：江南"垆边人似月，皓腕凝霜雪"。

生 40：家乡的美人却在战火中蓬头垢面，生活困窘，唉，人身处战乱，哪里还有昔日容颜啊。可是，词人是那么想念她。

师：同学们，打开诗歌之门，一个很重要的行为是想象。想象可以是正面的、直接的，也可以从侧面，对比性地去想，构成一幅不同的图景。下面整体朗读这首词。

（齐读）

师板书：江南好——江南老

四、须断肠

师：你能从前后的另外四句里面也找出作者的这份复杂的心绪吗？

（一女生读前两句）

师：现在老师把两个字换一换。人人"只"说江南好，游人"尽"合江南老。你觉得可以吗？

生41：不可以。这个读来不通顺。

师：就只有不通顺吗？果真不通顺吗？

生42："人人尽说"说明很多人都看到了江南的好，都在对作者说江南的好。

师：人人说是说给谁听的？说给词人听的。因为词人是江南的旅客，所以人人都在劝词人留在江南。因此，这个"尽说"的"尽"字可以看出不止一个人说，不止一次说。那也就暗示词人很想做一件什么事？

生：回家。

生43："只合"是"只该"的意思，"只合江南老"，可以看出词人的无奈和凄凉。

生44：江南好，在作者心里应该是家乡更好。

师：可是家乡却回不去，想回而不得，"游人"是指词人自己，佳境只是别人说，自有愁苦在心头，词人带有别样的思绪。这样以他人的感受和自己的感受相对照，漂泊甚至无奈终老江南的痛楚就非常浓烈了。

（生齐读）

师："未老莫还乡"，老师想把"莫"字改成"不"字，怎么样？

生45："莫"字更能体现出人老而功业无成、不能回家的无可奈何怅惘之情，"不"字则不能。

师："莫"字有种什么味道？

生45：劝说的味道。

生46："莫还乡"，其实是心里特别想回家的感觉。

师：这个"莫"字带着怎么样的情结和情绪呢？

生47：我会想到很多人一次次劝说词人，叫他留在江南，因为家乡太乱了。

师：既然是别人劝说的话，就说明词人的本意是非常想还乡的。因此这"莫"字其实就暗示了一种无可奈何却又不能不为之的伤感和酸楚。"未老莫还乡"，未老——

生：必还乡。

（齐读最后两句）

师：是的，对故乡欲归不得的盘旋郁结之情。你能再补充一句词人的心里抉择吗？"还乡须断肠"，断肠——

生48：断肠仍还乡。

师："强颜作欢快语，怕断肠，肠亦断矣。"他日还乡必断肠，这样词人很痛心地补出了"莫还乡"的理由，以及终老之日必还乡的誓言。非常好。齐读这两句。这正是词人此时内心复杂的心绪。既有对江南的赞美，又有对家乡的思念，又有因为战乱而不得不留在江南的那种无奈，又表达了对家乡无比坚定的回归誓言。我们再来读读。

（生自由读）

师：这节课我们最主要的就是通过对景的描写、对字词的赏析来破解词人内心情绪的密码。这个情绪的密码怎么破译？一起来看24页，单元导读的最后一句："我们对这些诗意含蓄、余味久长的结句，要反复吟哦，细细品味，方能体会其诗境之隽永、高妙。"所以，这首词，初读是一种欢乐美好，再读是一种悲伤沉郁，再读是一种无奈，最后读，读成了内心解不去的一种乡愁。一起来背诵这首词。

（生齐背诵全词）

师：我们再把白居易的《忆江南》和韦庄的这首词一起有感情地背诵一遍，感受一下两首词蕴涵的诗情。

生（齐背诵）：江南好，风景旧曾谙。日出江花红胜火，春来江水绿如蓝。能不忆江南？

生（齐背诵）：人人尽说江南好，游人只合江南老。春水碧于天，画船听雨眠。垆边人似月，皓腕凝霜雪。未老莫还乡，还乡须断肠。

师： 下课。

教学感言

★叶嘉莹说："'江南'既是异乡，'游人'原为客旅。"韦庄这一句"还乡须断肠"，痛煞人心，情真意苦。原来，无论你走多久，走多远，不还乡，灵魂都是无依无靠地漂泊。何人不起故园情，人到中年，我越来越能理解"归乡"于人的存在感。何处积乡愁，天涯聚乱流。我们辗转其中，无可奈何又心甘情愿。

★语文，也是一种断肠的还乡。苦词好读，苦课难教。你要读出其中滋味，又要引导学生走进这一份悲痛，既感性又不失理性，入乎其内，又要出乎其外，心就这样一次次地被煎熬被摧折。那一年在苍南教《锦瑟》，也是细雨黄昏，我带着学生一句句地读着"此情可待成追忆"，内心却早已经飞到千百年前的某个冷雨日子。下课铃声响起，仿佛人生的决绝离别，内心的灯盏在那一刻熄灭，我坐在那里，神情恍惚，很久很久不能回神看天，仿佛魂魄与肉体已然分离。从此，我怕上这样的课，每上一次，都是时光与我的共同焚毁，都是生命与文字的一起沦陷。

★"'春水碧于天'，为什么不像白居易一样写成'春水碧如天'？"白居易写江南的春水，用的是"春来江水绿如蓝"，我教韦庄的《菩萨蛮》，就是从这一句荡开，江南的美丽要拐向韦庄的伤感乡愁。我以为这个切入是一个颇有嚼头的设计，借词悟词，不露痕迹，那满满的一碧春水已经溢满词人的心头，只等一声召唤就要去释放那厚厚浓浓的思念离别之苦了。而那一江春水，这时既是春韵荡漾，又是满眼惆怅。若是只写水天一色，恐怕不见得能释放这样漫漫的乡愁之痛。很显然，课堂上，学生对诗句表面的悠闲舒畅很有感受，而对词人内心的苦闷与孤独较难体会，而这正是鉴赏能力得以提升的最重要的一个环节。语文的美首先落在语言文字上，诗词的美不是刻意去解析的，而是在读中沿着文字的隧道走进思想的内核。学生对诗词的情境还是缺少体验，我该怎么引导呢？

126

★我觉得我还没有把语言品赏的步骤调到最佳。我是在读"春水碧于天"的时候，临时想到了白居易的句子，就顺势而下，形成对比。课后想想，这一步，走得早了，学生对韦庄词中的怀念故乡欲归不得的感情还缺乏感性认知，他们还沉浸在"江南好"之中，无法如此迅捷地转入伤痛。我应该先集中去品相对浅显的如"画船听雨眠"，让学生听出其中之苦之思念之孤独，是"听"就无法成"眠"，然后转向"垆边人似月，皓腕凝霜雪"，感受对自己妻子的思念，感受着隐含的"酒"愁，在对词人的内心有所理解的情况下，再走向最难的"于"字，有一个台阶式的攀升，就可以自然地体会碧水茫茫无处不是愁绪，漫过天际的其实都是痛苦与思念。"强颜作欢快语，怕断肠，肠亦断矣。"谭献在《词辨》中说的极是。期待下一堂《菩萨蛮》。

★这堂课的思考设计，只短短两个小时，很是仓促。但我还是融入了一些心思，尤其是几个诗词语言点的赏析。江南好——江南老——还乡须断肠，在脑海里预演的时候，我把节奏想得很科学，但实际教学中，还是会摇摆。这就是上课，站上讲台，就如船行水上，总在飘摇，惊险又生动，但那水面是你必须要紧紧贴着的。遵从设计，又要灵动应对，语文教学，魅力就在其中。

——肖培东

现场声音

★真实的阅读教学当是教会学生不借助外力，原生态地素读文本。读是理解诗词最朴素、最有效的方式，诗词课一定要重视诵读。这节课，一直以诵读的方式推进，以心悟心，以情动情。学生从原先的缺乏感情到读得慢而深沉，读得有味又有情，进而成诵，不仅从音韵上吟咏了这首词，更促进了对内容的理解。品咂语言，脚踏实地，一层又一层，紧扣字词，探索潜伏在不动声色之中的情绪密匙。一品"碧于天"，学生读出了一江春水伤心碧。二品"听雨眠"，学生悟出了画船聆雨无心眠。三品"人似月"，学生感叹那美人如月远，那乡愁似雪寒。这便是真正意义上的缘景明情，这才是基于尊重的阅读教学。

——浙江省萧山中学　王觉人

★这堂课层次很鲜明，在开阖变化中实现对词由浅入深的理解。在这个过程中，抓住有表现力的词语，用换词、体会深层含义的方法来促进理解。如解读"春水碧于天"：用了"于"，为什么不用白居易《忆江南》中的"如"？解读"垆边人似月"：想到垆边佳人，想到"酒"，学生可以深层次探究其中乡愁。解读"画船听雨眠"，就一"眠"字深挖，问词人听雨能眠吗？问为什么不能眠？这样接触词人内心的愁苦。解读"人人尽说江南好"，扣住"人人""尽"。解读"未老莫还乡"，把"莫"字换成"不"字去引发思考。这样，隐藏于词语、诗句背后的深层情感渐渐明朗起来。通过对字词的涵咏、玩赏，学生找到了感悟词人情绪的密码，能从感受江南闲适之美提升到知人论世，品析离乱之痛。那个比较式的想象更是一个教学亮点。

——浙江省萧山中学　陈柯钦

名师点评

细窥门道见巧妙
上海市杨浦高级中学　朱震国

戏法会变，各有巧妙。教学诗词也是一样道理。

课如其人，肖培东老师的《菩萨蛮》教得平实，"请同学们轻声地朗读一下"，整堂课以此平缓导入，且一"读"字贯穿始终。据笔者粗略统计，"轻读""大声读""默读""女生、男生分别读""整体齐读""散读、集体读""生读、师读""念读、背读"等十余种形式各异的读法，凡达40余次，仅第一部分"江南好"中，即有24次之多。其中，既有读整首词，也有只读部分或几句的，除了韦庄《菩萨蛮》，还有白居易的《江南好》。肖老师在这个"读"字上可谓做足了功夫，不仅读句子，并且读课文注释、读单元导读。笔者眼拙依旧点数，计有六回散见于过程始终。诗词贵吟读，非读不解其味，遑论境界。

一首词，不由开头说起，也不从结尾反推，却先把中间部分，也即上阕的后两句和下阕的前两句抽取出来一并把玩，要说这种构思的"精心"，怕是谁也不会否认，但无论就当时的学生，还是此时此地正读着教学实录的"我"而言，却都似乎再自然不过地接受了这一"不合逻辑"的文本，仿佛这便是作者韦庄的原生态创作一般。由此，便不难发现教师的一番良苦用心，因这首《菩萨蛮》的写作虽也由写景、抒情两个部分组成，其不同处在于作者把写景的四句分别嵌在了整首词的中间部分，读来分外显眼，既使作品的情感脉络得以延展所思、所见，再到所感，跌宕起伏，摇曳有效，也为词的前叙和后议部分提供了堪可回味的意境铺垫，从而令人一唱三叹，涵咏不尽。肖老师的教和读，主要围绕词的中间四句"江南好"来组织和进行，学生的情思依脉络而行，意象丰盈，不能不说显示了一种教的智慧，读的视野。

若按作品的原来顺序依次去教，自无不可，只是习惯了以作者的结构或意图为蓝本，想当然地照搬作为教学的思路和意图，也多少会给人有画地为牢之嫌。

肖老师对此解释说："江南老，非是江南好，江南好其实暗藏了江南老的情绪。因为很多的情绪要从潜伏的字中去思考。"这个因果判断句是否也同样提供给了我们了解、把握这节课的教学风格的一个基本路径呢，我这么想。

诗词讲究炼字，所谓"炼"，就是比较着来用。且举二例。

其一，"人人尽说江南好，游人只合江南老"二句中可用于比较的既有"人人"与"游人"，也有"好"与"老"，却都弃之不用，偏挑了两个"尽"与"合"进行比对，倒也着实逗人。"尽"字明写范围的扩展，有"凡人皆说"意，而暗表程度的递增，隐含了对江南之好"没有最好，只有更好"的夸张。而"合"字呢，自是一种拒绝与排斥的心态反映，情绪化甚至到了固执的地步。如此换成"人人只说""游人尽合"，后一句中的"游人"因已知专指作者故明显说不通，而如果把"人人"的思想感情强行框进"只允许"（或"只可以""只剩下"等）之某种特定的说辞里，则不更显其荒诞不是？这样一来，"游人"之于"人人"的相与比照截然分明不说，即便是原本潜藏于情感深处的"好、老"之愁肠百结，亦跃然纸上，因改字之"大谬不然"而彰原句潜隐之情意，令人不禁哑然而有所悟。

其二，拿了白居易相类似的一个名句来比，但还是比的虚词，"于"和"如"，更觉玩味得有趣。与上例不同，韦句换写成"春水碧如天"在表意上也并无多少欠缺或差强人意，于者如也，互文未尝不可解释，而要说不妥那也只是改动后的白句，"绿于蓝"并连两个撮口读来自不畅达。但就这两个仿佛同义的虚词居然生生比出了一个天壤之别来！自然，肖老师照例声色不露径自问着"怎么样""为什么"，似乎这个教室里满是困惑的只有他。面对这么一个"好学"的老师，学生又怎忍心不好好地"开导"他一番呢——"碧于天"是像天空一样的碧，重点着落在色彩"碧"上，若改成"碧如天"则是碧得像天空一般，而最终停留于人的脑际中便为天空的意象，岂非一字之改谬以千里？更不说以"于"字作比，其势定更胜一筹，换了"如"则仅止于相似而已……如此评说对耶错耶，是否不无偏颇自可见于仁智，其实已经并不重要，因为师生间的这种咀嚼赏鉴本身已然构成韵味醇厚的意境之美，一如诗词给予我们的回味。

也许，把诗词讲得动听并不太难，但要把诗词读得入味就不是一件很容易的事了。肖老师也讲平仄缓疾，也要求强弱顿挫，但更强调的是吟读者的用情，"声音不到是因为你的心不到，心里把这个春天赶走了，再用声音外加去表现春天的美丽，这个时候你就是刻意而为了"，声出于口而发于心，这才是吟诗读词的境界。当学生从"画船听雨眠"句中细细地揣摩雨滴的大小、船里人的意趣闲适，进而由其人之眠，悟及吟读之声宜轻柔以免惊扰的时候，让人心中油然而起一股欣慰的暖流……平实中的细腻丝丝缕缕，渗漉于课堂的角角落落、教学的细枝末节——的确课如其人！

我与肖培东老师的相识到相熟年头真不少了，他的课却听得不多，《菩萨蛮》使我有机会见识了他的另一番气象，或可算得有所相知？

窃以为。

小小鸟窝，大大世界

——肖培东高三作文课实录

浅浅小语 ////

爸爸/我的牙齿掉了/你看/夜空中最亮的那颗星/就是它

——肖惟肖（儿子十岁时写的诗歌）

课堂再现 ////

执　　教：肖培东

点　　评：崔志钢

教学背景：2014 年 4 月 8 日，山东省青岛市城阳区第三中学高三，高考复习课。

一、聊天式导入——小草联想

师：同学们好，去年我来给大家上过课，记得吗？

生：记得。

师：去年是什么时候来的？

生：冬天。

师：现在？

生：春天。

师：在两个不同的季节两次来到这里。

生：是。

师：去年来的时候呢，我很长时间是站在咱们教室的窗口，我看向窗外。因为我很少看见北方的冬天，所以去年的冬天给我的印象特别的深刻。除了看到一片雾霾，你们知道我还看到了什么？

（生笑）

师：在寒冬的季节，我居然看到了校园里的小草不经意间闪现出来一点点绿意，很让我吃惊。你们有没有看见过？你们有没有注意到？

生：没有。

师：没有吧，要做个生活的有心人。在这个山瘦水寒的季节里，看到学校角落里的那一抹或一点的绿意时，你们猜猜看，我想到了什么？

（生小声讨论）

师：我的心思你们猜猜看。猜别人的心思，你就要进入到这个情境了。你想到些什么？你来说。

生1：希望。

师：希望？为什么呢？

生1：在这个萧瑟的冬天里，一抹绿色总会给人一种希望。

师：哎，在冬天，有那么一抹绿色，你会想到希望。好，你来说。

生2：我觉得还有生机。

师：为什么？

生2：因为绿色本身就代表的是一种生机勃勃的现象，冬天又是一个没有颜色的季节，出现一抹绿色就代表了生机。

师：好。冬天，似乎生命力在这里干枯的时候，一抹绿色，会让你感动于它的生机。后面的同学，你又想到了什么？

生3：温暖。

师：温暖？为什么？

生3：因为在冬天，你是从南方来到北方的，看到那一抹绿色，你会想到家。

师：真能联想！一抹绿让我想到了家乡，很有情感。男生你起来说一下。

生4：可能也是一种生机和活力。因为冬天看到这么一抹绿色，肯定会对心理或生理有影响，所以有生机和活力。

师：哦！你其实是把前面三位同学的见解又重复了一遍。

生4：升华了一下。（很认真）

师：哦，升华了一下。（微笑）接下来，旁边的同学你继续升华。

生5：我能感到生命力的顽强。

师：生命力的顽强？升华，不能做简单的重复。

生5：我认为小草是一种不起眼的东西，但是能在严冬中散发出美丽的光彩。

师：想到小草在严冬中迸出的生命的精彩，非常有味道。再想想看，看到那一抹绿色我还能想到什么？旁边男同学。

生6：我想是春天快要到了。

师：既然绿色都到了，那么春天还会远吗？这是想到春天了。其实我想到的东西真的比你们还要多。你猜猜看我会想到什么？

生7：想到喜悦吧。

师：喜悦和温暖。（望着全班）知道吗？我想到了你们。我想到你们这群高中学生。知道这是为什么吗？

生：不知道。

师：你们也将经历三年的苦战，这个季节，要迸发出高考的希望了。请坐。旁边同学说。

生8：我想到坚持和顽强。

师：一种品质。

生9：你可能想到你上高中的时候了。

师：对，我真是想到我上高中的时候。因为绿色是我们青年少年共同喜欢的色彩，我还想到了我儿子在那奔跑撒欢，他是我们家最纯稚的一抹绿色。你再来说。

生10：想到我们的未来。

师：为什么？

生10：绿色象征生命力，我们经过三年备战然后再高考，是我们未来的起点。

师：好。还有没有要发言的同学？

生 11：结合雾霾天你看到这抹绿色，说明你关心环境的未来。

师：想到了社会现象社会问题，想到我们的社会。站在走廊上，看到这么一点点绿色，我想到了生命，想到了春天，想到了未来，想到了我们，我们曾经度过的童年，我们现在所拥有的时光，我们未来要抵达的岁月。我想到了家里的老人，他们的春天已经逝去；想到了你们，经过严冬的苦熬即将进出来的春天的点点滴滴希望的火花。一句话，草丛中的那抹绿色让我想到了很多很多。

（学生很安静地思考，进入了情境）

二、有一种人生不是运气——感悟自然

师：一起读读。

生（读）：鸟语花香，潺潺水声，是我们接触大自然最常见的景象，静下心来，用心感受。

PPT 显示：

> 鸟语花香，潺潺水声，是我们接触大自然最常见的景象。静下心来，用心感受，在下面的画面中，你能感悟到大自然中——"有一种人生不是运气"（城阳三中高三模拟考作文题）

师："鸟语花香，潺潺水声，是我们接触大自然最常见的景象"，但是我们常常会忽略。这种忽略就是在忽略我们的生活。走进生活，用心寻找，我们真的能找到很多有用的东西。静下心来，我们用心来感受，在这样的画面中你能感受到大自然什么？一起来读，"有一种人生不是运气"。

生（读）：有一种人生不是运气。

师：有一种人生不是运气，小草的人生是不是运气？为什么？

生 12：顽强生长是它的本质，不是运气。

师：对了，不要只看到它冒出来的那点绿色，更要看到它在地底黑暗中那种匍匐的岁月里艰苦的挣扎。它的人生它的希望是不是一种运气？

生：不是。

师：冬奥会冠军李坚柔，决赛中，所有的外国选手都摔倒了，李坚柔得了冠军。有人说这是运气，你说呢？

生13：不是，是自己的坚持。

师：只有等待的心，没有拼搏的命，那么永远不可能站到冬奥会的领奖台上。这种人生的成功在生活中比比皆是。

（PPT出示多幅图，或沙漠里的树，或秋天的落叶，或树上的鸟窝，等等。）

师：第一幅图（荷叶上的水珠）谁来说说？有一种人生不是运气！或者选一幅图来说。三言两语即可。

生14：第三幅，大树在沙漠中顽强地生长，然后长成了大树。

师：然后你想到了什么？

生14：想到了生命的顽强。

师：能不能学着跟老师一样，表达文学化一点？适当地描述一下，能帮你找到感觉。沙漠里的——

（生14沉思）

师：肖老师给你做个示范，你听，你我之间在表述方面有什么不同。

师：如果你只艳羡沙漠里的那丛绿荫，那么你就可能会忽略烈日的炙烤、风沙的袭击和一望无垠的寂寞，所以树的人生不是一种运气。就这样说，适当地将语言文学化。

（学生思考后举手）

生15（说"荷叶上的水珠"图）：晶莹透亮的水珠，闪闪发亮，但是它幸运的人生背后是艰苦的积累和艰难的步伐。

师：这就感到了这枚水珠的不容易。与其说是一抹绿色托举了水珠，倒不如说是这枚水珠穿越千沟万壑来到这片荷叶上。艰辛，坚强，因此这不是运气，而是一种坚持。

生16（说"树上的鸟窝"图）：在那棵枯树上，小鸟能够建立避风港，是靠它的坚持不懈去寻找更多的树枝，为了能让自己有个更舒适的家！

师：即便所有的树叶都被秋风给吹落了，这棵大树上还存有最后一枚

135

忠实的树叶，这就是大树上简陋的鸟窝。这个鸟窝，你不要忘了鸟的艰辛和背后精巧的构思。

生 17（说"秋天的落叶"图）：落叶不是无情物，化作春泥更护花。落叶化作了下层的肥料，生命更加碧绿更加富有生机。

师：所以春天的每一片绿叶都不是一个偶然，它要经历一个寒冬的苦熬，慢慢飞上枝头，因此当你欣赏到叶子绿时，你能不能想到曾经拥有的秋冬的枯涩！

生 18（说"悬崖上跌落的瀑布"图）：当你看到涓涓细流，你也许不会想到积水成渊的背后所经历的一切。

师：大自然用它的千姿百态告诉我们，人生其实就是这样一个拼搏挣扎的过程，成功绝不是一种偶然，不是一种运气。

三、品味"鸟窝"

师：我经常会看到这些画面，今天早上一路走来，我看到最多的景象是什么？是大树上一个个灰色的鸟窝。我还跟同行的老师说，你们这鸟窝可多了！你们校园里就有鸟窝，有没有发现？

生：嗯。

师：它所透露出来的就是一种生活的颜色，而我就曾经在鸟窝上看到生活的寄托。一起来读读这篇写鸟窝的文章。

PPT 显示：

> 有两样东西，无论在什么地方看见，我的心里，总会腾起细波来，碎碎的，是轻风拂过，每道褶皱里，都是柔软与温情。这两样东西，一是树上的鸟窝，一是门前的小河。
>
> 鸟窝筑在高高的树上，树是刺槐树，或苦楝树。鸟窝都是喜鹊们筑的。它们筑的窝，大，有面盆那么大，托在高高的枝丫上。窝筑得简陋，枯树枝乱七八糟搭在一起。它们是憨夫憨妇过日子，搭了窝棚住，也能将就着的，只要每天能看到太阳升起，日子里就有快乐。
>
> 风一阵紧似一阵，刺槐树上的叶，掉了。苦楝树上的叶，掉了。直到一个村庄的叶，都掉得差不多了。天空开始变得又高又远，村庄

呈苍茫色。光秃的枝丫上，喜鹊的窝，有些孤零零的，是最后守着的一枚叶，守着树。秋深得很彻底了。

......

——节选自《中国教师报》

（教师读前两段，很有感情）

师：好文章首先是读出来的，建议大家有感情地继续读下去。放开声音，要有感情。

（生读最后一段）

师：喜欢这篇文章吗？

（生点头）

师：我们刚才在说那些画面的时候，已经有了很大的进步，但好像没达到这篇文章的境界。我们对身边的自然景物还没有很深很深的情感，它还不是我们生活的一部分。很多同学都很喜欢这篇文章，告诉我，你喜欢这篇文章的哪些句子。

生19：天空开始变得又高又远，村庄呈苍茫色。光秃的枝丫上，喜鹊的窝，有些孤零零的，是最后守着的一枚叶，守着树。（有感情）

师：老师刚才说鸟窝的这些漂亮的句子都是从这抄过来的。最后的一枚叶，能把鸟窝比作树叶的真的不多。这最后守着的一枚叶，你们读出鸟窝什么特点？

生（纷纷）：坚持！坚固！

师：坚固！而且也有坚持。对大树的一往情深，伴着大树度过这个寒冬。

生20："它们是憨夫憨妇过日子，搭了窝棚住，也能将就着的"，描写了温馨的生活，不管在多么简陋的环境下。

师：这哪是喜鹊啊，分明就是简陋房子里的恩爱夫妻。读进去了，味道就来了。

生21：在看到太阳升起的日子里就有快乐，浓缩出喜鹊追求简单的生活。

师：这样的生活才叫生活，它们过的日子才是真的日子。当你静下心来的时候，很多东西都会闪烁出来。当在一个秋天的黄昏，当你不经意间看到大树上有一个鸟窝的时候，这个鸟窝会让你想到什么？凝视着树上的鸟窝，你能想起什么？

（PPT 呈现"黄昏树上的鸟窝"一图）

（学生思考）

生 22：我能想到一种感动，鸟窝和大树相互依靠。

师：想到它们的关系，一种相互依靠的感受。

生 23：阳光照在鸟巢上，鸟巢呈现半透明的状态，听见鸟鸣啁啾，我会想到我的家人我的家。（感动）

师：说这句时，你有没有一丝感动？想到家人想到家，其实我们也是有树枝的，我们也有自己简单的鸟窝，它可以不像城市那样的繁华，但是依旧有温馨的感觉。好好珍惜自己家小小的鸟巢。

生 24：人与自然。鸟窝越来越高，数量越来越少，之所以会这样，是人类对鸟窝的破坏，小鸟不得已的一种自我保护。

师：鸟窝越来越少了，大树越来越少了，土地越来越少了，高楼大厦越来越多了，鸽子笼一样的套间越来越多了，而我们曾经拥有的那种生活已经消失了。

生 25：我想起了自己的童年，姥姥家离得比较远，每次在路上都会数鸟窝，我发现现在路上的鸟窝越来越少了。（伤感）

师：想到了童年往事，想到了姥姥家，想到温暖的家，想到现状。

生 26：想到了家，在外求学最容易想到家和家人。

生 27：树是鸟的家，鸟和大树互相依偎。

师：想到了家，想到了相互关系以及互相关心的日子。鸟窝还得有树，树还得有土地，与土地对应的还有那一片蓝天。你说。

（生 28 沉默）

师（提示）：能从鸟窝的内容思考吗？小鸟，小鸟独立地飞翔……

生 28：坚持，鸟把窝造得那么高，肯定不容易。

师：鸟把窝筑得那么高，要用那么多的小树枝，一点点搭起一个牢固的鸟窝，肯定不容易，需要坚持。

生 29：还需要奋斗。

师：这个鸟窝的建筑者一定是一个建筑师，要知道哪个点哪个枝杈最适合搭窝。

生 30：我想到朋友。树支撑了鸟窝，鸟窝点缀了树，这和朋友间互相帮助是一样的。

师：想到了关系。朋友之间的相互依存。你丰富了我，我亲近了你。

生 31：温暖，鸟蛋，孕育着新的生命，鸟温暖了雏鸟。

师：想起了童年，捕鸟带来的乐趣，想到了跟随鸟窝的一路成长，想到了亲情，姥姥，想到了已经消逝的岁月，想到了现在这个时代，想到了日新月异的城市……

PPT 显示：

童年	捕鸟	乐趣	成长
乡村	亲情	老屋	树
喜爱	讨厌	回忆	怀念
消逝	守望	平凡	
时代	城市	……	

四、让"鸟窝" 走进高考作文

师：一个鸟窝就是一个世界，是我们生活的全部，里面有温暖有情感有细节有生活的很多东西，有感受有哲理。生活的很多真谛，都是那棵高高树上的鸟窝所能涵盖的。让我们看看"鸟窝"能不能走进这些作文题目？

（PPT 出示山东省近年来高考作文题目以及城阳三中最近的模拟考作文题目：《时间都去哪儿了》《这世界需要你》《无用之用方为大用》《经验与勇气》）

师：把"鸟窝"写进这些作文里。写个小片段，利用"鸟窝"去思考，表达鸟窝与他们之间的联系。

师：想想村头的那个鸟窝，想一想鸟窝与人共度的岁月，想一想你对鸟窝的感受，再想想这些作文题目，然后你就会涌出智慧的语言。四小组各自选一题。

（学生思考，写作，二十分钟后每组选两人发言）

生32：《时间都去哪儿了》

当我再次走在回家的路上，抬头一望，曾经树上的那鸟窝早已不见，取而代之的是红灯笼，捕虫网……我仔细想想，十年前的大树上还有许多个鸟窝，时不时还会听到小鸟欢快的叫声，叽叽喳喳，好不热闹。而这一切都随着时间消失了，我也从那个扎着小辫的小姑娘长成一个大人了。小路变成了公路，麦田变成了花圃……曾经躺在草地里放风筝数星星的日子再也回不去了，留下的只有对过去的回忆。

师：这就是"时间都去哪儿了"的思考。借助鸟窝，文字里有实实在在的情感，而不是在那儿空感叹，很好。

生33：《时间都去哪儿了》

门前老树长新芽，肉嘟嘟的小嘴巴。站在窗前，凝视着道路上的老树，唱着这首《时间都去哪儿了》，不禁潸然泪下。想起了那年跟着奶奶从她开的小卖铺走回家的那段夜路上，我怕黑，奶奶慈祥的声音鼓励着我说："你用手电筒照树，会有小鸟从鸟窝中飞出来的。"奶奶委婉地唱着"小燕子穿花衣"。我用手电筒照鸟窝，尽管鸟没有飞出来，但是我依然坚信。有一天"时间都去哪儿了"，仿佛就发生在昨天。今天我长大了，奶奶老了，我们再也回不去了。

师：再加个结尾——时间再也回不去了，奶奶老了，树上的鸟窝依旧。你的文字非常温暖，不仅有情感，而且有细节。这样写，让鸟窝承载一段亲情，也承载一段放飞的成长。

生34：《这世界需要你》

匆匆从电线杆旁边走过，却被一根枯树枝砸到头，抬头一望，两只喜鹊正艰难地将鸟窝筑在直直的电线杆上。它们的巢，显得那么单薄，孤零零的，仿佛一阵清风就能将鸟窝倾覆。不禁要问，人们是怎么将这些可爱的生命逼到了这里？它们赖以生存的树呢？是否再也看不到高高的枝丫上

140

挂着的可爱的鸟窝了？树，鸟窝需要你，这世界需要你。

师：一段震撼，落在具体的点上，这样就做到了"以小见大"，所以一个小小的鸟窝化成很有力量的叩问。

生35：《这世界需要你》

衔枝，觅草，筑巢，奔波于那个乍暖还寒的春；产卵，孵化，养育，发生于那个烈日炎炎的夏。因为爱，你在那个色彩富丽的秋将他放逐；因为爱，你在那个白雪皑皑的冬离他而去。一年便似一生。而我何尝不是那初长成的雏鸟，渐渐学会独立思考，学会独自分享。但我依然会在某个鸟儿轻啼的清晨，感动，温暖，想到你们，我的爸妈。

师："这世界需要你"的"你"，表面上是树上的鸟巢，其实是对生活的温情的召唤，达到了一石二鸟的效果，而且同学的语言很具有抒情性，这说明她真正在感动着自己，也在感动着我们。

师："无用之用方为大用"，这题目和"鸟窝"怎么联系呢？有点难。

生36：《无用之用方为大用》

那树上孤独的叶，天空中活跃的生活，鸟窝像是这纷繁世界中的一粒微尘。它不能给每个人带来物质的享受，因此往往被人看作是平凡的季节中平凡的过客。但我却不以为然，因为它是我心灵的寄托，寄予我对家的思念，对爱的追求，对人生的坚持。无用之用方为大用，或许只是不经意间的回眸，就能找到那一方精神上的净土。

（全班鼓掌）

师：和你原来的写作相比有什么变化？

生36：原来写的是议论文，找论据啊。

师：把一段细节写进去，写实了，想深了，不管是议论文还是记叙文都可以信手拈来。记住，别说空话。有一个真实的鸟窝在滋长你的情感，这样就把文章支撑起来了。我们不要老是高谈高大上，有时把目光投向被我们忽视的那个鸟窝，突然发现生活的美就出来了。在那些看似无用的东西上面，我们看到了大大的爱，深深的哲理。

生37：《无用之用方为大用》

高枝上安放着一个鸟窝，简陋、高远，隔着一棵树的距离，似乎于我们人类没有什么用处，简单，仅此而已。可是鸟窝你又能看到什么呢？若没有机智的头脑，窝如何才能建在最有利的位置？若没有坚持不懈的毅力，巢如何才能如此坚固地存在？简单的巢给我们最深刻的感悟。我想，无用之用方为大用。

师：真棒！她把干枯的树枝简单的鸟窝都写成人生的哲理和精神，这就是她在这堂课里迸发出来的思考。在粗糙的生命外壳里，我们竟然发现最精髓的生命哲学——无用之用方为大用，这不仅是这堂课的收获，也是你未来生活的收获。

生38：《经验与勇气》

每每看到鸟巢，我总会想：为什么警惕性那么高的鸟，要把巢放在离人类那么近的地方？在与人类打交道的前后，它们寄予我们信任，它们仍有勇气与我们靠近。

师：鸟儿搭鸟窝是一种经验，也是一种勇气。它要选择造窝的位置，在于它的观察和思考。

生39：《经验与勇气》

在枯干的树枝上，叶子被风吹光，剩下一个简单的鸟窝，但鸟窝却没有因为树的寂寞而缺乏生机，反而它让树更绿了。每一个小鸟在搭建属于自己的家的时候，都需要变成一个智慧的工程师。一次又一次迁徙后，才能够筑起坚固的避风港。所不能缺少的便是筑巢经验。如果说经验是小鸟筑巢的基础，那动力又会是什么呢？我想是勇气吧，俗话说勇者胜，在高高的树枝上，一只弱小的鸟儿成为勇者。

师：这位同学具有辩证的思想，她既说小鸟搭窝是一种经验，要找高高的树枝，又说高处搭窝还要有勇气。议论文也可以从生活的平凡事物中找出论据，文字才不至于干巴巴的。"经验与勇气"，还有谁说说，你呢？

生40：刚才没写出来。

师：没想到鸟窝能与经验勇气相联系？考场上没有人提醒你的，怎么办？

生40：把以前写的经验用在作文上去思考。

师：也就是说，要去寻找其他"鸟窝"了。所以，"鸟窝"只是一个符号！那么，同学们，这节课，鸟窝与作文相遇，那你该怎样思考我们的高考写作？

（学生思考）

生41：以小见大，不要太浮夸。

师：拒绝浮夸，走向落实。

生42：不能禁锢在一个鸟窝里，要寻找不同的鸟窝，要大胆地尝试。

师：选择自己熟悉的能写出来的东西来写来筑巢。

生43：关注生活、关注细节。

生44：流露真实情感。

生45：不要说空话。

PPT 显示：

> 有一种力量叫作自然，有一种源泉叫作生活。适合你的才是最好的。

师：我们心里要有一个鸟窝安放着，可以是鸟窝可以是河流，可以是春花秋叶，可以是母亲的皱纹，可以是父亲的叹息，也可以是读书苦熬的岁月。只要心中充满情感，能够细致入微地体察，那么世界上很多东西都可以为你作文所用。回到文章的两句话：一是树上的鸟窝，一是门前的小河。关键是你有没有一颗玲珑剔透的心。最后两个月，给自己找找"鸟窝"，让你的"河流"走进你的作文。下课！

教学感言

★写作是什么？写作是寻找，找回我们的心，找回我们的美好，找回最初天清地宁的世界。当生活变得焦躁不安，当时间变得抽象迷离，当我们的表情失去生动，写作的叶子若是没有干枯，我们，还能找到我们的月亮。写作，让我们与世界呼应。

★面对这个世界的丰富与灵秀，技法永远是苍白的。爱，责任，让我们有了写作的冲动。写作的虚弱，源于心灵的枯瘦。当你，能用最大的爱去关注一只爬上沙堆的蚂蚁，去等待一阵掠过枝头的春风，去凝视一茎瘦弱的小草，去聆听一路溪水的歌唱，你还有什么诗歌不能灿烂，什么散文不能绚丽呢？写作，是心与世界的碰撞。

★我们总是忽略太多，比如那黄昏里高高树上寂寞的鸟窝，那个冬日冷冷的黄昏。我近乎忏悔地仰望着它，我从来没想过这样凄冷的风里，它如此真诚地化成了树上的最后一枚叶子。教学的灵感源于一次意外的阅读。"光秃的枝丫上，喜鹊的窝，有些孤零零的，是最后守着的一枚叶，守着树。"读到这行字，我竟然眼角湿润。是怎么样的温暖的心，才会有如此朴素动人的比喻？是怎么样的博爱的人，才会有如此别致生动的吟哦？那么，一地落叶呢？

★"花开了，就像花睡醒了似的。鸟飞了，就像鸟上天了似的。虫子叫了，就像虫子在说话似的。一切都活了。"我很快想起萧红的《呼兰河传》。真的，那一刻，一切都活了，它们飞进了我的课堂，"都有无限的本领，要做什么，就做什么"。

★和学生们谈谈话吧！不要隔着很远去教学。让他们忘记要写作，又让他们觉得有什么东西梗着，不写不行。于是，他们拿起了笔。

★清风不语，拂过就是文章。世界上的草木尘埃都是文字，它们，收纳了我们要说的所有道理！仰望星空的眼睛，首先是能俯视大地接住每一朵落花的眼睛。这个世界，我们走得太快太浮，语文也是。回来吧，我们的心！我读起大学时代写下的诗句：故乡，我是你散步的孩子，仅仅只是散步啊。

★我很想念这堂课！那一个个鸟窝，最后都是一盏盏的灯，照亮我们前行的路。浅浅的，深深的，语文的，生活的，我们的路！

——肖培东

现场声音

★语文课就是一个生动的话语场，课堂上不妨跟学生聊聊天儿。"同学好，去年我来给大家上过课，记得吗？""去年的冬天给我的印象特别的深刻。除了看到一片雾霾，你们知道我还看到了什么？"你看，课堂就这样开始了，可又好像没有开始，因为我们听不到"必备"的课堂导入，也看不到"常规"的学习目标展示，然而，学生已分明置身于课堂氛围中了，那一双双被吸引住的眼睛告诉你，他们已心无旁骛。真是"润物细无声"啊，一个生活化的聊天儿，让学生在不觉"学习"中开始了"学习"。一句"能不能跟老师一样把话语文学化一点"，好似灵光闪现，一下点醒梦中人：语文课上原来还要这样说话！"说这句时你有没有一丝感动？"这是一句发问，也是一句点拨，更重要的它能够触及学生内心柔软所在，引其动情深思。语文是诗意的，是温暖的，是有情意的。语文课上就应该有让学生怦然心动的感觉。

——山东省青岛市城阳区第三中学　高荣尚

★整堂作文课，老师都紧紧和大自然相依，撷取生活中的一棵树、一片叶、一朵花、一泓清泉、一个鸟窝，步步引导，逐渐深入，最后由一个鸟窝和四个高考作文题联系起来了，可谓无招胜有招。课的开头，很生活化，很有自然的气息。而且"冬天""绿意"两个词，一个让人感觉萧条冷涩，一个使人觉得春意盎然。显然这个话题学生很感兴趣，同学们很踊跃，有的说是想到希望、生机，有的说想到生命力的顽强，有的说想到家的温暖。肖老师接着说："我想到了你们，经过了三年的苦战，迎来了高考。"这句话乍听很普通，其实是很贴切有深意的，此时距离高考不满两个月了：一是说同学们经过寒窗苦读，就要熬过冬天迎来高考的春天；二是给学生鼓舞了士气，让同学迫切盼望高考的到来。所以一个同学马上说"想到了你读高中的时候"，估计这个孩子被这个话题和儒雅年轻的肖老师打动了。听到这里，我觉得这堂课已经成功了一半。

——山东省青岛市城阳区第二中学　王　岚

★他从校园中冬天的小草导入课题，引导、启发学生对绿地上的小草、大树上的鸟窝等进行联想、思考。在活跃的发散思维形成的氛围中，师生互动，对话交流，有说，有读，有写。特别是教师的主导作用十分突出，适当地运用课件，尤其是图片的展示，补充了文字对学生视觉感受、影响之不足，便于教师提问，引导学生递进思路，深化思维。全课都在教师的调控之中。肖培东的课张弛有度，收放自如，首尾圆合，结构严谨，环环紧扣，浑然一体。其本身就像一座建筑、一篇杰作，特别是他生动而有文采的课堂语言，显示教师广博的文理知识、深厚的文学素养和高超的教学能力。他在上课的开头、中间和结尾提到城阳三中美丽的校园、简明的校训，以及城阳三中的作文题目，使学生与听课的人都感到亲切、自然。结束时自然博得了热烈的掌声和一致好评。而他二十多年前毕业于湖州师专中文系，今天在此相见，而且听他上课——如此精彩的课，感到特别的欣慰和自豪！

——湖州师范学院中文系教授　李广德

名师点评

"鸟窝"里的大世界

山东省青岛市城阳区教体局教研室　崔志钢

这堂课，笔者是亲历者。在教学构思时，肖老师来学校路上和漫步校园之中，看到冬日树上不少的"鸟窝"，这让他产生教学灵感，从而奉献出这堂课。而课堂教学让笔者和听课老师们相当惊讶，久久沉浸在肖老师的课堂中——因为学生的变化实在太大了！上课伊始，学生状态是写作与表达的生涩、内容的空洞、情感的隔膜和思维的凌乱，而到了课堂后期，学生却是写作与表达的流畅、内容的充盈、情感的浸润和理性的思考！简直有些脱胎换骨，学生经历了一次鲜活而充实的写作方面的语文成长，听到他们思考逐步成长的足音。

本节课诸多教学亮点值得品鉴。

一是教师从学生忽略的生活感悟切入，生活与思想产生共鸣。世俗生活常常让人习以为常，特别是高中学生，许多住校孩子处于"三点一线"的生活状态，对周围熟视无睹，美丽温情的校园生活，温馨亲情的家庭生活，五光十色的社会生活，唤不起学生对生活的美好记忆，甚至感到麻木。这一点在作文写作中体现得非常明显，肖老师无疑是深谙这一点的。所以，肖老师教学切入点选择得相当精妙，围绕生活的"某一点"进行作文"说话"，引入平凡事物，引导学生一步步走进作文情境。让孩子从身边的"小物象"入手，"那一抹绿色"是校园中很不起眼，但是蕴含着巨大能量的"触发点"，如何利用好这个点，需要教师的教学智慧。教师让学生猜想"教师自己"面对"绿色"想到了什么，其实就是抛出一个教学主问题，围绕"绿色"，激发学生的想象能力，调动情感，学生挖掘出属于自己对"绿色"的多重理解。在此基础上，教师进行教学的追问。当学生想到希望、绿色、温暖、活力、顽强等词语，这些都是由此迸发出的美好想象，但是教师不止于此，继续追问，学生说想到了教师上高中的时候，教师自然谈出学生求学的不易，引得学生的共鸣。而学生的评价语言，实现师生的互动共生。追问让学生知道"这抹绿色"涵盖的诸多内容，帮助学生点亮"发现"的眼睛。教师让学生认识到生活中"常见"的景象，蕴含着丰富的意蕴，这需要自己"真"去触摸和发现，调动自己的思维，融入自己的感悟，会有别有洞天的新发现。

二是教师将凡常物象引入写作，指导学生逐层解读。教师让学生厘清写作的指向，让学生回忆生活凡事的感悟后，推动学生由物到人、再到社会的写作思路的开掘和写作流程的探幽。"一抹绿色"有多种解读，教师撷取其中的几个点集中研读，阐释生发不是运气而是一种强大的意志力，实现了凡常物象精神的升华。让学生试着说话，谈自己的真情实感，并让学生"看图"说话，激发学生造句能力，当学生出现滞涩时，教师针对学生文学积淀不足、造句能力弱进行引导，先用自己出色的造句水平给学生示范，推动学生的语文思维的发展，给学生写作提供路径。教师不断打开学生的思维。法国的帕斯卡尔说："人的特异之处在于人会进行持久而有系统的思考。"教师指引学生在已有基础上继续前进，由平常事物引申出所代表的精神，看到冬日小草的顽强生长，发现顽强背后的艰辛不易，鸟窝的建筑还有其技巧，最终揭示偶然性与必然性的关系，达到哲学认识的层次。教师带领学生抽丝剥茧，采用描述事物——特征表达——内涵挖掘——语言表述的教学流程，让学生用自己的语言进行言说。沿着学生认知的规律前行，进入具体写作的环节，逐步触摸到写作的内核。然后让学生用文学语言描述场面，让学生用文学化的语言进行诠释，逐步将素材迁移过渡到具体写作流程中。学生的语言能力是一个不断生长的过程，一开始能将自己心中所想说出来，但达不到"文学语言"的层次，因此教师的示范指引相当重要。肖老师有扎实的语言功底，引导学生将所思所想用文字传达出来，让心灵感知与文字表达同步，注意文字的摇曳节奏感、长短句的参差交错、语言的冗余与简洁，使表达的文字有一定的厚度和感染力。这给了学生写作的榜样，让学生有了前行的方向。

三是不断挖掘平凡生活物象背后所隐藏的东西。在教师的示范引导下，学生的思维向具体写作的道路靠拢，挖掘鸟窝背后蕴含的东西。教师围绕"鸟窝"进行多角度的延伸和发挥，涵咏揣摩言说，提取自己所需的写作素材。让学生认识到优秀的文字，需要有生活的感悟，也需要从经典文字中吸收各种写作技巧。鸟窝让学生想到奋斗、家、亲情、友谊、城市、时代……这都是从"鸟窝"这一原点进行发散思考的结果，实现一材多用的效果。学生的发散思维得到发展，达到了深一层次。这些联想和想象，在后面的写作中都有其施展的地方。而在学生言说达到一定层次的基础上，教师顺势推进，让学生探究其中的原因，其实是让学生有一个推进写作的抓手，用"什么现象+怎么样"的句式组合，有基本写作格式的指引，学生有"路"可依。这里还有一个诵读的作文教学价值问题。诵读在阅读教学中的价值已然是语文教师的共识，但在作文教学中它仍是一座有待开采的矿藏，也是有力的促进手段。经典的文本是学生写作的重要参照或借鉴对象，教师抛出经典文段进行引领，指点学生"好文章首先是读出来的"，通过指引学生认真诵读和涵咏咀嚼文本，让学生从中吸收到诸如优美意象、严谨结构、优美语言等精华，在文字的汪洋里与自己的思考感悟相遇，慢慢将之渗透到自己的写作思维中，达到文与心的交融。

四是通过一个写多个，实现凡常物象的写作价值。教师让学生通过一个"鸟窝"，实现了四个不同题目的写作，一个写一类、一点写一面。学生现场写作并展示作品，给人一种情感的冲击力，孕育着浓厚的生活烟火，彰显生活中所蕴含的巨大的写作价值。无论是奶奶带给孙女的温暖，还是与父母的交流成长，抑或是搭建鸟窝的热情推动力和勇气，都在学生文段中表现出来。好的文字带有情感温度，构建情感磁场，融化坚冰和隔阂，感动作者进而感动读者。学生能够展示细节描写，这显示出学生的作文能力，几个语段的细节描述都细致精巧，读后让人感觉意象鲜明。文段中还体现出理性思考的成分，理性思考能力是高中生要着重培养的能力。文段中学生对人生的哲理思考，体味历经艰难终始成的人生发展道理，而这些思想都是学生自己思考后得到的，再通过文字展示出来。学生作文能力的成长，证明教师前期的课堂铺垫和引导功不可没，不断让学生联想，造句，说话，朗读，模仿，逐步达成最后的效果。而教师不止于此，在学生朗读展示自己写作片段的基础上又有点拨，指出优点，点拨提升，指出进一步前行的方向，让学生不断往前进，走得更远。

　　唤起学生对平凡生活的敏感度，注重对物象持续进行思维方面的开发，从"说话"到写作的逐步发展，示范与引导的教学价值，和缓而扎实的教学节奏。这堂作文课，"鸟窝"里的大世界，我们真的学到了很多。

山水永嘉，飞翔语文

——校本教材写作课堂教学实录

![叶]**浅浅小语** |||

　　能把山水看成语文的眼睛，是深刻的，但首先是清澈的。能把语文读成山水的心，是智慧的，但首先是纯洁的。深刻和睿智，其实都是在清浅的眼里纯真的心里。

——肖培东

![叶]**课堂再现** |||

执　　教：肖培东

点　　评：蔡　伟

教学背景：2010 年 9 月 27 日，浙江省永嘉县第十一中学，浙江省艺术化语文课堂教学活动。

一、导入新课

师：同学们好！

生：老师好！

师：请坐。

师：今天是几月几号？

生（齐答）：9 月 27 号。

师：走进高中将近一个月了。在座的各位同学，也因为你们的中考成绩，度过了一个相对动荡也多少有些痛苦的暑假，是不是？

生：是。（低沉的）

师：亲爱的同学，原谅我触动你们的伤痛。（生会心地笑）那么，站在这个新的起点上，我想请同学们说说看，进入高中了，你有怎样的梦想？

师：来，第一个同学，说！

生1：在高中的话，我希望自己能够好好地学习，争取考一个好一点的大学。

师：争取考上大学，你呢？

生2：我希望能弥补一些不足，还有一些好的（优点），能继续保持下去。

师：哦，你跟大家说说看，你都有哪些不足？

生2：嗯，我的记性比较差，还有就是英语单词记不住，特别是一些理科上的公式，还有地理历史上的一些地名人名，我都记不住。所以我希望能把这些记得更好。

师：你能不能记住我第一张幻灯片里的英语单词？

生2：没有注意。

师：没有注意吧？要想记忆好，首先要比别人更会观察。来，后面同学。

生3：我希望在高中的时候，我能好好学习，改变自己，改正自己的缺点，完善一下自己。

师：完善自己，改正缺点。请坐。后面！

生4：嗯，初中呢，我并没有全身心地去投入学习，然后现在也没有考上自己理想的学校，然后就是……但是到了十一中我也非常开心，我想在十一中好好学习，然后考上一所理想的大学。

师：对，将来考上一所理想的大学。请坐。有一句话，我想给你更正一下。你没有考上你心目中的学校，但是你确确实实是来到了一所理想的学校，因为我想，我们十一中会还你这个梦想。同学们说呢？

生（齐答）：是！

师：其实四位同学表达的是一个意思：我要进步，我要成功！一起来说一下！

生（齐答）：我要进步，我要成功！

师：这样，在永嘉十一中，你们想达到一个什么样的目标呢？

（PPT 显示"一只鸟儿在展翅飞翔"的画面）

师生（齐答）：飞翔！

（PPT 显示"飞翔"）

师：我们高中语文第一册的第一个专题其实就是一个"飞翔"的单元，让我们大家张开翅膀飞翔。我们一起来借助诗人的文字，一起来飞翔。看看，江河写了这么一首诗，《让我们一起奔腾吧》！

PPT 显示：

> 让我们一块儿走吧/在花瓣匆匆铺成的道路上芬芳地走吧/紫丁香像影子一样在身后晃动/春天正迎着我们走来/献上更多的花朵

师：我们来请一位同学朗读一下，哪位？你来！

师：老师给你起个头。"让我们一块儿走吧！"

生5：让我们一块儿/走吧！

师：你读得比我好。我读得急，你读得就缓一点，说明你非常沉稳，这就是一个很好的速度，可以飞翔了！来，重新开始。

（生5有感情地朗读这首诗歌）

师：最后一句上扬一下！"献上更多的花朵"，一起读。

师生（齐读）：献上更多的花朵！

师：充满期待，充满飞翔的姿态。请坐，非常好！

二、理解"飞翔"

师：我也是个常爱飞翔的人，飞翔也是我很长时间的梦想。当我穿越岁月磨砺，走到今天这个时候，我对飞翔也有很多个人感受。老师也写了两句诗，想不想看一下？

生：想！

师：好，看一下。

师（读）：飞翔不是只有一种姿态，飞翔不是只有一片天空！（PPT 显示）掌声？

（学生热烈鼓掌。）

师：嗯，你鼓掌很热情，你知道这两句诗写的是什么意思吗？

生 2：我想，就是说我们可以以很多种方式去飞翔，我们可以在各个领域中飞翔，而不是朝一个方向，我们可以向很多个方向发展。

师：嗯，比如刚才你说记住英语单词就能够飞翔起来了。

生 2：是。

师：这不就是一个很好的飞翔吗？请坐。来，你来说说看！

生 6：我觉得，其实飞翔就像是我们走在人生的、学习的道路上一样，学习可以运用很多方法去获得成功。我们也可以在学习的各个方面努力奋斗，不仅可以学好每一门功课，也可以在其中的一门功课上更加突出，这就是我们所谓的"闯出一片天空"！

师：有志向，有目标，很好的角度和方向。来，翅膀放开，试试看。

（生 6 张开双臂，示意飞翔的动作。生齐笑。）

师：手抖一抖，那就是飞翔。很好。还有吗？

生 7：飞翔不是只有一种姿态，不是只有一片天空，这说明我们不要太固执太专一，不要在某个地方受了挫还很固执地停在这个地方。我们可以采用其他的方法和方式去重新打造自己的另外一片天空。

师：哦，也就是说，天空不一定是在上面的，脚踏大地，是不是也是飞翔啊？

生 7：是的。

师：很好，请坐。三位同学都说了，他们用诗一般的语言告诉我们飞翔的其他概念，还有吗？你见过生活中其他东西的飞翔吗？来，你来说。

生 8：在生活中，"飞翔"这个概念太过于笼统。

（生大笑）

师：你把画面上这只鸟换一下，换成其他东西可不可以呢？

生 8：可以。

师：什么？

生8：飞机。

（生大笑）

师：哦，飞机，飞得快，真飞翔。有没有其他东西也能飞翔？旁边同学，你来说说看。

生9：我觉得飞翔，是说能够实现自己的价值，为社会做出贡献。这就是一种飞翔。

师：哦，为世界做出贡献，这就是飞翔。后面的女同学，除了鸟飞翔，你还能见到其他的飞翔吗？想一想窗外的世界。能够给世界带来生机、带来活力，做出贡献的，当然都能张开翅膀！

生10：一切生物，只要它能为世界增添一份精彩，一份自己的生机，它就是在飞翔。

师：比如说？

生10：一些树木。

师：哦，一棵树的生长，那就是飞翔；一朵花的绽放，那也是飞翔。

生：对。

师：一棵草破土而出，在春天，是不是也是飞翔？

生：是。

师：飞翔不仅仅是人的梦想，也是其他生物的梦想。很好，同学们。文字，它是有内张力的。因为我们丰富的想象与联想，文字就有了更多美丽的姿态。飞翔，原意是指鸟儿张开翅膀在空中的飞行运动，可是，在你们的语言中，飞翔化成了小草的姿态，花儿的姿态，还有，飞机的姿态。

（生笑）

师：一切都在飞翔。可见，插上了美丽的翅膀，语言，文字，它就能够飞翔。这时，就绝对不是"飞翔"字面上的含义了。接下来看着幻灯片，跟着老师说下去。

（出示PPT，呈现一幅幅暗示飞翔的图片）

师：飞翔，是叶面上的露珠晶莹地滚动。下一句，你来说。（展示另一张图片）

生 11：飞翔，是清澈的流水在岩石上滑过，奔向大海。

师：有的飞翔是向下的，是不是？

（生点头）

生 12：飞翔是奔腾的骏马在草原上飞驰。

生 13：飞翔，还是孩童在，在……（语塞）

（另一个学生举手）

师：有同学迫不及待地想抢过你的话筒，你给他吗？

（生 13 传递话筒给另一个同学）

师：啊，你放弃了一个飞翔的梦想。同学，不可以。飞翔是可以停滞的，但是不能够放弃。我觉得你能够飞翔起来！画面上是一个蹒跚学步的孩子，好，再说下去，飞翔是什么？

生 13：飞翔，是一个蹒跚学步的孩子跌跌撞撞的……

师：跌跌撞撞的身影，是吧？这不是挺好的吗？给这位飞翔者掌声鼓励一下。

（生热烈鼓掌）

师：飞翔，它是什么！（展示"千手观音"画面）

师：曾经的残疾女孩，在舞台上——

生（齐说）：绽放她的美丽。

师：飞翔，还是我们这个曾经多灾多难的民族——

生 14：崛起！

师：对，自信地崛起！那么请看，在你们如此美丽的语言中，"飞翔"就有了更宽阔的天空！我听着你们的语言，也感到有很多梦想在开放！

（音乐《隐形的翅膀》响起来）

师：同学们，让这文字飞翔，其实最重要的是，我们的内心有一双——

生（齐说）：隐形的翅膀！

师：有了这双隐形的翅膀，我们再留下一个愿望，让自己想象，我们的文字就能够飞翔！

三、回顾中考作文《做一个行者》

师：词语的领会是这样的，写文章呢？原谅我再一次触动你们的伤痛。

（幻灯片展示温州市2010年中考作文题目《做一个行者》）

师：这个题目熟悉吗？

生：熟悉！

师：2010年6月12号，你们走进了中考考场，写下了这篇人生中颇为关键的文章，来到了我们永嘉十一中。请你，再真实地回忆一下，在中考的考场上你的作文是如何写的？

（同学回忆，思考）

生15：根据题目，我的理解是做一个行动的巨人，不要做语言的矮子。

师：嗯，你写议论文？

生15：不是，是通过一个例子写的。

师：哪个例子？

生15：一个人不能老在那里讲大话。（表达含糊）

师：一个人，老在那里讲大话，不做事，所以你写了这个人，是想说要做行动上的"姚明"，是吧！

（生点头）

师：旁边的同学，你说当时你的作文是怎样写的？

生16：我是以保护环境为内容的。

师：哦，太棒了！保护环境。

生17：我写的是，在学习中我们不可以光说不做，要付出实际的行动，然后才能取得成功。

师：好。接着说，你当时是怎么写的？

生18：我跟她的一样。

师：跟她一样，看她的啊！（生笑）

生18：不是，中心一样，我当时根据题目理解成，做人就要有行动，

156

不能碌碌无为，然后写了自己的事情。

师：旁边男同学再说。

生 19：我写的是，不在父母的帮助下完成了一件事儿。

师：也是你自己的一段经历。

生 20：我当时写的是一篇记叙文，写有一个小红领巾捡垃圾。

师：小红领巾？三十年前我真写过这样一篇文章，然后呢？

生 20：他在公园里捡垃圾，做好事嘛，然后呢我要向他学习。

师：我们听出来了，大多数同学其实都在写什么呢？"我"的故事！或者是离开了父母，或者是看到小红领巾，或者是考试不顺利，战胜挫折以后重新站起来，等等。写作素材相似，思路相对狭窄，这和我们的生活经历固然有关系，但是和你们的语文思维习惯也有关系。我们少了一双——

生：隐形的翅膀。

四、"阅读"永嘉，"行走"在永嘉

师：嗯，隐形的翅膀，手伸出来，翅膀飞一飞。写作，没有一对隐形的翅膀，文章就显得相对浅显。看来，我们真的忽略了飞翔，忽略了思想的天空，也忽略了我们身边的许多东西，比如我们的家乡！

生：永嘉！

师：嗯，永嘉。你真的很久没有认真去看看我们的家乡永嘉。唐代诗人孟浩然曾经写过这样一首诗《宿永嘉江寄山阴崔少府国辅》，里面有这么几句。

PPT 显示：

> 卧闻海潮至，起视江月斜。借问同舟客，何时至永嘉？

生（齐读）：卧闻海潮至，起视江月斜。借问同舟客，何时至永嘉？

师："借问同舟客，何时至永嘉？"我们读出了诗人对永嘉的魂牵梦萦，对永嘉的浓浓情谊。苏东坡也赞叹："自言长官如灵运，能使江山似永嘉！"古往今来，永嘉山水不知吸引了多少文人骚客，激发了他们多少才情思绪，泼洒了他们多少诗画笔墨。那么，究竟是一个怎样的永嘉让诗人如此神往，同学们，你们考虑过吗？

（生摇摇头，示意没想过）

师：摇头了，我们对自己的永嘉少了一份关心。站在今天的码头上，请同学们看看我们的永嘉，想想我们的永嘉，请你用一个词语描绘我们的永嘉。你们用哪个词？

（学生思考）

师：哎，男同学说。

生21：嗯，我想用"温柔"这个词。因为我觉得永嘉的山山水水，都没有那种特别高拔险峻的，让人感到威严，仿佛要俯视我们的感觉，潺潺流过的水，静美的村庄，我觉得永嘉是比较温柔的，它也孕育出了非常多的文人墨客。

师：你度过了一段温柔的时光，你的词语就很温柔，语言很美丽，温柔的永嘉！你来说，概括永嘉你会用哪个词？

生22：日新月异！

师：日新月异！

生22：现在，现在永嘉发展得非常好，日新月异。

师：我们永嘉发展得非常快，看得出你的自豪。请坐。我们把两个同学的话连着说出来，永嘉的山山水水是温柔的，温柔的背后是美丽的，永嘉经济的发展一样也是美丽快速的。一起看看这段视频片段。

（视频播放"印象永嘉"山水篇）

师：永嘉秀丽的风光，永嘉迷人的山水，在同学们眼里都是温柔的风景，在同学们眼里都是日新月异发展背后的动人故事。你们喜欢这么美的山水吗？

（视频播放中）

生：喜欢！

师：好！还有吗？永嘉是怎样的？用一个词语来说说看。

生23：我认为永嘉是非常有活力的。

师：有活力！

生 23：对！就像现在的瓯北镇发展得很好，县城上塘也整体向市区规划起来。

师：关键词"活力"，活力永嘉，幸福永嘉！非常好，旁边的男同学你说，永嘉是怎样的？

生 24：我认为永嘉是个人才辈出的地方。

师：人才辈出！这个"辈出"你要追溯历史了，永嘉从古到今都有哪些名人，知道吗？

生 24：我知道古代有很多很多闻名的老前辈。

师：给我们大家介绍一下。

生 24：永嘉四灵。

师：永嘉四灵，南宋中叶的诗歌流派，文学史上很著名的流派，好，还有吗？

生 25：有一个刘玑。

师：哦，他也来过永嘉？

生 25：徐玑吧！（难为情）

师：徐玑，永嘉四灵里的，对吧？还有一位在永嘉做过太守的南北朝时期杰出的诗人——

生 26：谢灵运！

师：谢灵运，对！看看这个短片，是不是你要的答案？

（视频播放"印象永嘉"文化篇）

师：看看永嘉有怎样的文化！

师：好，知道了，永嘉，山水诗的摇篮；永嘉，南戏的发源地，永嘉三百里楠溪江，美丽，婀娜，多姿。永嘉的自然风光，永嘉的人文历史，还有吗？你最记得的永嘉，你来说。

生 27：我觉得永嘉用一个词来说就是"博大"。

师：博大！具体说说看。

生 27：因为我在看温州的地图的时候看到永嘉的地域面积是最大的。

生 28：地域大，资源丰富。

师：资源丰富，大家知道我们永嘉有什么资源吗？盛产哪些土特产呢？比如远方的客人留下来，拿什么招待他？

生 29：麦饼。（笑）

师：麦饼，飘香的麦饼，听课的老师们也笑了，他们特喜欢吃，还有呢？

生 30：楠溪江的田鱼。

生 31：板栗。

师：楠溪江的田鱼，还有杨梅、板栗，还有沙岗的——

生 32：粉干。

师：粉干。土特产说完了，说说我们永嘉的制造业名牌。

生 33：奥康，纽扣，拉链，阀门。

生 34：皮鞋。

师：红蜻蜓，报喜鸟。一个个牌子在中国的大地上，不，在世界的大地上开始了——

生：飞翔。

师：飞翔。好，同学们，我们如此美丽的永嘉在我的心里还是一首美丽的童谣。

（视频播放"印象永嘉"童谣篇）

师：你听，纯朴的永嘉童谣唱起来也是那么的动听，它代表着一种远去的记忆。所以我亲爱的同学们，爱我们的家乡吧！悠悠三百里楠溪江，它是中国山水诗的摇篮，是南戏的故乡，在这里山水文化与古村文化相结合，在这里耕读文化与宗族文化相互交融，所以，永嘉，我们应该用一种阅读的最真态度来读它，一起来读最后一句话。

PPT 显示：

> 怀着对自然的亲近，对家乡的热爱，对文化的尊崇，对历史的敬畏，我们阅读着永嘉。

（学生齐读）

师：每一种阅读必须要有所收获。永嘉因其山水风光，因它的文化，在 2006 年被评为"千年古县"。那么，亲爱的同学们，这节课你阅读了永嘉，如果把永嘉融入中考作文《做一个行者》里，你会有怎样的行走姿态？思考一下。

（学生思考）

师：我想听听刚才的环保主义者说话。

生16：为了家乡的美好未来，我将呼吁大家保护我们美丽的家乡，留下这些美好的风景奉献给世界，让世界更美好。

师：进入青山绿水去写作文。我要做一个行者，走在永嘉的青山绿水间，保护环境，实现人与环境的自然和谐。来，你说。

生35：我要游遍永嘉，行走在家乡。

师：游遍永嘉？

生35：对，和谢灵运一样写下一些美丽的诗词，要留给读者看，让他们更了解我们永嘉。

师：听到吗？她的话里包含两点：第一，爱家乡，我要游遍永嘉，要做一个永远行走在永嘉大地上的行者，不管你是贫穷还是富裕，不管是你的过去还是未来，我愿我的脚步与你紧紧相贴！另外，她还说了一句话，要徜徉在诗词经典的文化海洋里，与经典为伴，阅读诗词，做一个与书香为伴的行者。两个很好的语文素材，鼓励一下，掌声！

师：下面的掌声自动一点，不要让老师讨掌声，好吧？还有没有？来，那个女同学。

生36：我要为家乡扬长避短，因为我觉得我们永嘉现在发展很迅速，但是还有些不足之处。

师：嗯。

生36：所以说，我可以帮永嘉去改正一些街头的不足或者其他缺点，发动大家去做一个行动的巨人，去改正那些缺点。

师：我们《永嘉报》最近也评出了县城十大陋习。你真是一个关心永嘉新闻的学生，真好，扬长什么？

生：避短。

师：嗯，短不能避，扬长补短是不是更好？修正永嘉，完善永嘉，打造一个完美的、自然与人文和谐的永嘉，她的思考已经走到了一个很深的地方，同学们，你们呢？行动。

（生鼓掌）

师：哪位同学再说说看？跟着老师游一下永嘉，《做一个行者》这个作文题，还可以怎么写？哦，那同学。

生37：我觉得我们应该看远一点，我们这一代，要永永远远踏踏实实地发展自己，然后把家乡的文化深深地刻在我们自己的人生记忆里。我们这代人，将这一脉相承下来的深厚底蕴，注入现在浮躁的经济社会里，改正我们的浮躁。

师：把最后两句话重复一遍。

生37：将这一脉相承下来的深厚底蕴，注入现在浮躁的经济社会里，改正我们的浮躁。

师：守住我们深厚的文化底蕴，去掉身上的浮躁与功利，塑造完美的永嘉品格！

（生鼓掌）

师：深刻！

师：还有吗？来，你来。

生38：我觉得永嘉的那些诗词写得非常好，我们应该把永嘉的这些诗文传递到全世界，让大家都知道有永嘉这个很美的地方。

师：让永嘉接轨世界！真好，很多同学的思维都已经走在我前面了。关于这个题目，与永嘉相连，老师也做了一个整理，很多符合我们同学的想法。

PPT 显示：

做一个行者，行走在永远的青山绿水间。

做一个行者，每一个足迹带着故乡的印痕。

做一个行者，在传统文化间尽情徜徉。

做一个行者，行走在童谣遥远的旋律中。在加速行走的今天，你还愿意行走出这一份纯真吗？

行走在诗词间，与经典为伴。

麦饼飘香，母亲，我永远行走在你的目光中。

走出昨天，走在今天，永嘉又该以怎样的姿态走向未来？

（学生齐读）

师：同为永嘉人，我真的觉得我们之间是有一种默契的。你们想到了老师想到的东西，甚至想到了我没有想到的东西，因为你们的翅膀已经飞起来了。来，伸出双手，飞起来。（学生做飞翔动作）《做一个行者》，这个作文题目有了一种新的内涵，新的生活素材。同学们，词语插上翅膀就成了锦绣文章，文章插上翅膀就化成了美丽的永嘉。

五、课本有限，语文无限——让语文"飞翔"

师：这节课我们的语文与我们的永嘉相遇了。请你思考一下，作为高中生的我们，该如何行走在母语学习的大地上？我们该怎样学习高中语文？当永嘉与语文相遇，我们该从这里面得出怎样的启迪？

（学生思考）

生39：我们应该努力学习我们的母语，要将母语发扬光大。现在还有许多外国人学习我们的中国语言呢。

师：嗯，要爱语文，那么作为高中生的我们，该怎样学好语文呢？从这堂课里，你们能得到怎样的启迪呢？关键词，这堂课的关键词是什么？

生：飞翔。

师：飞翔。好，女同学，你认为作为高中生的我们该怎样学语文？

生40：要发挥自己的想象力。

师：培养想象力、创造力。好，你再来补充。

生41：让我们尽情地发挥想象，让自己的内心在语文世界飞翔。

师：语文的世界是什么？是不是就是我们的语文课本？

生41：不是。

师：说下去。

生41：比如永嘉的山水，永嘉的那些文化。

师：永嘉，可以成为我们又一本语文书。

生42：学习语文，我们还可以博览一些经典的文学作品，这样可以增加自己的知识。

师：课外多读书。

生43：我觉得应该好好地学语文，现在世界都流行中文学习，我们应该学得更好。

师：对，我们要学得比他们更好，更善于学习。你来说说看。

生44：以思考作为探索的手段，以行者作为自己的身份，我们可以在永嘉文化这片沃土上开垦，这也是语文。

师：一句话，我们要在更广阔的语文空间里飞翔，你的语言充满睿智。

（生鼓掌）

师：所以，同学们，永嘉是一首诗，永嘉是一篇散文，是小说，是戏剧，一句话，永嘉也是我们美丽的语文书。刚才有同学说过，行走也是学习语文的一种方式。行走是聆听，是阅读，是记录，是写作，它是思考，是感悟，是继承，也是开拓。所以，高中的语文学习需要你飞翔，飞翔！一起来说这个词语。

生：飞翔！

师：飞翔！你们看，徐志摩飞翔了，他就写出了这么一首美丽的诗，《再别康桥》，一起来读读。

PPT 显示：

> 那榆荫下的一潭，不是清泉，是天上虹；揉碎在浮藻间，沉淀着彩虹似的梦。寻梦？撑一支长篙，向青草更青处漫溯；满载一船星辉，在星辉斑斓里放歌。

（学生读）

师：语文学习其实就是一个寻梦的过程，走向青草更青处，走向永嘉的山水间，走向更广阔的大千世界，你会获得语文学习更多的滋养。所以，同学们，一起来改读徐志摩的这句诗，"在楠溪江的柔波里，我甘心做一条水草"。

生（读）：在楠溪江的柔波里，我甘心做一条水草。

师：把这水草种植在你们的语文课本上吧，因为山水永嘉同样也是一本美丽的语文书，飞翔，语文！永远记住，课本有限，语文无限。只有这样，你才能够在高中语文的课堂上飞得更高，飞得更远！

PPT 显示：

山水永嘉，飞翔语文。课本有限，语文无限。

师：下课。（掌声）各位同学，祝你们飞得更高，更远。再见。

教学感言

★艺术化语文教学，以艺术激发学生语文学习的情感投入，以艺术与语文学习的契合加深学生对语文学习内容的体验，从而唤醒语文学习的内驱力。其本质还是语文教学，必须坚守语文本色，切不可为艺术而艺术，花枝招展而迷失语文特质。

★这样的课，教着舒心，学着开心。看那视频里山清水秀的永嘉风光，听那充满乡土气息的温州民谣，回味着萦绕在家乡天地间的人文气韵，再去思考语文与生活的关联，谁还会拒绝这样美丽富有情趣的语文课？朴素并不意味着拒绝时尚，单纯并不表明不汲取科技，时代在发展，语文教学的手段也更为灵活丰富。只是在用艺术靠近学生的心的时候，我们应该想想，我们会不会因此远离了语文的心？

★很多失血的课堂，贫乏枯燥的背后其实是应试观念、单一教材、机械教法导致的语文艺术元素的缺失和教师资源开发不力。语文教学应是与艺术最为接近的一门课程。语文老师也要有一颗艺术的心，懂得欣赏语文外的很多美，在时代面前我们不能是陌生和残缺的。山水，让眼睛更明亮。草木，让灵魂更纯真。教师是课堂教学资源的开发者和研究者，教师的目光必须与生活的诸多空间接轨。这样的教学，才是真正适应未来，面向学生。生活，是更广阔的语文世界。

★每次，我不使用课件去上课，点评的专家就赞说"这是一节很本色的语文课"，我不同意。如果不用课件就是本真的语文教学，这个本真岂不太肤浅？多媒体课件扩充了教学的容量，便捷了教学的途径，丰富了教学的形式，适度地科学地使用，对语文教学是有裨益的。我们既不能把只用一支粉笔教学就称赞为真语文教学，也不能因为用了多媒体就批之以"假语文"。所以，请不要随意夸奖我，也不要简单地指责我，还是回到语文课上去说明问题吧。

★当然，艺术不等于做课件。老实说，这个课件耗费我太多的心血，偶为之可以，长期这样做肯定不现实。艺术，我更理解为是我们的内心，不仅仅是一种形式。干枯的眼睛面前，春天是没有色彩的。

★飞翔，不是只有一种姿态；飞翔，不是只有一片天空。教学，不是只有一种姿态；语文，不是只有一片天空。

★德国诗人荷尔德林说："人诗意地栖居于大地之上。"对于现在的或是未来的生活，我们都渴望诗意地栖居。那么，对于现在还有未来的语文教育，我们同样渴望艺术的走向。语文教师不能缺失艺术，只是在欣赏一路繁华的时候，我们有必要提醒自己，脚下这一条路名字叫作语文。无论两岸的风景如何迷人，永远流淌的首先是语文，最终也是语文。唯有这样，艺术化语文教学才能因语文与艺术的有机对接而走向高效。

★我很高兴，我用这样的课堂把语文和家乡推向你们。无论是在语文的山水中，还是在家乡的摇篮里，我们都是个孩子。永嘉真的很美！欢迎大家！

——肖培东

现场声音

★这堂课的课型很奇特，像阅读课又没有具体的阅读文本，像写作课又不是纯粹的写作指导，像口语交际教学课，但教学目标似乎又不止于口语交际。这堂课的教学，以"山水永嘉"这个地方课程资源为教学内容，又充分体现了艺术化语文课堂诗情诗意诗心的教学追求！肖老师非常聪明地选择了一个教学的着力角度——培养学生诗心感发力，以此帮助学生摆脱中考带来的阴影，让学生在语文的天空里重新飞翔。课堂呈现出浓郁的诗情诗性，又达到了一种"技道合一"的教育境界！学生诗心感发力的培育，是语文教学听说读写诸能力的一个思维内核，所以，着力于学生诗心感发力的培育，就带动了学生听说读写诸多语文能力的实践。如此教学，真可谓"一举多得"！

——浙江省绍兴市第一中学　阮　玲

★整堂课诗意飞扬，给我触动很大。其一，课堂开放，学生充满主动感。整堂课呈现的是对话漫谈式，把预设与生成环节做得无懈可击，尤其，对于学生的引导，自然妥帖，尊重了学生的独特体验。譬如，对孩子蹒跚学步图片的引导。整堂课，学生轻松又积极思考。其二，目标集中，教学过程风行水上。整堂课，由"飞翔"生发开去，穿插了对学生语文素养的培养，尤其是关键词"飞翔""行者"等的起承转合安排，视频、朗诵、作文的裁剪，既诗意又集中，在40分钟内，完美地展现了"大语文"的观念，同时，也传递出了浓浓的语文味。语文教材在这里就只是个例子而已，达到了"教是为了不教"的目的。有一点值得商榷，古时"永嘉"指的是温州，永嘉学派归结于浙东学派，有必要提醒学生正确看待。

——浙江省台州市路桥中等职业技术学校　周　刚

★巧用地方文化，促进语文教学。这节课以2010年温州中考作文为线索，紧扣"行者"这一主题，分三部曲（我要飞翔，我爱永嘉，我爱语文）来展开，将"艺术""本土""语文"三者很自然地融合在一起，贴着学生，贴着语文，体现了浓厚的本土味和语文味。语文在永嘉这片热土上来了一次艺术的飞翔。教学超越了狭隘的教育内容，更具活力和开放性。

——浙江省瑞安中学　池　洁

🌿 | 名师点评 ///

语文课应当这样上

浙江师范大学教师教育学院　蔡　伟

听了肖培东老师的课，感触良多，正如有些教师感叹的那样：语文课原来可以这样上，语文课竟然可以这样上。但我还是要说一句：语文课应当这样上。这堂课给我的总的感觉就是"五味俱全"。

第一味是哲学味。长期以来语文教学关注知识与能力比较多，而关注学生的身心发展较少，即使在强调人文性的时候，也并没有把对学生人生境界的提升放在第一位。我们教会了学生阅读，教会了学生作文，却没有教会他们做人。而在肖老师的课堂上，学生完全摆脱了教育的受纳器的角色，学生不但能够获得人格的尊严，而且学会如何直面人生的坎坷。肖老师的这堂课你很难说是什么课型，它像阅读课又像写作课，更像口语交际教学课，但其教学的目标十分明确：帮助学生摆脱中考带来的阴影，在语文的天空里重新飞翔。而这个目标靠现行的教材是无法达成的，为此，肖老师采用了自编的教材。课堂中肖老师自始至终抓住"飞翔"一词大做文章。从对"飞翔"概念的理解，到对"飞翔"的表达，从对所写的中考题《做一个行者》的回顾，到引导学生"阅读"永嘉，描绘印象中的永嘉，再写永嘉。在整个课堂教学中，教师反复强调要让文字飞翔，就必须在内心插上一双隐形的翅膀。可以说，这是一堂语文课，但充满哲学情趣，这堂课能让学生变得聪明，变得勇敢，能够帮助他们在家乡的大地上行走，在家乡的天空中飞翔。

第二味是文化味。民族文化是一个民族能够屹立于民族之林的根本，离开了民族文化就可能失去民族的精神，民族的脊梁。然而如何在语文学习中奠定学生的文化底蕴，如何帮助学生提升文化素质，却一直没有得到应有的重视。肖培东老师在文化教育方面为我们提供了良好的样板。肖老师牢牢抓住永嘉文化，引导学生发现永嘉文化，理解永嘉文化，热爱永嘉文化，并从家乡的文化入手，帮助学生亲近文化，建立文化观念，将对文化的感受深深融入语文学习中。例如：他通过引导学生看图说话，在学生的心灵建立起"飞翔"文化；通过让学生观看永嘉地图，阅读孟浩然的诗歌，观看关于永嘉历史的视频，引导学生发现、理解并描绘永嘉文化；通过改写徐志摩的诗，"在楠溪江的柔波里，我甘心做一条水草"，引发学生对永嘉文化的热情。总之，在整个教学过程中，肖老师都在引导学生怀着对自然的亲近，对家乡的热爱，对文化的尊崇，对历史的敬畏，阅读永嘉……认识永嘉"山水文化""古村文化""耕读文化"。

第三味是情感味。肖培东老师的课深得情感派真传，其课堂教学用情之深，在现代语文教师中并不多见。这里不提他抑扬顿挫的语调，不提他眉飞色舞的神态，单说说他的课堂用语。一方面，他经常以"我亲爱的同学"来拉近师生间的距离；另一方面，他又以"原谅我触及你们的伤痛""你没有考上心目中的学校，但你考上了理想的学校，因为我想十一中可以还你一个理想"这样的语言打动学生，从而自然走进学生的心灵世界。当学生的回答显出些许亮点，他即以充满感情的语言加以褒奖。准备放弃努力的时候，他又以"你放弃了一个飞翔的梦想，同学不可以，飞翔是可以停滞的，但不能够放弃"这样情感化的语言加以鼓励。此外，在肖老师的课堂教学中出现大量的排比、对偶句式，例如"永嘉秀丽的风光，永嘉迷人的山水，在同学们眼里都是温柔的风景，在同学们眼里都是日新月异发展背后的动人故事"，使课堂时刻处于情感的张力中。

第四味是艺术味。语文教学是与艺术最为接近的一门课程，但在数学文化、物理文化、英语文化大张旗鼓的时候，语文教学的艺术性却在一点点地失去。而在肖老师的课堂里，每一个听课者都感受到了艺术的魅力。这种艺术既来源于教学的内容，也来自教学的形式。可以说，这堂课是以大量的艺术元素支撑起来的：诗一般优美的语言，表演性的动作神态，精巧的图片，优美的旋律，充满情趣的视频，无不让听课者的情绪飞扬，有时候我们几乎感觉不到自己是在听课，而是在品味、享受艺术。这种艺术味更重要的体现在"自由"的特色，肖老师的课既注重引导，更鼓励学生自由地发挥，尽情地想象。学生的发言哪怕很糟糕，他也不愠不火地引导，让每个学生都能获得成功的体验，这正是艺术的自由精神的表现。

第五味是语文味。语文味一直是某些人用以攻击语文教学人文性的利器，特别是一些刻意追求艺术化的语文教学，更容易因为忽略语言因素、架空文本而遭人诟病，甚至有人把艺术的追求攻击为花里胡哨。而肖老师的教学充分说明，艺术化的语文教学不但能充分激发学生的学习情绪和情趣，同样能帮助学生形成语感，提高语文素养。在这堂课里，肖老师虽然没有多少的语文知识教学，但学生所获得的语文信息，所培养的语文能力是一般的语文课堂所难以企及的，这样的语文课能够帮助学生获得听说写三种能力的综合发展，同时也提高了学生的读图能力和对诗歌的解读能力。

当然，这堂五味俱全的课中也略有一些不合味的成分，例如：有时候肖老师太过于帮助学生发言，甚至替学生立言，这固然能帮助学生"解围"，如能再多等几分钟则更有利于学生独立精神的发展；同时，肖老师也许是为追求课堂的氛围，也许是为强化学生拘谨中的放松，有引导学生"鼓掌"的痕迹，学生若能情不自禁地鼓掌，则更显课堂教学的流畅性。当然，瑕不掩瑜，如果我们的语文教师都能像肖老师那样追求创新、讲究艺术、尊重学生、激扬情感，那么，我们的语文就一定能成为最受学生欢迎的课程。

《一双手》

浅浅小语

栽树是手活。穴里的草根根、石块块得用手拣出来。保证苗苗不窝根，苗根得用手送进土里。栽一棵苗，手得往土里插三四次。那么，教语文呢？

——肖培东

课堂再现

执　　教：肖培东

点　　评：黄厚江

教学背景： 2014 年 11 月 19 日，江苏省常州市戚墅堰实验中学。

一、整体感知

师： 这篇课文，在北师大教材中是小学四年级学生学的，大家想想看，为什么小学四年级的文章要拿到初三来学？

生 1： 我想小学四年级学生可能读不太懂，不能完全明白这篇文章的意思，另外可能等我们长大了才能够理解它的意义，更好地保护森林。

师： 如果把你最后一句话去掉，我就更喜欢了。其实就是告诉我们"文章不厌百回读"，任何文章都会常教常读常新。那同学们，既然是小学四年级也可以阅读的文章，应该是看得很快的，文章不长，大家自由阅读，解决难读的字，然后从文章中找出一句话来概括一下文章所写的事情。

（教师出示 PPT，显示生字生词，辅助学生阅读，学生自由朗读。）

师：好了，谁来说说文章中哪一句话可以概括内容？

生 2：我去小兴安岭的乌马河林业局采访。

师：大家看他说的这句话在第几段？

生：第四段。

师：请大家画出来，读出这句话。

生（读）：我去小兴安岭的乌马河林业局采访。

师：感觉这句话还缺少什么？

生 2：采访的对象没有放进去，要采访张迎善同志。

师：这样，就清楚了。文章的主要内容就是"我去小兴安岭的乌马河林业局采访张迎善同志"。我，张迎善，中间架接的动词是"采访"。再把这句话重复一遍。

生：我去小兴安岭的乌马河林业局采访张迎善同志。

二、话中知人

师：你读过这篇课文后，课文里面最像采访情境的是哪一个地方？

生 3：我觉得是第十段。

师：你读出来。

生 3（读此段）：

"缠线做什么？"我问。

"治手裂。"张迎善说。

"手裂贴胶布涂手油多好？"

"栽树是手活。穴里的草根根、石块块得用手拣出来。保证苗苗不窝根，苗根得用手送进土里。栽一棵苗，手得往土里插三四次。胶布、手油不顶用。"

"你一天能栽多少棵树？"

"1000 多棵。"

师：同学们找到了没有？最像采访的就是这段，写的是两个人的采访对话。采访必须要进行语言交流，我们一起来读一读。

（生齐读）

师：接下来我请个同学跟我一起读一读，我是记者，你是张迎善。把"我说""张迎善说"去掉。开始。

（师、生4分角色朗读）

师：大家发现了没有，张迎善说话有怎样的特点？

生5：比较口语化。

师：还有没有？你发现他三次对答中说话有怎样的特点？

生6：比较简单。

师：简单？尤其是第几次比较简单？

生：第一次和第三次比较简单。

师：能不能把第二次也简洁一下呢？第二次可以简洁成哪句话？

生（齐说）：胶布、手油不顶用。

师：好，刚才我读的那个男同学再站起来一下，我们再对话，你的第二次回答就只用一句话。

"缠线做什么？"

"治手裂。"

"手裂贴胶布涂手油多好？"

"胶布、手油不顶用。"

"你一天能栽多少棵树？"

"1000多棵。"

师：你体会一下。为什么一个说话简单不喜多言的人，在回答"手裂贴胶布涂手油多好"时竟然要说得那么长？

（生4想说）

师：你先别说，大家也想想看呢。

生7：他对种树是非常喜爱的。

师：你把它读读看。

生7（读）：栽树是手活。穴里的草根根、石块块得用手拣出来。保证苗苗不窝根，苗根得用手送进土里。栽一棵苗，手得往土里插三四次。胶布、手油不顶用。

师：你觉得他想表达一种怎样的感情？

生7：对树苗的喜欢，热爱种树。

师：对栽树工作的喜欢，所以他说这事的时候，就抑制不住满心欢喜。哪些词上，你能读出这种欢喜？你再读读看。

生7（再读后回答）：有一些叠音词，特别有感觉，草根根、石块块、苗苗啦。

生8：简直就像对自己的孩子一样。

师：真的有这样的感觉，张迎善同志太爱自己的工作，爱种树了。所以，读的时候，快还是慢呢？

生：慢。

师：慢慢的，要充满感情，就像刚才那同学说的一样，像对自己的孩子一样。"草根根、石块块、苗苗、三四次"等这些词语都要读出他对这份工作的喜欢和热爱。生活话语很简单的张迎善，一说到他的本职工作的时候，充满了热情。好，同学们，我们一起来对话。看看我们能读出这个味道吗？

（师生再分角色朗读）

师：现在这个女同学你站起来，老师再和你对话其中一部分。

师：你一天能栽多少棵树？

生8：1000多棵！（不知不觉语调高昂自豪）

师：你一天能栽多少棵树？

生8：1000多棵！（语调依然高昂自豪，声音响亮）

师：多不多？

生：多。

师：是啊，1000多棵树，真是了不起啊。所以，你们在回答的时候，情不自禁地用了高的声调，应该是感叹的语气。那请问能不能将这句话的句号改成感叹号？

（生思考）

生：不能。

174

师：接下来我们试试看，女同学，老师再跟你对话，你把这三句话都改成感叹号，好不好？

"缠线做什么？"

"治手裂！"

"手裂贴胶布涂手油多好？"

"栽树是手活……胶布、手油不顶用！"

"你一天能栽多少棵树？"

"1000多棵！"

师：既然是热爱种树，又种出了那么多的树，文章中为什么不用感叹号？你来说。

生9：全部用高高的语气，有些显摆自己。

生10：显示出骄傲的感觉，他不是这样的人。

师：也就是说他把这件事情看得很平常。这段对话中我们就读出了一个朴实、勤劳、谦虚的张迎善。原来这里不多的对话，是能够反映出人的性格和品质的，大家要读出这种感觉，不夸张，不显摆，不矜持，又有对种树工作的深厚的感情强烈的爱，所以我们要贴着心读。

（师生齐读这部分，这次读得很到位）

三、为什么要写这双手

师：同学们，真棒，这是一篇采访的文章，采访的部分就写了这么一丁点，但是就这几句对白，就把张迎善的人物性格给闪烁出来了，他的精神世界也慢慢显现出来了，话不多，但足以照人，这就叫"以少胜多"。这样一篇文章为什么就写这么几句采访？作者的大部分语言都是写什么呢？我们再请一个同学朗读全文，大家来考虑一下作者写的什么？

（生11朗读全文）

师：文章大部分内容都在写什么？

生：手。

师：对，写手，其实从张迎善第二次回答里我们就可以感觉到"手"的力量。我们来集体朗读张迎善的第二段回答，圈出"手"。

生（读）：栽树是手活。穴里的草根根、石块块得用手拣出来。要保证苗苗不窝根，苗根得用手送进土里。栽一棵苗，手得往土里插三四次。胶布、手油不顶用。

师：手成为写作的聚焦点。老师要问的是，为什么作者的大部分笔墨要集中在这双手上？为什么作者要盯着这双手来写文章？

（学生思考）

生12：手，反映他工作的艰辛，虽然他没有用多的语言来表达艰苦。

师：简单概括这句话，就是——

生12：手反映出他工作的艰辛。

师：哪些句子看出他工作的艰辛？

生12："栽一棵苗，手得往土里插三四次。"这里的"一棵苗""三四次"可以看出来。

师："一棵苗"就要手"三四次"往土里插，读得很细，从数量上反映出他工作的艰辛。还有吗？

生13："这双手皮肤呈木色，纹络又深又粗，一道道黑土色。"手的描写，可以看出他工作很辛苦。

师："木色"，"黑土色"，这都是张迎善工作的颜色。我们集体朗读这句话，读出手中的艰辛的味道以及木土的颜色。

生（齐读）：这双手皮肤呈木色，纹络又深又粗，一道道黑土色。

师：所以这句话能反映其工作艰辛。还有哪个同学来说一下？

生14："掌面鼓皮样硬，老茧布满每个角落。手指特别粗大肥圆，一只手指头就像一根三节老甘蔗。"说明他的手做了很多种树的活儿。

师：有老茧不稀奇，稀奇的是老茧布满每个角落呢。圈出"每个"这个词。再看一下，手指头怎么会这么粗大肥圆呢？

生15：因为他要用这双手把洞穴中的草根、石块拣出来，要用手把苗根送进土里。时间长了，就磨损出来了。

生16：我似乎看到他天天都在种树，承受着很多摩擦。

师：想象得很好，也就是他每天要做这么多种树的事情，通过这些对手的描写，我们可以看出张迎善工作实在艰辛。我们把这些相关句子读一读，好好感受一下。

（师生集体朗读"这双手皮肤呈木色，纹络又深又粗，一道道黑土色""掌面鼓皮样硬，老茧布满每个角落。手指特别粗大肥圆，一只手指头就像一根三节老甘蔗"。）

师：还有没有其他地方写出了种树的艰辛？

生17：左手大拇指没有指甲。

师：左手这个大拇指为什么没有指甲？是原来就没有的吗？

生17：是长期的劳作，和石块和泥土磨来磨去。

师：长期的劳作，使得这个指甲磨掉了，而且长出指甲的地方，都变成了四条裂纹。手最能反映种树的艰辛，所以要集中在手上面写，还有吗？

生17：因为这只手给"我"留下很深的印象。

师：这点你在哪里看出来的？

生17：第一段，"我握过各种各样的手——老手、嫩手，黑手、白手，粗手、细手，但都未留下很深的印象"。

师：但都没有留下很深的印象，这是什么写法？

生17：对比，说明别的手都很平常，而他的手特别有印象。

师：再来说，为什么集中在手上写？

（学生思考）

生18：可以反映出这个人的形象。

师：怎样的形象？

生18：勤劳的形象。

师："形象"就只是"勤劳"吗？

生18：他很勤劳，也很朴实，不是为了工作而特意去做的。

师：还有吗？

生19：很有价值的手，这双手为整个国家做出了很大的贡献。

师：这是双创造奇迹的手，是做出贡献的手，哪里看出来？

生19：第十九段。"这双手已经栽树26万多棵，仅1981年至1985年就造林33垧。"这里可以读出他的贡献。

师：能不能把"已经"去掉？

生19：不能。

师：为什么？

生19："已经"说明他已经种了26万棵树，还要继续种下去。

师：很好，接下来老师要问哪个词了？

生20："仅"。

师：聪明，为什么老师会问这个词？

生20：说明张迎善种树时间很短，造林成果却很多。

师：报告文学要讲求真实性，"仅……就"写出了张迎善的手的贡献，所以读这句话的时候，这几个词要读出感情来。你读读看。

生20（读）：这双手已经栽树26万多棵，仅1981年至1985年就造林33垧。

师：一起来读一读。

生（齐读）：这双手已经栽树26万多棵，仅1981年至1985年就造林33垧。

师：还有吗？为什么要集中在这双手上来写？

生21：他是靠手劳动的，他的工作离不开手。

师：也就是手最能体现其职业特点、身份特点，还有吗？

生22：这双手让这位32岁的年轻林业工人，成为伊春林区最年轻的育林功臣，荣获全国"五一"劳动奖章。

师：也就是这双手给他带来了成就。这样我们就知道了，作者为什么要写这双手。手是张迎善身份职业特点的显示，手可以看出他工作的艰辛和人格的坚强，手创造了奇迹，做出了巨大的贡献，还有吗？

（学生沉默）

师：小学四年级学生能说的，我们说了，他们阅读的时候不能发现的，我们更要去发现。这双手里到底还有什么？我们一起来读第五段。

生（齐读）：我本能地想抽回手来，可是没有得逞。那只大手把我的手紧紧地裹住了。

师：这一段你能读出什么？

生23："紧紧"说明张迎善的力气很大，力气大是其职业需要。"裹"说明他的手很大。

师：我们能把"紧紧"去掉吗？

生23：不能，这样不能反映出他人很真诚。"紧紧"说明这人很热情。

师：手里面有性格特点，对吗？马上写下来，手中见性格。手和性格有关联。一起来读读这句话，读出温暖感，读出他待人的热情纯朴。

生（读）：我本能地想抽回手来，可是没有得逞。那只大手把我的手紧紧地裹住了。

师：原来手上面可以反映出人的性格特点，以此为例，再看看其他句子，哪些还能看出其性格特点？

（学生阅读思考）

生24：第七段，"很明显，为了这次见面、握手，他事先用肥皂把这双手认真地洗过了。"

师：你想读出哪个词的味儿？

生24："认真"。

师：说明什么？

生24：反映出他很细心。

师：他，林业工人，为什么要把手洗干净？

生24：出于对人的尊重。

师：手里有他对人的尊重，有他的礼貌。又多了一点新体会。还有吗？

生25：第十八段，"我的手火燎燎地痛，看看，红了。他的手仍呈木色。"我的手火辣辣地痛，他的手没有变化，说明他的手粗糙，老茧很多。他的手仍呈木色。

师：嗯，仍呈木色。没有变化，说明他怎样？

生25：很淡定。

师：这个人很淡定。有淡定，有热情，对人有礼貌，有真诚。还有没有？

生26：第十七段，"这真是我今生今世见到的第一号大手"，说明

179

手大。

师： 这很明显。

（学生继续思考寻找）

师： 第六段，"他松手了，我低头去察看他的一双手。翻过来看手心，掉过去看手背"，大家读读看，想一想。

（生读）

生27： 被作者反复看他的手，却一点不生气，很自然地给作者看，说明其性格很和善，很随和。

师： 一个初次见面的人如此看你的手，却任他翻来掉去地看，很随和。

师： 淡定、随和、热情、真诚、礼貌，当然还有坚韧。我们把文中有关手的描写的句子一起来读一读。

师生（读文中写手的句子）：

我握的是手吗？那简直是半截老松木！

我本能地想抽回手来，可是没有得逞。那只大手把我的手紧紧地裹住了。

他松手了，我低头去查看他的一双手。翻过手心来，掉过去看手背。

这双手皮肤呈木色，纹络又深又粗，一道道黑土色。很明显，为了这次见面、握手，他事先用肥皂把这双手认真地洗过了。

掌面鼓皮样硬，老茧布满每个角落。手指特别粗大肥圆，一只手指就像一根三节老甘蔗。

左手大拇指没有指甲，长过指甲的地方，刻着四条裂纹，形成上下两个"人"字，又黑又深。手指各个关节都缠着线，线染成了泥色。

我像丈量土地似的量起他的手来：长24厘米，宽10厘米，厚2.5厘米。这真是我今生今世见到的天下第一号大手。

他的手仍呈木色。

师： 这样我们来概括一下：原来这双手代表其职业身份，还能映射他的性格，还能照射出他美好的精神世界，这双手也能为他为我们创造出很多的成就。

180

四、手里的人生哲理和普遍意义

师：我们再来读读文章的结尾。"看着这双手，我仿佛看到了一山山翠绿的森林……"这篇文章结尾省略号后面本来还有这样一句话。

PPT 显示：

> 看着这双手，我仿佛看到了一山山翠绿的森林……从这双手上，我悟到了人生的哲理。我隐约悟到——

师：作者会隐约悟到什么呢？请同学们安安静静地在你的书上，写出你悟到的人生哲理，以你的解读，想一想。

（学生思考，写）

生 28：美并非在外表。

生 29：平凡生活中的坚持也能创造生活中的奇迹。

生 30：林业工人用手为社会创造了生机，他的勤劳为我们创造了很多价值。

生 31：人只有为国奉献才有真正的价值。

生 32：拥有一份职业，就必须坚持。

生 33：成功需要坚持。

生 34：手是人的脸。

师：真棒。你怎么悟到的呢？手是人的脸，也是人的心。所以作者就单写这双手。说得漂亮不如干得实在。我们看作者的原话是什么，"我隐约悟到：美是以丑为代价的。"我们把这两句话放在一起读一读。

生（读）：看着这双手，我仿佛看到了一山山翠绿的森林……我隐约悟到：美是以丑为代价的。

师："美是以丑为代价的"。你们也用自己的语言诠释了很好的人生哲理。所以，这双手最能显示其职业特点、成就与贡献，是其性格的流露，更能展现其美好的精神世界，也包含了朴素的人生哲理。

师：同学们，这样我们就知道了，文章第一段，为什么其他的手"都未留下很深的印象"，也更能理解第四段"那简直是半截老松木"的这双奇手，这里把手做了一个比喻，全文还有其他对手的比喻吗？

生35："老甘蔗"。

师：还有吗？

生36：把手比成"铁"。"这双手亏得是肉长的，若是铁铸的，怕也磨光、磨透了。"

师：这里有个悄悄的比喻在发生，这个句子很有味道，按照我们日常说法会怎么说？

生36：我们会说，这双手亏得是铁铸的，若是肉长的，怕也磨光、磨透了。

师：那文章这样写，说明什么？

生：他的手，肉比铁更厉害。

师：还有其他比喻吗？

生37：比喻成土地。第十七段，"我像丈量土地似的量起他的手来"。

师：一起来读一读。

（生读）

师：发现了没有，把手比成了木，手是铁，手还是土地。这些比喻都有什么特点？哎，这些都和林业工人的职业生活有直接的关系。作者在写作的时候是多么巧妙，难怪作者在结尾写出了这样一段话：看着这双手，我仿佛看到了一山山翠绿的森林……

师：有人说若是把最后一句话改成"看着这双双手"，可以更好地和"一山山"对应，你们觉得呢？

生38：不改更好，起强调作用。

生39：强调，张迎善为祖国付出了很多。

生40：这篇文章是为了突出张迎善，为了突出他的精神品质。如果写出"一双双"，就不是主要突出张迎善。而且，张迎善的手，也是其他人的手。

师：对，读书要做一个融合，要学会从这双手看到其他的手。这既是张迎善的手，也是其他林业工人的手，他们拥有共同的品质，这双手具有普遍的精神价值。文章中有写到其他林业工人吗？

生41：有，"林业局工会一位负责同志向我介绍说"。

师：这段话说的是什么？

生41：张迎善的成绩。

师：这段话如果按照我们平常的说法会怎么说？

生41（读）：张迎善同志已经栽树26万多棵，仅1981年至1985年就造林33垧，改造迹地林和次生林44.5垧。张迎善同志生产木材3300立方米，枝丫3500层积立方米。张迎善这位32岁的年轻林业工人，成为伊春林区最年轻的育林功臣，荣获全国"五一"劳动奖章。张迎善使小兴安岭上的西北岔河水，仿佛第一次变清了。这是一双创建绿色宝库的手。（很自豪很高扬）

师：你的介绍语言在竭力赞美，竭力地表达内心的崇敬。我们在读这段话的时候，都会把结尾改成"感叹号"，但是林业局的负责人还是说成"句号"，为什么？

生41：他们也一样平凡低调，默默奉献。

生42：他们也是这样的人。

师：不仅张迎善是这样的，其他平凡的林业工人也是这样的，正是他们平凡的心才创造出平凡又伟大的事情。这是所有奉献者的手，他们在各个行业托举了一座座高山。这是一双有建设者普遍意义的手。他们谦逊低调，可是我建议，我们去深情地赞美他们，在他们低调平淡的介绍中读出我们对他们的崇敬和赞美！我们站起来，把它读好。

师生（高昂地赞颂）：张迎善同志已经栽树26万多棵……这是一双创建绿色宝库的手！

师：最后一句再来深情地读好。

生（读）：这是一双创建绿色宝库的手！

师：文章最后一句"看着这双手，我仿佛看到了一山山翠绿的森林……"也是这篇文章写作方法的最文学的归纳，"以小见大""平中见奇"。记住这双手，回去也去想想，我们该有一双怎样的手。好，下课。

板书：一双手 —— 一山山：身份职业　成就贡献　性格特征

精神世界　人生哲理　普遍意义

以小见大　平中见奇

教学感言

★文章很短，典型的 20 世纪那个火热年代里的报告文学气质。那时的手，有信仰，有激情，有干劲，有力量，不畏艰辛，乐于奉献。那时的手，握着，就能感受到很多淳朴、温暖、信任和自豪。现在的手，精致又矜持，高雅又谨慎，只在手机上滑动，在电脑键盘上敲击，不敢扶跌倒的老人，不愿拉受伤的孩子。手随心动，一双手让我们读懂我们和世界。我读着文章，望着自己的手，想起崔健的歌。哦。不是我不明白，这世界变化太快！

★文章一读就明白，很直观浅白，教什么呢？这苏教版九年级上册的课文，竟然又是北师大版小学四年级下册的课文。像教小学生一样，这是一双怎么样的手？"平中见奇""小中见大"，我的目光落在课后练习题上。短文长教，浅文深教，关键在于教师从这双手中能读出什么。我试着从学生的角度去读这篇文章，读这双手。我觉得初三学生完全可以从这双手中读出诸如勤劳坚强、奉献忘我等内在品质和精神，读出这双平凡的手的伟大贡献和惊人成就。如果仅止于此，那么四年级的课堂也可以做到。语文教育，要真正着眼于语言的学习，"深奥些的地方，隐藏在字面背后的意义，他们就未必能够领会"（叶圣陶语），这样，教师首先要读出平中深藏的奇和小中潜伏的大来。这双手里还有什么？我一次次读。"那只大手把我的手紧紧地裹住了"，这"裹"不仅是指手大，更在说人的热情。"他的手仍呈木色"，这"仍"，我好像能看到他的心。还有"看着这双手，我仿佛看到了一山山翠绿的森林……"这省略号里有什么，我也要去想想。这样一想，文章内涵越来越丰富了。"有的文章自己读不出感觉，教学时肯定也找不到兴奋点。"钱梦龙老师说的真是个理。

★"看着这双手，我仿佛看到了一山山翠绿的森林……从这双手上，我悟到了人生的哲理。我隐约悟到：美是以丑为代价的。"教材文章是到了省略号就结束了，而原文后面竟然还有这样一句"隐约悟到"。太棒了！这双手里有哲理，而这哲理又是开放的！让学生通过这双手去思考朴素的人生哲理，这是一个多有趣的设计，它会让教学走向更深处。"碧波深处有珍奇"，珍奇只在读书中。

★"我去岭丘的乌马河林业局采访"。"采访"？这个词语电流般地击中我。我仔细读读文章的对话，三问三答，采访部分极其简短。这不多的话语里，究竟包含了什么呢？我一遍一遍地读，读句子，读感情，读性格，尤其那个"1000多棵"我更愿意用感叹号去表达！这个句号不简单！话就几句，贵在以少胜多；手很平常，但以小见大。从"采访"入，读出这个人；从"手"入，读深这篇文。全面透彻地去挖掘"手"中所蕴涵的内在品质和精神，去感受平淡中蕴涵着的神奇，去体悟细微处包孕着的博大，"小中见大，平中见奇"就不止是一句结论性的术语。"看着这双手，我看到了一山山翠绿的森林……"课文的最后一句话里，我看到了文章的写作手法，也看到语文教学的艺术魅力。

★我找到了"采访"的教学入口，却也会陷在那里。仿佛不在这个点上做出充分的发挥，我就不甘心转入下个环节。语文老师，多少有些固执，固执于自己的一点小聪明，陶醉于自己的一点小发现。想改也改不了，权当作一种迂吧。

——肖培东

现场声音

★切入巧。从采访语段入手，牵一发动全身，足见肖老师对文本解读之深。

★设问妙。设问环环相扣，逐层深入，这是基于深入解读文本的匠心独运。从一双手看到一个人，悟到人生哲理；从一个人上升了一群人，看到这双手的大众价值。肖老师把学生向深处引导，这也是给学生搭建精神成长的舞台。

★解读精。肖老师重视对话的语言特点，关注句式、关键词，甚至标点符号与语气语调，精妙转换教学方式，在研读、推敲、咀嚼中品出语言的韵味和表达的艺术。老师用自己深入的解读，独特的语文视野培养了学生的语文思维。

★真诚的态度开启智慧之门，巧牵妙引的一双手推开教学的窗。每次听肖老师的课，都是一次惊喜，一次振奋，一次提升！平中见奇，谢谢肖老师引领我们成长！

——云南省昆明市第三中学　杨　琼

★最绝的是在课堂即将结束时，肖老师让大家猜猜原本文章的结尾，作者的感悟是什么？竟然既不是"再平凡的工作也能创造价值"，也不是"用双手创造美好的生活"，而是"美竟然是以丑为代价的"这个意料之外、情理之中的点睛之笔。这既是作者对这篇新闻采访的独特总结，也是肖老师对这堂课的独特挖掘！"26万多棵树木、一山山翠绿的森林、小兴安岭上的西北岔河水由浑变清"，这些丰功伟绩的后面就是这双硕大的、变形的、伤痕累累的已经不像正常人手的手！对张迎善同志的这双手，除了关注，还应该有更多的关怀！

★我们上《一双手》，眼中只有一双手，而肖老师，他的眼里不仅只关注一双手！

——云南省昆明市第八中学　杨　丽

★培东的课就是"一双手"。培东在这篇貌似简单之至的文本中读出不简单，引领学生从"小学四年级学生"就可以读懂的文章中，爬梳剔抉，跳跃寻觅，找到了"初三年级学生"读什么的合适定位。一节课下来，学生有了从"一望而知"到"一望无知"，甚至"再望还是无知"的阅读体验，对"以小见大""平中见奇"的创作手法的体认，或许正是本节课的教学价值所在。

★但培东的课，又只是"一双手"，一双指向月亮的手，指向教学生"学语文"的一双手——即着意于精神，着力于文字。文本的浅显易懂，人物形象的高大，常把语文课拐向道德说教，培东是警惕的。他于平和冲淡中带着学生品读人物语言"简单"的特点，提示学生要读出这种感觉"不夸张，不显摆，不矜持，还有对种树工作的热爱"；玩味作者用语"已

186

经""仅""紧紧""一双双"以及文中的感叹号、句号的妙处，又从侧面咀嚼出人物淡定、随和、热情、真诚、礼貌、坚韧的性格，以及诸多人生哲理……一言以蔽之，抵达的路径是语言文字。

★再三回味培东的课，感性与理性，文字与精神，就这样浑然一体，点赞！

——江苏省常州市第二十四中学 梁增红

小处入手，平中见巧

江苏省苏州中学 黄厚江

肖培东老师教学《一双手》主要是抓住了文本"以小见大""平中见奇"的特点。套用肖培东老师的概括，我们以为他这节课的特点就是：小处入手，平中见巧。

培东老师这节课其实就做了两件事：一是读对话；二是读那双手。绝大多数老师教学本文，也都会如此。倘要从教学内容的选择和教学形式的设计上寻找培东老师这节课的特点和亮点，似乎并不容易。但我们又不得不承认，这是一节耐人寻味的好课，而这正是培东这节课的妙处所在。我们倘若细细品读，就不难发现这节课的妙处所在。

一是妙在教学过程的分层推进。

说一节课是条流水线，可能更多地体现了工业色彩，不是十分妥帖；说一节课是一条流动的小溪，可能更贴切些。但要让一节课流动起来，并不容易。有些课基本是原地踏步，有些课可能是在一个地方打圈圈，也有些课则是四处漫溢的水。我的共生教学强调课堂的结构应该是一棵不断成长的树。树也好，小溪也好，说的都是一个道理，课堂要能够不断推进。课堂教学怎么推进呢？培东老师"读对话"的部分是很成功的案例。

这个部分的教学过程有这样几个层次：

第一个层次是聚焦对话。老师的问题是：你读过这篇课文后，课文里面最像采访情境的是哪一个地方？学生很快就找到课文第十段。于是先指名一位同学读，接着是一起读。这个层次把学生的目光都聚焦到对话这部分内容。

第二个层次是分角色读。教师是记者，一位同学是张迎善，把"我说""张迎善说"去掉。读过之后讨论张迎善说话的特点。经过讨论，学生发现了张迎善说话比较口语化、比较简单的特点。这是后面深入讨论的基础，是个铺垫。

第三个层次是长短句比较读。这次是聚焦到一个句子。老师的问题是：能不能把第二次也简洁一下呢？即张迎善第二次回答记者问题的长句能不能改成短句。接着是把第二次回答的长句改为短句后，教师和刚才的那个男同学再分角色读，进行比较体会。

第四个层次是讨论。为什么一个说话简单、不喜多言的人，在回答"手裂贴胶布涂手油多好"时竟然要说得那么长？通过讨论读出他对种树是非常喜爱的，读出他对树苗的喜欢，读出他说到种树这事的时候，就抑制不住满心欢喜。

第五个层次是聚焦具体词语。老师的问题是：从哪些词上，你能读出这种喜欢？学生再读有关语句。教师指导学生要慢慢地读，要充满感情地读，要抓住"草根根、石块块、苗苗、三四次"等词语，读出他对这份工作的喜欢和热爱。

第六个层次是读出味道。老师的要求是：同学们一起来对话，读出生活话语很简单的张迎善，一说到他本职工作时的热情。齐读之后，请一位女同学和老师读对白，要把这三句回答的话读出感叹号的语气，思考这样读好不好。讨论：既然是热爱种树，又种出了那么多的树，文章中为什么不用感叹号？学生发现：全部用高高的语气，就有些显摆自己，显示出骄傲的感觉，而他不是这样的人。

最后教师小结：从这段对话中我们读出一个朴实、勤劳、谦虚的张迎善。原来这里不多的对话，是能够反映出人的性格和品质的，大家要读出这种感觉，不夸张、不显摆、不矜持，又有对种树工作的深厚的感情强烈的爱，所以我们要贴着心读。

一段对话，培东老师带着学生读出了丰富的层次，也读出了丰富的内涵，读出了人物说话的特点，读出了人物性格，也读出了文章的味道。而我们也经常看到很多课堂中出现"一读""二读""三读"，但还是显得单调单薄。什么原因呢？

培东老师的案例告诉我们，教学过程的推进，不是人为分为"一读""二读""三读"就能达到目的的，而应该做到这样几点：一要有集中的聚焦点。培东老师这里的聚焦点，就是从对话中读出人物的性格和品质，读出人物对种树工作的深厚的感情和强烈的爱，读出人物不夸张、不显摆、不矜持的性格特点。二是每个层次要有具体的要求。培东老师这里的几个层次，由读出说话简单的特点到说话简单为什么有一次用了长句，由长短句的不同读出丰富感受，再到聚焦叠词等词语的品读，由词语品读再到比较句号和感叹号的不同体会人物的内在特点。每个层次都有非常明确的具体要求。更重要的是每个层次的角度是变换的，每个层次的方法是变化的，每个层次的要求是不断提高的，而不是原地踏步或者在一个地方兜圈圈。

二是妙在教学活动的远处设问。

课堂提问的问题，讨论的人已经非常之多，相关的论文论著也并不少见。但对课堂提问的距离问题关注者并不很多，我们还没有见到专门论述。

同样一个问题，可以从不同角度问，可以用不同方式问，也可以从不同的距离问。比如讨论一篇小说的结尾，我们就可以提出这样的不同问题：这篇小说的结尾有什么特点？这样的结尾有什么效果？这样的结尾安排合理吗？显然三个问题便是越来越远的提问。至于哪一种提问是最合理的，则要根据具体的对象、具体的要求和具体的教学环境而定。

做了这样简要的说明之后，我们来看培东这节课的提问。前面说过，培东老师这节课就做了两件事：一是读对话；二是读那双手。读对话，主要是"读"；读一双手，则主要是讨论交流。而这部分的讨论主要就是抓住了一个问题。在结束了对话部分的品读之后，老师说：同学们，真棒，这是一篇采访的文章，采访的部分就写了这么一丁点，但是就这几句对白，就把张迎善的人物性格给闪烁出来了，他的精神世界也慢慢显现出来了，话不多，但足以照人，这就叫"以少胜多"。这样一篇文章为什么就写这么几句采访？作者的大部分语言都是写什么呢？我们再请一个同学朗读全文，大家来考虑一下作者写的什么？这个问题把学生的目光集中到一双手上之后，老师问：为什么作者的大部分笔墨要集中在这双手上？为什么作者要盯着这双手来写文章？学生的解读是迅速的，也是丰富的："手，反映他工作的艰辛"，"手的描写，可以看出他工作很辛苦"，"可以反映出这个人的形象"，"这双手为整个国家做出了很大的贡献"，"他是靠手劳动的，他的工作离不开手"，"这双手让这位 32 岁的年轻林业工人，成为伊春林区最年轻的育林功臣，荣获全国'五一'劳动奖章"。老师抓住同学们自己的阅读发现，引导他们去关注具体的语句，品读具体的语句。接着一起读第五段，从中读出人物为人真诚，待人热情，对人尊重，纯朴和善，淡定随和，认真细心的性格特点。最后师生一起读从文中抽取出来的写到手的句子，概括一双手表达的内涵：原来这双手代表其职业身份，还能映射他的性格，还能照射出他美好的精神世界。

现在我们换一个角度讨论问题：如果是我们教同样的内容会怎样提问呢？一般情况下我们会这么问：课文中哪些句子写到了手？由这些句子可以看出这双手有什么特点？由这双手我们可以看出人物什么性格？由这双手我们可以看出人物什么样的思想境界？两相比较，不难发现培东的提问效果更好。这个效果既指课堂教学给我们带来的审美感受，更指学生学习的效果。为什么会有这样不同的效果呢？因为我们通常的提问是按部就班，就近提问；而培东老师的提问是舍近求远，从远处入手。他直接问的是最后一个问题：为什么作者的大部分笔墨要集中在这双手上？为什么作者要盯着这双手来写文章？他直接问的是"为什么"，而我们问的都是"哪些""什么""什么样"。不难看出，我们这样的提问对学生阅读和思考的激发效果和引领作用就要差得多，而培东这样从远处提问，就更加具有学习张力和课堂张力，对学生阅读和思维的激发就具有了更好的效果，课堂也就更加具有活力。

当然，这并不是说所有问题都要从远处提问，更不是所有问题从远处提问效果就会更好。语文教学没有公式，古人说"运用之妙，存乎一心"，一切都要根据具体情况而定。就这篇课文，就这个具体的教学内容，培东的远处设问是巧妙的，效果也是显著的。

从前面的分析中，我们应该能够发现，这节课的所有教学活动都是从小处入手。第一个板块"整体感知"如此；第二个板块"话中知人"如此；第三个板块"为什么要写这双手"更是如此。这些都无须再一一列举具体内容进行论证。需要说明的是，培东这样的教学思路是从哪里来的呢？这些教学活动设计是从哪里来的呢？都是从文章的细处发现的，都是对文本细部的阅读玩味中发现的，用他自己的话说，都是"贴着心读"才会发现的。

《斑羚飞渡》

行走，贴着文字的大地。然后，你奔跑，你飞渡，朝向那一片灿烂。

我该是你的彩虹桥啊，一头连着厚实的文本，一头连着你思想的人生。

——肖培东

课堂再现

执　　教：肖培东

点　　评：王　君

教学背景：2014 年 5 月 29 日，四川省成都市树德实验中学。

（课前两分钟校长对肖培东老师做了介绍，对学生说"让我们期待他的课"）

一、整体把握

师：好，同学们，刚才校长说的最后一句话谁能把它重复一下，能记起来吗？听，也是很重要的一项语文能力。你们谁能想起刚才易校长说的话来？你说。

生 1：让我们一起走进肖老师的课堂。

生 2：不对，是这样说的，"让我们期待他的课"。

师：期待着他的课，是的。这一句话，我觉得咱们易校长还得再修补一下。课堂是谁的呀？是你们的还是我的？

生（齐）：我们的课堂。

师：对了，期待我们的课，你们，还有我。好，上课！《斑羚飞渡》，大家都已经读过了。几遍？哦，有说两遍的了。好，哪个同学可以说下这篇动物小说写了一件什么事？那个男同学，你来。

生3：我觉得是这样的，"我"和一群猎人捕猎，看到斑羚的时候，斑羚结队飞跃峡谷的事情。自愿牺牲同伴，让其他的斑羚踩在身上飞过去。

师：听明白了吗，同学们？他开头的每一句话是怎么说的？"我觉得是这样的，我和猎人……"这篇小说的主角是谁？

生（齐）：斑羚。

师：因此在阐述这个故事的时候，应该从谁的角度入题？用谁来做主语？对，是斑羚。是一只斑羚呢？还是一群斑羚？

生（齐声）：一群斑羚。

师：好，那就用"一群斑羚"开头，再把这个故事简要地说一遍，哪个同学来试试看。你来说。

生4：一群斑羚站在山崖上想跃过峡谷，然后它们自愿做出牺牲。

师：这一群斑羚都牺牲了吗？

生4：老斑羚牺牲了，小的斑羚活了下来。

师：你能再说一次吗？调整好你的说话节奏，想好了，再来一次。

生4：一群斑羚被猎人逼到山崖上，它们自愿做出牺牲，老斑羚牺牲了，小的斑羚活了下来。

师：有进步了。背景也交代出来了。这件事情，文章最后部分有一句话可以概括。大家快速地找找，看看哪个同学找得比较快？哦，有人举手了，再等等，好，你来。

生5：斑羚它们心甘情愿用生命为下一代开通一条生存的道路。

师：这句真精炼，尤其"心甘情愿""用生命"把很多的内容都写进去了，不错。那它们是怎样"用生命""心甘情愿"地去开通这条生存的道路的呢？

生5：在面临种群灭绝的关键时刻，斑羚群竟然能想出牺牲一半挽救另一半的办法来赢得种群的生存机会。

师："牺牲一半挽救另一半"，这句话我们一起读读。

生（读）：在面临种群灭绝的关键时刻，斑羚群竟然能想出牺牲一半挽救另一半的办法来赢得种群的生存机会。

师：这个"牺牲一半挽救另一半的方法"，小说作者给它取了一个很美的名称，叫什么？

生（齐声）：斑羚飞渡。

师：那我们就来看看《斑羚飞渡》中具体描写这次飞渡的文段。第八段、第九段和第十段。请一位同学来读第八段，其他的同学读第九段第十段，在读的过程中大家思考一下，这次飞渡你能找到哪些特征呢？这是一次怎么样的飞渡？哪个同学读，自愿的同学有吗？来，就你来读。

生6（读第八段）：随着镰刀头羊的那声吼叫，整个斑羚群迅速分成两拨；老年斑羚为一拨，年轻斑羚为一拨……这么一来，两拨斑羚的数量大致均匀了。

师：就在这时——

生（齐声读第九段第十段）：就在这时，我看见，从那拨老斑羚里走出一只公斑羚来……每一只年轻斑羚的成功飞渡，都意味着一只老年斑羚摔得粉身碎骨。

二、灿烂的飞渡

师：好，很有感情的朗读。现在同学们思考一下，抓住读过的这几个段落，再联系全文，想一想，这次的"斑羚飞渡"，是一次怎么样的飞渡？请你们把我这句话补充完整。填上形容词或者其他来表现这次飞渡的特征。你觉得《斑羚飞渡》是一次怎么样的飞渡。

PPT 显示：

斑羚飞渡，是一次_____的飞渡？

（学生思考）

生7：我认为，斑羚飞渡是一次惨烈的飞渡。

师：惨烈的飞渡，为什么？

生7：因为这一次斑羚飞渡牺牲了一半拯救了另一半。

师：你把课文中的原句找出来，同学们也来找找，"惨烈"的飞渡。

生7：斑羚群竟然能想出牺牲一半挽救另一半的办法来赢得种群的生存机会。

师：还是找到这一句了，说明这一句话给你印象深刻，那你觉得惨烈在何处？

生7："竟然""牺牲一半挽救另一半"。

师：好好地读出这句话里的惨烈意味，你读读。

生7（读）：斑羚群竟然能想出牺牲一半挽救另一半的办法来赢得种群的生存机会。（读出了惨烈的重音）

师：能不能从描写飞渡的句子中找出惨烈，这次飞渡是一次惨烈的飞渡。哪个同学来说说？来，你来。

生8：突然，一个我做梦都无法想象的镜头出现了，老斑羚凭着娴熟的跳跃技巧，在半大斑羚从最高点往下降落的瞬间，身体出现在半大斑羚的蹄下……（照读课文）

师：来，看一下，从惨烈的地方看看，最明显的一个句子是什么？不要把它全读出来，找出最明显的几个句子看看。你来说说看。

生9："而老斑羚就像燃料已输送完了的火箭残壳，自动脱离宇宙飞船，不，比火箭残壳更悲惨，在半大斑羚的猛力踢蹬下，像只突然断翅的鸟笔直坠落下去。"这里用比喻的手法写出了老斑羚的坠落，死亡很惨烈。

师："像只突然断翅的鸟笔直坠落下去"，读读这只断翅的鸟的死亡瞬间。

（生读）

师：一只斑羚的成功飞渡就意味着一只老斑羚——

生（齐声）：牺牲。

师：所以，飞渡是很惨烈的。那么读这惨烈的文字是读得快还是读得慢呢？

生（齐声）：慢，沉重些。

师：越惨烈就越沉重，想象那坠落的瞬间，我们就应该要慢下来读，来，我们一起来读读。

生（齐声）：而老斑羚就像燃料已输送完了的火箭残壳，自动脱离宇宙飞船，不，比火箭残壳更悲惨，在半大斑羚的猛力踢蹬下，像只突然断翅的鸟笔直坠落下去。（语速减慢，语调沉重悲痛）

师：一次惨烈的飞渡。还有人填吗？这是一次怎么样的飞渡？来，你来说：

生10：我觉得，这是一次拯救种族生存的飞渡。

师：这是一次拯救种族生存的飞渡，来，你从哪里看出来的？

生10：我也是从第十四自然段看出来的。"斑羚群竟然能想出牺牲一半拯救另一半的办法来赢得种群生存的机会。"

师：看来这个句子很值得咀嚼。我们背诵一下这个句子，如何？斑羚群——

生（背诵）：斑羚群竟然能想出牺牲一半挽救另一半的办法来赢得种群的生存机会。

师：这是一次赢得了种群生存的飞渡，那么大家想想看，在这个同学找的句子里，哪个词最能体现这层意味？

生："赢得"。

师：呵呵，太明显了，阅读要善于发现隐蔽起来的东西。

生11："竟然能想出"。

师：哎，很好了。这其中，你们觉得哪个词最有味道？

生（齐声）："竟然"。

师：这个"竟然"说明什么呢？哪个同学来说说看？来，你来说。

生12：斑羚很聪明，能想出这样意想不到的方法来。

生13：它们很机智，在生死关头想到了很难想到的方法。

生14：斑羚很果断，它们很勇敢，对牺牲一点都不畏惧。

师：所以，这一句既体现了前面同学说的飞渡的惨烈，又写出了斑羚的智慧和英勇，包含了很强烈也很复杂的感情。我们要好好地读读。自由朗读这一句。

（学生自由朗读）

师： 那么这个意想不到，说明这又是一次怎样的飞渡，它们竟然能够想出——

生（齐声）： 出乎意料的飞渡。

生15： 无奈的飞渡。

师： 同时，生死关头的一瞬间想出来的，这是什么样的飞渡呢？

生16： 是很机智的飞渡。

师： 好了，又有新词语可以填空了。飞渡，机智的飞渡，无奈的飞渡，赢得种群生存的飞渡，还有没有？斑羚飞渡，这是一次怎样的飞渡？我要找不举手的孩子们，你吧。

生17： 这是一次……（回答不上来）

师： 不急，书上是有词语提示的，当然也要你想出来。课前自己阅读的时候，你们就得想想这是一次怎样的飞渡。来，老师给你做个提示，从感情色彩上想一想，也可以从技术特点上想一想，或者从组织程序、精神意义上想一想，这是一次怎样的飞渡？

PPT 显示：

　　斑羚飞渡，是一次_____的飞渡？（感情色彩　技术特点　组　织程序　精神意义）

（学生思考）

生18： 这是一次有技术性的飞渡。

师： 这是一次有技术性的飞渡，来，我们来看看技术性的飞渡，我觉得很好，表现在什么地方？

生18： 突然，半大的斑羚朝前飞奔起来，差不多同时，老斑羚也扬蹄快速助跑，半大的斑羚跑到悬崖边缘，纵身一跃，朝山涧对面跳去……（照读课文，语速很快）

师： 不是只有快速就完成了这部分朗读的，"突然"，是要有快速的启动感的，但有些动作要拿捏准语调语气，一味读快了就啥都找不到了。还有哪些句子写出了飞渡的高超技术呢？

生19：老斑羚凭着娴熟的跳跃技巧，在半大斑羚从最高点往下降落的瞬间，身体出现在半大斑羚的蹄下。老斑羚的跳跃能力显然要比半大斑羚略胜一筹，当它的身体出现在半大斑羚蹄下时，刚好处在跳跃弧线的最高点。（读得很有表现力）

师：这部分朗读读出了惊心动魄，有进步。那么，同学们能找出最能体现飞渡高超技术的关键词吗？

生20：娴熟的跳跃技巧。

师：好，那你知道娴熟体现在什么地方吗？

生20：在半大斑羚从最高点往下降落的瞬间，身体出现在半大斑羚的蹄下。

师：哪个词最有技术感？你刚刚读过的句子里面。

生20："最高点"。

师：嗯，"最高点"，要拿捏到位，不容易啊。还有呢？

生20："瞬间"，说明时间很短暂，把握得要很精准。

师：对了，这些词上要注意体会，还有吗？

生20：当它的身体出现在半大斑羚蹄下时，刚好处在跳跃弧线的最高点。这里的"刚好"也能说明飞渡技巧高。

师：很有进步，我们一起来读读这个句子，再细细感受一下。

（学生读）

师：当然，要切实感受斑羚飞渡中跳跃的精准性，我们还要从什么词性的词上来揣摩。什么词？哎，动词，就是斑羚飞渡的动作。我们一起来看看，"斑羚飞渡"中的相关动作描写，作者使用了哪些动词？一起来，读读并填空。

PPT 显示：

1. 一老一少走到了伤心崖，_____了几步，突然，半大的斑羚朝前_____起来，差不多同时，老斑羚也快速_____，半大的斑羚_____到悬崖边缘，纵身一_____，朝山涧对面_____去；老斑羚紧跟半大斑羚后面，头一_____，也从悬崖上_____出去。

2. 半大斑羚的四只蹄子在老斑羚宽阔结实的背上猛_____了一下，就像_____在一块跳板上，它在空中再度_____，下坠的身体奇迹般地再度_____。而老斑羚……像只突然断翅的鸟笔直_____下去。……瞬间，只见半大斑羚轻巧地落在了对面山峰上。

（学生不看课文对着 PPT 填动词，然后朗读，体会动词之准确）

师：这是一次很有技术含量的飞渡，在小说的描写当中主要落在了动词上。这位同学说得很好，有技术含量，这种发现就是阅读的真发现，给他鼓鼓掌好不好？（掌声）

师：还有没有其他答案？这次飞渡，它是一次怎样的飞渡？我又要找不举手的孩子了，哈，这个同学把手举起来又缩回去了，来，你来。

生 21：一次惊险的飞渡。

师：惊险的飞渡，惊险在什么地方？

生 21："一对对斑羚凌空跃起，在山洞上空画出一道道令人眼花缭乱的弧线，每一只年轻斑羚的成功飞渡，都意味着有一只老年斑羚摔得粉身碎骨"，这里的"摔得粉身碎骨"就很悲惨。

师：我注意到，你读了以后换成了"悲惨"，确实，如果说"令人眼花缭乱"是惊险，那么"摔得粉身碎骨"就绝不是惊险可以形容的了。很悲惨。我们大家来读读。"紧接着，一对对斑羚"，预备起——

生（齐声读）：紧接着，一对对斑羚凌空跃起，在山洞上空画出一道道令人眼花缭乱的弧线，每一只年轻斑羚的成功飞渡，都意味着有一只老年斑羚摔得粉身碎骨。（读到"粉身碎骨"的时候，感情很真挚沉痛）

师：你们读了这段以后，能不能把刚才这位同学说的"悲惨"一词改一改，换成更能说明这次飞渡特质的词？

生 22：悲壮。

师：一字之差，你来说，为什么用"悲壮"？

生 22：老年斑羚要牺牲自己的性命才能使它们飞跃过去，这是一件可歌可泣的事情。很伟大。

师：听到了吗？如果只是惨死、悲惨，就意味着这次飞渡仅仅只是悲

199

剧和泪水。但是用了悲壮，这个悲剧就有了更深刻的意义。这是一次关乎种群生存、关乎生命的拯救和延续的一次飞渡。所以，这更是一次什么样的飞渡？嗯，悲壮的飞渡。谁还能继续说？这是一次怎样的飞渡？你说。

生23：我觉得应该是团结的飞渡。

师：团结的飞渡，哪里可以看出来？

生23：第九自然段，"突然，半大的斑羚朝前飞奔起来，差不多同时，老斑羚也扬蹄快速助跑，半大的斑羚跑到悬崖边缘，纵身一跃，朝山涧对面跳去"，还有后面的飞渡配合都是的。

师：好，"跳跃的时间稍分先后，跳跃的幅度也略有差异"，配合很好，所以这是团结的飞渡。你说的其实是一只老斑羚和一只小斑羚之间的团结。那有没有写群体团结以及配合好的呢？

生24：在第八自然段第一句，"随着镰刀头羊的那声吼叫，整个斑羚群迅速分成两拨，老年斑羚为一拨，年轻斑羚为一拨"。

师：好，哪个词？

生24："迅速"，动作很快。

师：迅速分成了两拨，很有团队精神。还有没有？你自己找。

生24："有几只中年公斑羚跟随着镰刀头羊，也自动从年轻斑羚那拨里走出来，归进老年斑羚的队伍。"这里也可以看出。

师：对，在老小斑羚数不对等的情况下，有斑羚做出了牺牲。哪个词写出了这种团结？

生24："自动"。很自觉的，不犹豫。

师："自动"，同学们找到没有？一起来读一读这个句子。

生（齐声）：有几只中年公斑羚跟随着镰刀头羊，也自动从年轻斑羚那拨里走出来，归进老年斑羚的队伍。

师：所以，一个"迅速"，一个"自动"，这两个词都说明它们很团结，很有序，敢于牺牲。还有没有其他的形容？好，这位同学你来说。

生25：我觉得这一次飞渡应该是超越了人类智慧的飞渡。

师：超越了人类智慧的飞渡，哪里看出？

生25：大家看第十五自然段，"我看得目瞪口呆，所有的猎人都看得目瞪口呆，连狗也惊讶地张大嘴，长长的舌头拖出嘴外，停止了吠叫"。

师：你知道这是什么描写？

生25：神态描写。

师：神态描写，写狗的神态，写人的神态，对斑羚来说这还是侧面描写。确实，飞渡，超越了这些人的想法，说得很好。还有没有？这是一次怎样的飞渡？你来。

生26：我认为这是一次令人感动的飞渡。

师：你觉得最让你感动的是什么地方？

生26：第十一自然段，作者很感动，"但让我震惊的是，从头至尾，没有一只老斑羚为自己调换位置"。（充满感动）

师：大家看到没有？读出这些，读出这种令人感动的震惊。全体同学一起来读，读好这个句子。

生（齐声）：但让我震惊的是，从头至尾，没有一只老斑羚为自己调换位置。（深情朗读）

师："没有一只"，要把这句话中的"一只"读好。同学们再来读一遍，预备起。

生（齐声）：但让我震惊的是，从头至尾，没有一只老斑羚为自己调换位置。（深情、充满敬意地朗读）

师：注意了同学们，这里的"我"，是不是作者本人呢？不是，因为这是一篇小说。所以，是说"我"感动，而不是说作者感动，但是作者一定也像你们一样为这个场景感动，读得好才是真感动。这还是一次怎样的飞渡？来，你再来说。说的时候，要有感情地读出相关句子。

生27：这是一次伟大的飞渡。"它们心甘情愿用生命为下一代开通一条生存的道路。"

师：用生命拯救生命的飞渡，这次飞渡非常有意义，因此，又是一次很有生命意义的伟大的飞渡。再给三次机会，谁还能说，这是一次怎样的飞渡？重复的就不说了，要想出不一样的角度来。

生28：我觉得是一次高傲的坚定的飞渡。最后部分，"只见它迈着坚定的步伐，走向那道绚丽的彩虹"。

师：为什么是高傲的？

生 28：它宁死不屈，很坚定，最后选择了死亡。

师：所以这又是一次有尊严的飞渡。还有谁来说？

生 29：这是一次奇观的飞渡。"走向那道绚丽的彩虹。弯弯的彩虹一头连着伤心崖，一头连着对岸的山峰，像一座美丽的桥"。

师：所以就是一次奇观的飞渡？奇观能做形容词吗？

生 29（不好意思）：不能，壮丽的飞渡。

师：好，最后一次。你来。

生 30：我认为这是一次勇敢又令人震惊的飞渡，从最后两个"我没想到"可以看出来。"我没想到，在面临种群灭绝的关键时刻，斑羚群竟然能想出牺牲一半挽救另一半的办法来赢得种群的生存机会。我更没想到，老斑羚们会那么从容地走向死亡。"（读得有感情）

师：同学们一起读读。想想，两个"没想到"的内容能否换位，"我没想到，在面临种群灭绝的关键时刻，老斑羚们会那么从容地走向死亡。我更没想到，斑羚群竟然能想出牺牲一半挽救另一半的办法来赢得种群的生存机会。"

（学生思考讨论）

生 31：不能，"更"程度更深。

生 32：不能，"从容"体现了老斑羚们的精神，它们很勇敢。

师：前者想出办法，是智慧。后者实践飞渡，从容牺牲，是精神。读的时候，要读出赞叹，读出"更"字的味道来。

（生有感情地朗读）

师：我们小结一下我们刚才的回答。斑羚飞渡，这是一次怎么样的飞渡呢？你们思考的和老师读出来的竟然如此相近。甚至你们还想出了老师没有想到的，真好。

PPT 显示：

无奈的	残酷的	悲壮的	智慧的	精确的
勇敢的	坚定的	宁死不屈的	充满牺牲精神的	
有尊严的	高傲的	从容的	快速的	

团结有序的　自觉的　生命传承的

……

师：如果我们真要用一个词语来形容这次飞渡，我们该用哪个词呢？我们一起来看课文最后一部分，一起来读一遍。

生（齐读）：最后伤心岸上只剩下那只成功地指挥了这群斑羚集体飞渡的镰刀头羊……它走了上去，消失在一片灿烂中。

师：结尾部分就有我们要寻找的这个词，只用一个词来给它做总结，这是一次怎样的飞渡？

生（齐声）：灿烂。

师：绚丽，美丽，尽在"灿烂"间。灿烂的飞渡。灿烂表现在悲壮上，灿烂显示在生命的意义上，灿烂，有一份尊严，有一份骄傲，有一份果敢，灿烂，在牺牲中赢得了种群生存的机会。因此，我们说这是一次什么样的飞渡？

生（齐声）：灿烂的飞渡。

三、灿烂的背后

师：同学们，这"灿烂"在文章当中是指什么呢？

（学生思考）

生33：灿烂的彩虹。

师：最初的灿烂在哪儿呢？第几段？

生33：第五段。

师：同学找到了，好，我们请全部的女同学轻轻地读出这片灿烂。

女生（读）：这时，被雨洗得一尘不染的天空突然出现一道彩虹，一头连着伤心崖，另一头飞越山涧，连着对面那座山峰，就像突然间架起了一座美丽的天桥。（声音清新美丽）

师：好，灿烂在文章当中指的是一座桥。看看最后部分，男同学读读"这片灿烂"。

男生（读）：只见它迈着坚定的步伐，走向那道绚丽的彩虹。弯弯的

彩虹一头连着伤心崖，一头连着对岸的山峰，像一座美丽的桥。它走了上去，消失在一片灿烂中。（声音浑厚沉郁）

师：镰刀头羊走向了这片灿烂，留给我们一个远去的背影。那么，凝望这片"灿烂"，拨开这片"灿烂"，从那片"灿烂"里我们能看到什么呢？想一想，在这片灿烂里你们能看到什么？别急着举手，好好想想。

生 34：应该是镰刀头羊的一种精神，一种伟大的精神，它的智慧。

师：是什么精神呢？什么智慧呢？

生 35：为了集体而敢于牺牲自己的精神。

生 36：生死关头能想出飞渡的办法。

师：敢于牺牲的精神，伟大的智慧。还有没有？在这片灿烂里我们还能看到什么？你来说。

生 37：团结的精神。

师：嗯，团结的精神。

生 38：对种族不舍的那种精神。

师：对种族不舍的那种精神。这些精神其实就体现在我们先前对飞渡的理解中。拨开这片灿烂，我们看到一种精神，一种生存的智慧。还能看到些什么？

（学生陷入思考）

师：联系全文来看，抓住那个背影，想一想，灿烂在对面，我们还能读出些什么？来，你来说。

生 39：对人的残酷无情的控诉。

师：对猎人暴行的控诉？小说中，我们读出了猎人的什么？你来说。

生 40：猎人的无情，残暴。

生 41：为私利而杀害这些动物。

师：无情，残暴，自私，贪婪。是这意思吧。所以同学们，那片灿烂里，既有斑羚的伟大，又显示着猎人的渺小。再看小说是怎么写出这些狩猎人的残酷的？你能找到吗？

生 42：第一段里，"我们狩猎队分成好几个小组，在猎狗的帮助下，把七八十只斑羚逼到戛洛山的伤心崖上"。

师：哪个词最能体现？

生（齐声）："逼"。

师：逼迫，斑羚伟大的生命意义的对面，是狩猎者的精神的无限渺小和丑陋。

（有学生举手）

生43：老师，我觉得这样飞渡也很自私。

师（惊讶）：为什么？

生43：为什么都是老斑羚去给小斑羚做出牺牲，却没有一只年轻的斑羚去为老斑羚付出呢？（掌声）

师：很有道理，那你若是沈石溪，会怎么写？

生43：所有的斑羚纷纷争着去牺牲，不分老的小的，我会这样写。（掌声）

师：我为你鼓掌，这是把书读到了自己的心里去了。是的，在死亡面前，生命无所谓老少大小，生命是平等的，从来就没有规定必须老的为小的做出牺牲，这样的道德绑架其实是不公平的。我同意你的改写，你让小说的境界更高了一层。（掌声）

PPT 显示：

> 灿烂——一道弯弯的彩虹　　美好的理想世界
> 悲壮的身影　　　　　　　　生命的尊严和意义
> 残酷竞争下生存之道行为与精神的闪光
> 轻蔑？嘲讽？我们的"小"
> 愧疚，洗礼，反思……

师：我们知道，这是一篇动物小说，小说的猎人，小说中的斑羚都只是符号，他们不一定就是人和动物，但他们身上一定有我们这个社会的某种情绪。这片灿烂，其实代表着美好的、理想的世界，我们看到斑羚悲壮的身影，看到了生命的尊严和价值，也看到残酷竞争下的生存之道。同时，我们还应读出我们应有的反思，斑羚用尊严的背影给我们上了一课，我们应该在这片灿烂里接受精神的洗礼。桥是用来渡人的，可是，我们却慢慢失去了我们心灵走向洁净、走向崇高的桥。这些，都有待于我们慢慢领略了。一起来读读文章的最后一句话，预备起。

生（齐声）：它走了上去，消失在一片灿烂中。

师：你们觉得能够读出什么样的味道来？你说。

生44：有一种惭愧、内疚。

生45：羞愧的味道。

师：还有吗？你来说。

生46：我觉得，这句话还有一种很感动的感觉。

师：很感动，良知的回归，你来说。

生47：良知受到谴责，很震撼。

生48：我读出了一种感动一种悲壮。

师：各种情绪，都在这一句。最后一句话，除了这个灿烂以外，我们还可以抓一个动词，"消失"。灿烂，是不应该消失的。如果曾经消失的话，就让我们重新找回。那悲怆的咩声，那灿烂的飞渡，是否能让我们如梦初醒？是否能让我们找回我们的精神之桥？最后让老师和你们一起再来读一读这句话，预备起。

师生：它走了上去，消失在一片灿烂中。

板书：灿烂

　　　斑羚——飞渡

教学感言

★"常常会有小朋友问我：'管阿姨，你认不认识沈石溪？'我一说：'认识。'小朋友立刻对我投以羡慕和佩服的眼光，然后兴致勃勃地跟我讨论起沈石溪这一本和那一本的作品。"我不知道儿童文学作家管家琪说这段话的时候有没有忧伤又甜蜜的妒忌。呵呵，我是有的。儿子经常靠在我身上读着沈石溪。我觉得，儿子懂沈石溪比懂我更多，更主动。

★"这是当下时髦而虚伪的语文课，真的假语文。"自从读了王旭明先生对一堂《斑羚飞渡》公开课的炮轰词后，每教此文，我都觉得有这么一道犀利苛刻的目光在穿透我的课堂，很有些不自然。"老师无节制放纵情感，什么老羚羊的无私奉献呀，勇敢付出呀，伟大与崇高谱写动人之歌云云，在音乐和画面的烘托下，闹极。"哎呦，无私奉献，勇敢付出，伟大崇高，我的课堂不也有吗？立足语言品味"斑羚飞渡"，在"牺牲一半挽救一半"的大智大勇中感受悲壮与崇高，没有情感的萦绕这堂课又必然是苍白干枯的。"无节制放纵"，王先生的"刻薄"基于此！语文老师首先是感性的，他要在文字中引导学生走进精神情感的天地，感受作品的人文思想。但语文老师还必须是理性的，"语文课应先以语言文字为主，其他为辅"。对王先生的批评之词，我们不必太较真，但也要对自己的教学有所反思。教语文难，最难在越过我们固留在心底的那点尊严。"飞渡"，不飞怎渡！

　　★小说，动物小说，我们不能完全用生活的真实去比照。沈石溪是这么说的："动物小说折射的是人类社会。动物所拥有的独特的生存方式和生存哲学，应该引起同样具有生物属性的人类思考和借鉴。可以这样说，我是为生命而写作。"动物小说中的动物都是作家理解中的动物，语文课的意义应该不在于斑羚飞渡的真假性上的辩驳，而是要透过作家这样一种独特的创作去体悟文字里沉甸甸的人性思索。曹文轩曾说过："动物小说……显示了人类无论是在潜意识之中还是在清醒的意识之中，都未完全失去对人类以外的世界的注意与重视。那些有声有色的、富有感情、情趣与美感，甚至让人惊心动魄的文字，既显示了人类依然保存着的一份天性，又帮助人类固定住了人本是自然之子，是大千世界中的一员，并且是无特权的一员的记忆。"《斑羚飞渡》，浮华时代，让我们找回自己！

　　★"斑羚飞渡，一次_____的飞渡？"这个问题不算新颖，但难在开发和引导上。要想把这个主问题发挥到淋漓尽致，教师就要对这次飞渡尽可能多地进行不同角度的阐释。从情感色彩，从飞渡意义，这是很多学生最初的思考角度，那么，从组织过程来看，从技术含量来看，是不是还有很多可以挖掘的呢？最重要的是，要言之有据，不能脱离文本语言。我最欣赏那个男孩的发言："为什么死亡的必须是老斑羚？"是啊，生命是平等的，生命是等值的，所有的老斑羚都是自觉牺牲，那为什么没有一只小斑羚主动站出来？这里是不是还有私心？我们就那么心安理得地享受上一代人做出的牺牲？我在这句话面前羞愧了！我想起了我们年迈的父亲母亲。"那如果你来写这篇文章，你会怎么写？"感谢羞愧，更感谢你，给我顺势教学的灵感。有的时候，学生想得比我更深刻。

★ "灿烂"，这个词是这堂课的中轴词。它既总结了斑羚飞渡的特点，又引导学生走进文本的深层思考。它是一座彩虹桥。有老师问："如果学生一张口就说'灿烂飞渡'，你怎么办？"课堂上自然会出现这种现象，那也很高兴啊。问题不是为了问的，而是为了思考的，那就让大家比较比较，或者找出"灿烂"所在。教学中，问题的设置都应该是有弹性的，教师要预备好多种路径。即使这样，我还是常常会被学生弄得脊背冷飕飕的。教学，很刺激！

——肖培东

现场声音

★我很喜欢这堂课，喜欢这堂课上教师诠释的别样的飞渡！语文课，就是实实在在的课，要在语言文字中来来回回地行走。这是一次怎么样的飞渡？肖老师抓住了这样的一个主问题，大胆放手，学生可以畅所欲言，要求学生每说一个词，都要在文中找到依据，并对词句进行分析和朗读。教师自己没有多种情况的充分预设，教师自己没有丰厚的语文功底，教师自己没有完全融入课文词句，这堂课是不会让人如此震撼的！动物世界其实是人类社会的一种写真。我最难忘的还是那个孩子对小斑羚的批评。是啊，总是老斑羚给小斑羚生命的机会，我们这些小斑羚有没有想过生命都是平等的，在死亡面前，都是大护着小，为什么就没有小的会主动护着老的呢？多么严峻的社会问题，肖老师的顺势引导极为精彩。那一刻，我想到了母亲电话里的声音……

—— 湖南省汉寿县詹乐贫中学　鄢利群

★ "斑羚飞渡，这是一次_____的飞渡？""'它走了上去，消失在一片灿烂中'，拨开这片灿烂，你看到了什么?"整堂课，肖老师只有两个问题，就以简驭繁、以易克难、层进深入，精准地指向了教学目标，顺利地推动了教学进程。既保证了教学重点落到实处，又促进了学生对文章的整体把握，可谓简洁高效。提问精炼，又紧扣文本，直奔语言。所有"斑羚飞渡"的思考都要从文章中找到根据，并要求有声有色地读出来，还选取文中一段话，抽去动词，让学生填词朗读，推动学生品味文本用词尤其是动词的准确，真正做到了"贴着文本行走"。另外，老师对学生的评价给人印象深刻。包括《斑羚飞渡》在内，肖老师的课堂上，你总会发现有很多学生在肖老师或鼓励、或期待甚或是鞭策下，从不能开口到积极开口，从不能朗读到朗读得较好，成长是真实的。对某些学生来说，内心涌动的暖流或许让更大更持久的成长变得可以期待。

——浙江省青田中学　詹　鑫

　　★"这是一次_____的飞渡?"主问题犹如一把钥匙，激起了学生思维交流的兴趣。学生的答案精彩纷呈，肖老师都不是简单地点评正确与否，而是追问到文章细处。课堂上自始至终都有学生朗读课文的声音，教学始终贴着文本在行进，让学生感受文章词句的温度。肖老师抓住"灿烂"，去挖掘文本的内在意蕴是绝美的，这种绝美体现在文本学习基础上的跃升，体现在前面主问题对情感态度价值观的铺垫。"灿烂"原指彩虹，如果拨开这层灿烂，我们能找到什么?除了看到"精神和智慧"，还能看到什么?一个"逼"字尽显人的残忍，肖老师继续让学生探讨"灿烂"背后的反思。崇高与渺小，美丽与丑陋，故事与思考，一切尽在"灿烂"中，我真不知道肖老师是怎么发现"灿烂"这个词的!

——湖南省地质中学　刘超衡

培东课堂的"浅"与"深"

中国人民大学附属中学西山分校   王   君

培东曾撰文《我就想浅浅地教语文》，诗意地阐释自己的语文教学追求。最打动人心的一句是：浅浅的，不理会世界的喧嚣。我的语文身影茕茕独行。

他是这样说的，也是这么做的。

《斑羚飞渡》一课，是他的"代表课"之一，很能见其风格。

这一课，早在十几年前，我自己上过，也指导年轻老师上过。备课，备得殚精竭虑。课不惊人死不休，没有"非常创意"，不愿意上讲台。

比如轰轰烈烈地引入韩红的《天亮了》，还有贵州缆车事件，课堂上动情煽情，把学生搞得涕泗横流，教室里哭声一片。

比如引导学生指出"这是一个虚假的故事"，然后文本细读，寻找文中矛盾之处，荒唐之处，以此批判小说作者胡编滥造。于是课堂上讨伐之声一浪高过一浪，群情激昂，读无不摧，辩无不胜。

青年时代就是这样，把讲台当战场，把讲台当剧场，没有激情奔涌，没有血脉贲张，就觉得，这课，白上了。

而研读培东的《斑羚飞渡》，感觉到的是潺潺流水，是风轻气和，不煽情，也动情；不血腥，也深刻。

我问自己，培东是怎么做到的？

培东"浅"吗？似乎确实不"高深"。

这堂课的整体架构就显示出了培东的匠心。他大刀阔斧从中间切入，长文短教，把无比丰富的信息用一个问题进行了整合，课堂因此一开始就非常聚焦。这是一名成熟教师的选择。

在这个过程中，他具体做了什么呢？

他让学生概括故事情节。他让学生多角度评析"这是一次什么样的飞渡"。他引导学生思考"灿烂"的背后是什么以理解主题。在这期间，他指导学生以各种各样的方式咬文嚼字，朗读课文。

似乎就这些了。培东贴着文本和学生聊，贴着文本教学生读。不蔓不枝，不招不摇，不紧不慢。但就在这不紧不慢中，你觉得有一种熨帖感和舒适感在心中缓缓升起。你情不自禁地去回溯，去寻找这种熨帖感和舒适感来自何方。于是，你发现，培东教得低调，但教得精致，教得细腻，教得智慧，教得温情脉脉。

这精致，这细腻，这智慧，则是培东的"深"。

比如，培东教概括。细细捋起来，其中层次甚多。第一个层次，先是让学生自由说。学生说得不到位，培东点拨"要以小说的主角为主语"。第二个层次，学生把握了主角，但说得笼统，不准确，培东又点拨"再说一次，调整好说话节奏"。第三个层次，学生说明白了，但还不够精炼，培东继续伸出援手，请学生找出"文章最后部分的一句话"，因为这句话本身就"可以做出概括"。第四个层次，培东引导学生读关键句，再把这个关键句提炼为"斑羚飞渡"，不仅回到了文题，也为下一个阶段的学习做好了准备。

这是开课伊始的一个环节，没有噱头，直入文本，波澜不惊。但细细琢磨，曲折有致，整体把握就不用说了，可贵的是概括方法训练点拨到位，信息提取能力提高螺旋上升，有板有眼，看得见，摸得着，很扎实，很到位，很贴心。

比如，培东教多角度评析课文内容，他以"这是一次＿＿＿＿＿的飞渡"为抓手，引导学生立足关键句，环视全文，自主理解，创意表达。这个主问题设计不算新颖，见功力的是培东和学生的对话。他不断激发学生有新想法新创造，其中有一个小环节让我咂摸再三，深以为妙。培东敏锐察觉一个孩子"不说话""举起手来又放下"，于是坚决请这个孩子发言。孩子说"这是一次惊险的飞渡"。培东追问"惊险在何处"，孩子解释说"……摔得粉身碎骨就很悲惨"。培东立马扣住孩子发言中的"悲惨"，追问："我注意到，你把'惊险'换成了'悲惨'。确实，如果说'令人眼花缭乱'是惊险，那么'摔得粉身碎骨'就绝不是惊险可以形容了。很悲

211

惨。我们大家来读读……"学生读得很真挚沉痛，培东再一次追问："你们读了这段以后，能不能把刚才这位同学说的'悲惨'一词改一改，换成更能说明这次飞渡特质的词？"学生回答"悲壮"。培东继而引导学生体会"悲惨"和"悲壮"的区别。

如今听课，我越来越从欣赏课堂的整体设计转移到鉴赏学习这样的对话细节上。这应该是一个即时生成的教学片段。培东对学生的点拨，真如知时节之好雨，当春乃发生，很平和，很温润，课堂的节奏因之而舒缓，学生于不知不觉之间进行了词语感情色彩的训练，对文本的理解也自然加深了。这种既是技能层面，又是情感层面，感性和理性交织得极好的课堂片段在培东的课中比比皆是。培东在文学课堂上教知识教得实，练能力练得巧，情感熏陶从不凌空蹈虚。他的课堂安安静静，却实实在在。

又如，培东最让人叫绝的是他的朗读教学。听培东的课，我常常感动于他的执着——他几乎不用其他外在于语言的方式，而只用朗读这种再现语言的方式来支撑课堂，推进课堂。他的朗读教学无处不在，无处不美。在《斑羚飞渡》中，有分析定有朗读，有朗读定有指导。以读促析，或者以析助读，无读不成析，无读不成课。

其中最精妙的一处是对"它走了上去，消失在一片灿烂中"的朗读指导。这个句子是培东挖掘主题升华情感的抓手，他抓住"灿烂"一词，请女同学以"清新美丽"的声音轻轻地读出灿烂的彩虹之景，然后请男同学用"浑厚沉郁"的声音来演绎镰刀头羊的悲壮诀别。在引导学生对"灿烂"的含义进行了很充分的诠释之后，他又鼓励学生读出"惭愧、内疚、谴责、悲壮"等情怀，课堂在朗读中结束，余音袅袅，思绪绵绵，绕梁不去。

在对关键句的朗读中结课，这是极为俭省而又具实效的教法。学生没有离开文本，但又实现了立足文本的情感提升，水到渠成，自然而又实在。在培东的《那树》《皇帝的新装》《春酒》的教学中，各式结课朗读和其他各式朗读设计更是俯拾皆是，总见精神。记忆中他讲《那树》时，自己反复领读"绿着生，绿着死"，学生反复诵读树被砍伐的悲惨遭遇的句子，对比朗读情动会场，感人至深。记忆中培东总能抓住一个标点符号、一个虚词掀起诵读高潮，凭借诵读之船，驶向教学的瑰丽桃源。

简直可以这么说，培东的教学，是长在诵读之中的教学，很值得研究。

当然，我最感兴趣的是培东如何进行主题开掘。对新生代教师而言，这是比拼亮点的所在。培东的课，很少穿插其他材料，也几乎不拓展。我总觉得培东有一种课堂教学的"洁癖"，他容不得稍微的臃肿和杂乱，他很刻意地就要"用这个文本"来解决"这个文本"本身的问题。这可能来源于培东的一种直觉和自信：对优质文本而言，其文字本身就是开发不尽的宝藏。好老师，用足文本自身的资源即可，不必有外援。

这样的上法就如女子素颜出镜，无遮无挡，必见真容颜，真功夫。培东真是勇敢者！你看他上得多俭省多奇巧：上《斑羚飞渡》，他抓住"它走了上去，消失在一片灿烂中"做文章，扣"消失"和"灿烂"两个关键词解玄机。文本如庖丁解牛，内涵凸显，轰然动心。上《春酒》，他抓住结尾的"我该到哪里去找这样的家醅呢"努力开掘，扣"找"字而引出琦君的忧思愁怀，一词定音。上《皇帝的新装》，他让孩子们续写童话的结局，这并不新奇，新奇的是他突然反弹琵琶，巧妙改写百姓的传话，让孩子们思考恰当与否。这样小小的一个环节不离文本，然而又从文本中生长出来，真是让结课部分顿时摇曳多姿，风光旖旎。

总之，读培东的课，一个最深的感受就是，培东的"浅"，是真"浅"——当下热热闹闹的语文教坛，有意识或者潜意识地以深不可测的"深刻"为美，以漫无边际的"宽博"为美，以眼花缭乱的"丰富"为美，与此对比下，培东的课，确实不算"深"。

他的语文身影，确实算是"茕茕独行"。

谁敢像他，再艰深的文本的教学，也基本不引用，不拓展。他总是坚守文本本身。他的双脚执拗得很，顽固得很。他牢牢地"踩"在"这一篇"文本的土地上，不摇不晃，不偏不离。

谁敢像他，在课堂上坚持做最最基础的语文训练——听啊说啊读啊写啊。简简单单，清清爽爽，明明白白。哲学、美学、生命、道德……这些炫目招摇的东西，他的课堂上也会涉及，但占的比例很小很轻。

谁敢像他，只用最家常的教学方式——和学生一起或朗读或对话，咬文嚼字，说说议议。他的幻灯片常常简单到只有两三页。上边，也绝无发人深省的哲言名句，只是课文内容的梳理概括而已。他没有借外力的习惯。他只用最语文的方式来教语文，只在语文课上做最语文的事情。

培东的课，每一堂都像家常课：朴素、简约、理性、克制。

他对"深"，有自己的理解。中学老师，要在中学语文课堂上首先做好中学语文老师最应该做好的事。学情之上，才有自由；语文学科特质之上，才可挥洒。

化繁为简，化难为易，深入浅出的能力，亦是创新的能力。"浅"，不是浅薄，不是粗糙；"深"，不是繁难，不是艰深。由"深"到"浅"，是思想的更加清澈，内容的更加简约，形式的更加简洁，是繁华落尽见真纯，是循文本天性而研，不矫揉造作去卖弄；循学生天性而教，不拔苗助长地去催熟。这是培东在当前喧嚣的语文乱世中的学术自觉。他师承钱梦龙老先生，他铭记着老先生的叮嘱："在'创新'的口号喊得最响亮的时候，我回归常识性思维；在常识性思维支配一切的时候，我致力于创新。"

培东的课，亦如培东的人。由课窥人，人课合一。

他活得很简单，很纯粹。他的生命，不是扩张的状态，而是收缩的状态。他的成长，不是张扬的状态，而是沉静的状态。他的激情和他的淡定，水乳交融。

所以，才有这样的清风朗月般的课堂，让我们沉醉，促我们反思。

《孔乙己》

浅浅小语

灵感，如猫的细步，只在你安静的心里蹑过。

——肖培东

课堂再现

执　　教：肖培东
点　　评：徐　杰
教学背景：2015 年 1 月 6 日，江苏省镇江市第一外国语学校，"同题异构小说，多重对话经典"的初中语文对话式教学课堂研讨会。

一、一"记"——你们最"记得"孔乙己的什么（内容感知）

生：肖老师生日快乐！（今天是肖老师的生日，这个班级的王益民老师知道了，让学生们课前问候表示祝贺。）

师：谢谢你们王老师记得我的生日，也谢谢你们记住了我的生日。快乐之余，我想问问同学们：你们记得孔乙己的生日吗？你说。

生 1：不记得。文章中没有提到。

师：那你们记得孔乙己的名字吗？

生 2：也不记得。

师：为什么？

生 2：因为全文只提到了他的绰号。

师：孔乙己，"乙己"两个字是他的绰号。好，打开课本，看看这句话是怎么说的，我们一起来读一读。

（徐杰老师点评：具有"切入"功能的课堂教学语言，可谓干净利落，别具一格。在借班上课时，教师不仅要适时"暖场"，更要找准文本解读的切入点，两者巧妙融合。培东在"记得"与"不记得"之间，用寥寥数语，迅速展开了学生原初阅读经验的交流。）

生（齐读）：因为他姓孔，别人便从描红纸上的"上大人孔乙己"这半懂不懂的话里，替他取下一个绰号，叫作孔乙己。

师：对，这"乙己"还不是他的本名。再问，你记不记得孔乙己家里的人？

生3：不记得。

师：为什么？

生3：因为他是孤儿。

师：孤儿，哪里看出来的？

生3：小说没有提到他家里的人。

师：没有提，你也不能随便下"孤儿"这个结论，但他一定是孤独的人。课文根本没有写到孔乙己家里的人，也没有人去关注孔乙己家里的人。

（徐杰老师点评：具有"评判"功能的课堂教学语言，不应该仅是"对错"的判断，更应该在对话过程中渗透评判的依据，这就是"以理服人"。"没有提，你也不能随便下'孤儿'的结论"，就不仅有评判，还兼有评判的理由；评判之后，培东意犹未尽，从"没有写到家里人""没有人关注他的家里人"，得出"孤独"的结论，不仅是对学生回答的"孤儿"的回应，更是在有意将学生思维的触角引向深入。）

师：同学们，这篇小说你们已经读了几次了，听说你们还拥有很多《孔乙己》的赏析资料。读了这篇小说，孔乙己这个人物一定会在你心中留下深刻的印记。那么，请你告诉我，这个连名字都不被人记住的孔乙己，你在阅读小说后，最能记得的是他的什么？请用一个字或一个词来阐述。可以是名词，也可以是动词，可以是表示心理状态的形容词，也可以是表示境况的形容词，当然，也可以是表示性格的词。

（学生思考）

（徐杰老师点评：具有"提问"功能的课堂教学语言，一定是简洁、明确、易操作的。"这个连名字都不被人记住的孔乙己，你在阅读后，最能记得的是他的什么"，提问简明，指向明确。因为是"主问题"，培东对问题的回答方式提出了规范要求，同样，这个要求也是很简洁明了的。试想，如果我们的提问语言啰唆不清，学生还需要先筛选信息，再参与活动，那就费时不讨好；如果我们的提问语言晦涩难懂，学生对课堂活动的意图和要求，还需要费劲解读，那就耗力没价值。）

生4：我觉得他很可怜。

师：你最能记得孔乙己的可怜，为什么？

生4：因为他本来就很不幸，科举没有考上，而且之后在店里还经常遭到顾客冷眼。

师：请坐。你记得孔乙己什么？

生5：我记得孔乙己的守信。

师：守信，怎么说？

生5：他经常不带现钱到咸亨酒店去吃饭，就欠钱，后来他还是及时把钱还上了。

师：这也是他的一个好品德。来，女孩子，你记得孔乙己什么，用一个字来表达试试？

生6：迂。

师：迂，怎么说？

生6：因为他对人说话，总是满口之乎者也，叫人半懂不懂的。

师：满口之乎者也，能不能把"满口"这个词去掉？

生6：不能，因为"满口"体现出他的书呆子气太浓了。

师：更迂了。请坐！

师：你记得孔乙己什么？

生7：我记得孔乙己的骄傲。

师：骄傲？为什么？

217

生 7：因为他到咸亨酒店吃饭的时候，他不同于短衣帮，他穿的是长衫。

师：哦，长衫。穿长衫为什么是骄傲？

生 7：因为这是读书人的象征。

师：也就是说，那是一种自认的身份的象征。

师：同学们，他刚才说话有一个地方出问题了，他说孔乙己吃饭的时候，孔乙己到咸亨酒店是吃饭吗？

生（齐）：不是，是喝酒。

师：吃饭和喝酒有什么区别？

生 8：吃饭更阔气。

师：他有没有能力到那个地方去吃饭？

生 8：没有，他很穷的。

师：最多是一碟茴香豆，两碗酒，是吧。请坐。

师：好，再来说，同学们。你记得孔乙己的什么？

生 9：我记得孔乙己生活很悲观。

师：读书要学会概括，用一个字或两个字？

生 9：悲。

师：孔乙己悲在什么地方？

生 9：他每次到酒店，都受到别人的嘲笑。

师：精神上受欺凌折磨。你记得孔乙己什么？

生 10：迂腐。

师：刚才已经有同学说过了，看来，孔乙己的迂腐给人印象特别深刻。

生 11：我记得孔乙己的落魄。

师：落魄，哪些句子可以说明？

生 11：当别人问他"你识字吗"，他就显得特别神气，但是当别人问他"你怎的连半个秀才也捞不到呢"，他就立刻显出颓唐不安的样子。

师："落魄"这个词用来形容人的境况，更多的是指物质经济状况，你为什么从他的表情上来说明？

生11：应该是"落寞"。

师：不，我觉得你的"落魄"说得很好，在孔乙己眼里，什么落魄比没钱、生活过得差更糟糕？

生11：他自己在仕途上的不顺利。

师：这就是孔乙己一生中最大的落魄，最承受不住打击的伤痕。非常好。

（徐杰老师点评：具有"追问"功能的课堂教学语言，必须"追"得及时，"问"得恰当。这个环节的"追问"，充分体现了培东的教学智慧。一"追"："落魄，哪些句子可以说明"，将学生的关注点引向文本，避免架空分析；二"追"："'落魄'这个词是用来形容人的境况，更多的是指物质经济状况，你为什么从他的表情上来说明"，质疑，把问题再抛给学生；三"追"：启发，在学生提出用"落寞"来替代"落魄"时，培东先肯定了"落魄"，继而启发学生思考"在孔乙己眼里，什么落魄比没钱、生活过得差更糟糕"，学生终于认识到，孔乙己最根本的落魄，乃是"半个秀才都没捞到"，这是一个透过表象分析实质的过程。在这个过程中，老师抓住契机，慢慢追；学生循序渐进，渐渐得。）

生12：我记得孔乙己的"长衫"。

师：又到了那件长衫，具体说说。

生12：因为长衫代表孔乙己身为读书人，但又必须与短衫帮混在一起的境况。

师：你知道这一件长衫是什么样的？

生12：让人看起来很没面子。

师：这长衫就是为他挣面子的，你再看看课文中写他的长衫的语句。

生12（读）：他的长衫，是又脏又破，似乎十多年没有补，也没有洗。

师：又脏又破的长衫，看似儒雅，但是如此破旧。真是欲上不能、欲下不甘，落魄、懒惰、迂腐与清高尽在其中。

（徐杰老师点评：具有"小结"功能的课堂教学语言，一方面要对学生的课堂活动成果及时进行小结，以形成相对完整的活动结论；另一方面，在"结"的过程中，又需要有认识上的提升。如培东所言的"落魄、懒惰、迂腐与清高"，前三个词语是直接来源于解读认知，"清高"，是老师在学生发言中"面子"的基础上，提升性总结出来的。这样的小结，看似轻轻一点，对学生而言，则是又迈进了一步。）

生13：我记得孔乙己的贫穷。

师：贫穷，为什么？

生13：因为他写得一手好字，便替人家抄抄书，换一碗饭吃。可惜他又有一样坏脾气，便是好吃懒做。所以说……

师：那你知道孔乙己一生中最大的贫穷是什么？

生13：科举考试没有获得功名。

师：科举考试没有获得功名，自尊心上的贫穷，是他最大的贫穷。再最后请一位同学来说说。

生14：我记得孔乙己的痛苦。

师：痛苦，怎么说？

生14：他每次在酒店里喝酒的时候，总会受到别人的嘲笑，并且他偷书是为了看书，但几乎每一次都会被别人在身体上进行残害。

师：每一次？小说当中哪个句子能说明？来，同学们，我们一起读读。

师生（共读）：孔乙己一到店，所有喝酒的人便都看着他笑。

师：哪个词说明每一次？

生14："一""都"。

师：读书，要学会从隐性的、不明显表意的词上去读。大家把"一"和"都"圈出来。你看，这样一说，我们就知道了，连同你们资料里的孔乙己的"手"、孔乙己的"脸"，甚至某些动作等等都是我们对这个文学形象最深刻的记忆。迂腐的孔乙己，善良的孔乙己，贫穷的孔乙己，落魄的孔乙己，痛苦的孔乙己，诚信的孔乙己……这个在封建科举制度下挣扎的小人物的形象越发清晰了。

二、二"记"——小说中的其他人最能"记住"孔乙己的又是什么（重点研讨）

师：同学们从多个角度阐述了对孔乙己这一文学形象的"记住"。再看看，文章中孔乙己以外的人对孔乙己最能记住的又是什么呢？

（学生阅读，思考）

生15：孔乙己的伤疤，孔乙己考不中秀才的耻辱。

生16：他们记得孔乙己欠钱的话，他们会让孔乙己尽快还钱，如果孔乙己偷书，他们也会非常记得。

师：表达有点急急忙忙，我们还是先一起来读一读孔乙己第一次出场的文字。"孔乙己一到店"，预备读。

（徐杰老师点评：具有"牵引"功能的课堂教学语言，其主要功能就是引领课堂活动行进的大方向。这个教学语言的使用，需要把握好"度"，既不能失之于宽，过分强调学生的自主体验，导致"放得出去，收不回来"；也不能求之以严，用结论来束缚学生的活动过程，甚至"挖坑让学生跳"。最艺术的做法，就是当放则放，当收则收。我们看培东对这个环节的处理，先"放"："文章中孔乙己以外的人对孔乙己最能记住的又是什么呢"，这个问题，意在引导学生转变阅读视角，从"我"对孔乙己的评价，转向"文章中的人"对孔乙己的印象；再"收"："表达有点急急忙忙，我们还是先一起来读一读孔乙己第一次出场的文字"，这里为什么要打住学生的回答，将阅读关注点移到孔乙己的第一次出场？我的猜想是，学生前面的"跳读"行为背后，是思维的"跳跃"，并且这种跳跃性的思维，并不是根植于文本的逐层深入的解读。为了帮助学生一步一步走进文本核心，所以老师运用教学语言来组织"定点"欣赏，以此"牵引"学生的活动走向。）

生（齐读）：孔乙己一到店，所有喝酒的人便都看着他笑，有的叫道，"孔乙己，你脸上又添上新伤疤了！"他不回答，对柜里说，"温两碗酒，要一碟茴香豆。"便排出九文大钱。他们又故意的高声嚷道，"你一定又偷了人家的东西了！"孔乙己睁大眼睛说，"你怎么这样凭空污人清白……"

"什么清白？我前天亲眼见你偷了何家的书，吊着打。"

师：好，就到这里，接下来我们再细细读读酒店里的对话。孔乙己一到店，大家说的那句话怎么读？

生 17（读）：孔乙己，你脸上又添上新伤疤了！（声音有点低）

师：是这样说的吗？同学们，这句话怎么说，你说说看。

生 18：孔乙己，你脸上又添上新伤疤了！（声情并茂）

师：你读的声音为什么比他响？

生 18：就是要表现出一种外人对孔乙己的嘲笑，高声嘲笑。

师：哪个字可以看出这样子的嘲笑？

生 18："叫道"。

师：对，是有人"叫道"，声音要拉高拉长。来，你再来叫叫看。

生 18：孔乙己，你脸上又添上新伤疤了！

师：同学们，这些人记得孔乙己的什么？

生（齐）："伤疤"。

师：从哪个字可以判断大家对孔乙己的伤疤记得特深？你说。

生 19："新"字，说明老伤疤大家都没忘记。

生 20："又"字，说明这样的嘲笑不止一次。

师："新"字有味，"又"字更有味。来，我们将"又"字去掉，读读看。"孔乙己，你脸上添上新伤疤了！""孔乙己，你脸上又添上新伤疤了！"这个"又"字说明什么？

生 21：说明孔乙己不是第一次因为偷书被打而落下伤疤，那些人也不是第一次嘲笑他。

师：如果你能把语句顺序反一反，我觉得更棒。表达的时候要从"那些人"出发。

生 21：因为那些人不是第一次这样嘲笑孔乙己了，也说明孔乙己不是第一次因为偷书被打而落下伤疤。

师：说明他们惦记孔乙己的伤疤已经不是一次两次了。同学们，一起来读读这句"叫道"。

生（齐读）：有的叫道，"孔乙己，你脸上又添上新伤疤了！"（高声）

师：后面说话还有"又"字吗？

生22：你一定又偷了人家的东西了！（读得很响，嘲讽）

师：你为什么读那么响呢？

生22：这个时候整个店里的人都在嘲笑孔乙己。

师：个体嘲笑转成群体嘲讽，哪几个词加重了这样的嘲讽语气？

生22："又"字。

师：还有呢？

生22："偷"字。

师：这个"偷"字当然得说很响。最能表达他们对这个事情的认定感的是哪个词？

生（齐）："一定"。

师：再看看，哪里可以看出这种冷嘲热讽？

生（齐）：感叹号。

师：来，你再把这句话读读看。

生22（读）：你一定又偷人家东西了。（略平淡）

师：同学们说这样读行不行？

生23：我觉得读得还可以，但没有刚刚的响亮。

师：你知道为什么要读得够响亮？我们一起看看这句话，"他们又故意的高声嚷道"，哎，这里又有一个"又"字，而且说话人已经不是他了，注意啊，是"他们"，因此这句话是众多酒客一起"嚷"出来的。我们一起来嚷，好不好，预备起——

生（齐读）：你一定又偷人家东西了！（高声，嘲讽）

师：故意的味道没有出来，你还要给我摆出点故意的味道来。"故意的"，预备起——

（生齐读此句，师再读此句，故意嘲讽味足）

师：好，从这几句嘲讽中可以看出他们最惦记着的是孔乙己的伤疤。再看看，还有没有？

生24：他们还惦记着……（语塞，一时说不出）

师：这些人记得伤疤，还记得他的什么？看一看后面的故事，他们最记得孔乙己的是什么？你来说。

生 25：他们还记得孔乙己被吊着打。

师：被吊着打，打得最悲惨的叙说在哪一段？

生（齐）：第十段。

师：一起来读一读，"一个喝酒的人说道"，预备起——

生（齐读）：一个喝酒的人说道，"他怎么会来？……他打折了腿了。"掌柜说，"哦！""他总仍旧是偷。这一回，是自己发昏，竟偷到丁举人家里去了。他家的东西，偷得的么？""后来怎么样？""怎么样？先写服辩，后来是打，打了大半夜，再打折了腿。""后来呢？""后来打折了腿了。""打折了怎样呢？""怎样？……谁晓得？许是死了。"掌柜也不再问，仍然慢慢的算他的账。

师：这样一段对话，我再请一位男同学跟我一起对话。这里有两个角色，你想读谁，喝酒的人还是掌柜？

生 26：随便。

师：行。那我读喝酒的人，你读掌柜好吧。

（师生分角色朗读）

师：请坐。我们再换一下。接下来一个同学读喝酒的人，另一个同学读掌柜。来，你来读掌柜。

（两学生分角色朗读）

师：同学们，你看鲁迅在写这段对话时有什么特点？你来说。

生 27：这里是一连串的问答。

师：一连串的问答！我们平时会怎么写？

生 27：平时会写谁谁谁说。

师：谁说，谁说，是这样写的吧。考虑一下，同学们，鲁迅这里为什么不把这些"谁说，谁说，谁说"加塞进去？

（学生思考）

生 28：不加进去，就表示掌柜等人对孔乙己毫不关心和喝酒的人看热闹的心态。

师：你觉得这段话是对孔乙己的毫不关心吗？

生28：关心了，但关心的是被打的故事，很好奇，很想问个究竟。

师：所以说话就会快一些，是不是？

生28：是的。如果加上"谁说，谁说，谁说"，可能就破坏了这种急切的感觉。

师：那现在再找个同学来读读这个掌柜的，肖老师来读喝酒的人，我们一起来读读看。

师（读）：他怎么会来？……他打折了腿了。

生29（读）：哦。（很平淡）

师："哦"，他是这么说的吗？就这个"哦"字怎么读？你来。

生30：哦？（询问语气）

（师模仿读，再邀两生读）

师：刚才这两位同学读"哦"，大家能听出是什么标点符号吗？

生31：第一个同学平平淡淡，应该是句号。第二个同学，感觉是问号。

师：句号，问号。同学们考虑一下，句号，问号，那小说为什么用感叹号呢？来，再读，"他打折了腿了"——

生（齐）：哦！（感叹语气，惊讶）

师："哦！"为什么发出这声感叹？读书时有想过这问题吗？

生32：没有。

师：读书就要潜入文字当中，甚至不放过一个标点。来，同学们，我们一起来试试看，句号时怎么说，"他打折了腿了"，你们说——

生（齐）：哦。（句号语气，平淡）

师：问号时怎么说？"他打折了腿了"——

生（齐）：哦？（问号语气，疑问）

师：感叹号时又怎么说？"他打折了腿了"——

生（齐）：哦！（感叹号语气，吃惊）

师："哦！"（声音延长）这个感叹号里包含怎样的感情？

生33：对孔乙己打折腿的惋惜。

师：对孔乙己打折腿的惋惜？平时你表达惋惜会用感叹号的吗？

生34：我觉得是对他打折腿的惊讶。

生35：不关心腿，更想知道是怎么打折的，很好奇。

生36：急于听到这里面的故事，很好奇。

师：对，惊讶好奇，想知道这个过程有着怎么样的新奇，它将成为这个酒店里的一个谈资一个笑点。所以，他不是关心孔乙己生死，而是猎奇这段所谓的痛快淋漓的被打。来，同学们，用感叹号读读看，"他打折了腿了"——

生（齐）：哦！（感叹，吃惊）

师：接下来，我们继续读下去。

（师生分角色读"他总仍旧是偷……打折了怎样呢？"）

师：你发现吗？掌柜这时候说话还有什么特点？

生37：句子很短，特别急切。

师：说话过程中有没有把"孔乙己"给加进去？

生（齐）：没有。

师：我们把主语"孔乙己"加进去试试。

（师生共读："孔乙己后来怎么样？""孔乙己后来呢？""孔乙己打折了怎样呢？"）

师：考虑一下，掌柜说话为什么不把"孔乙己"这一事件的当事者放进去？

生38：掌柜急于想知道个中情况，至于孔乙己这个人，是不关心的。

师：说得好！他对孔乙己的生死根本就不关心，就想知道这个里面是怎么发生的，好在以后可以面对更多的人说一说这个故事。同学们，这些个"后来呢，后来呢，后来呢"读慢一点还是快一点？

生38：快一点，急促，太想知道了。

师：好，我们再来把这段话读出味道来。女同学，喝酒的人；男同学，掌柜的。女同学开始读，预备起——

（男女生分角色朗读"他怎么会来？……后来打折了腿了。"）

师：很好，我们再来看最后一句话。喝酒的人在说他的最后一句话的时候，用了一个什么标点符号？

生（齐）：句号。

师："许是死了"后面是句号。掌柜的第一句是感叹号，让他也以感叹号结束可以吗？读读看，你来。

生39（读）：许是死了！（感叹号语气，强烈）

师：你再来以句号结束。

生39：许是死了。（句号语气，平淡）

师：为什么用句号？

生39：用句号表示一种不太肯定的语气。

师：比之感叹号，这里句号确实有不太肯定的语气，还有其他意味吗？

生40：用句号表示对孔乙己漠不关心。

生41：不轻不重的，随意说说。

生42：故事讲完了，就没有什么可说的了，冷冷的。

师：生死无所谓了，没有人会去在意他的生死。这里的句号更能显示冷漠与生命的无足轻重。我们再一起来读读喝酒人的最后一句话。

生（齐读）：怎样？……谁晓得？许是死了。

师：不轻不重，这个故事到这里就没了下文。于是掌柜的就慢慢地算他的账，孔乙己是一个可有可无的人，没人去关心他的生死，没人去关心他的生命存在与生命状态。这些酒客惦记的是他伤疤里的笑料、被打折的腿里的故事。那个掌柜呢？他最惦记什么呀？

生43：掌柜的记住的是孔乙己欠他的钱。

师：欠他的钱，第几段？

生43：第十二段。

师：你读一读。

生43：孔乙己还欠十九个钱呢！

师（接读）："到了第二年的端午"，又说——

生43：孔乙己还欠十九个钱呢！

师：这个"又"字文中又出现了。掌柜的说欠钱的时候用的是什么标点啊？感叹号，为啥这里用感叹号呀？

227

生44：这里说明掌柜的对孔乙己欠钱的事非常关心。

生45：孔乙己还不如这十九个钱。

师：对欠的钱非常关心，但对这个人的生与死根本不在乎，所以，掌柜记得的永远是孔乙己欠的钱。一起来读读这两句话。"到了年关，掌柜取下粉板说"，预备起——

（生齐读，师接读到这段结束）

师：你看掌柜的终于把粉板给取下了，取下粉板其实也就代表着什么？你来说说看。

生46：说明孔乙己现在已经无法偿还这个债务了。

师：哦，还有吗？

生47：没有太大希望了。

师：没太大希望了，钱来不了了。

生48：他也许觉得孔乙己已经死了。

师：孔乙己可能死了。孔乙己对掌柜的来讲，他只是粉板上的一个名字，一个符号，绝对不是一个活生生的人。所以，课文中写这个"记"字写了三次，我们一起来读读，第一次的"记"，在第三段的结束。"只有孔乙己到店，才可以笑几声，所以至今还记得"。

（生齐读）

师：把"记"字圈出来，老师也写在黑板上了。

板书：记

师：还有一个"记"在哪里？哦，这个同学眼尖，你来说。

生49：第五段中，"但他在我们店里，品行却比别人好……暂时记在粉板上"。

师："暂时记在粉板上"，又一个"记"。看，孔乙己被大家记住，只是一个符号，不是一个生命，是他的离奇曲折的某些故事，是他伤疤残腿的伤痕累累的谈笑，不关乎生死。再看一下，课文还写了一个人对孔乙己的记忆，这个人是谁？

（学生思考）

生50：店小二。

师：店小二，也就是文章中的"我"，所以第一次去记住孔乙己的就有"我"。"只有孔乙己到店，才可以笑几声，所以至今还记得"，读读。

（生齐读）

师：你怎么理解"我"这个十二岁的小伙计的记得？"我"记得的是孔乙己的什么？你来说说看。

生50：小伙计记得的也是孔乙己引起的一些笑声。

师：孔乙己引发的一些笑话、笑料、笑的场景。"掌柜是一副凶脸孔，主顾也没有好声气，教人活泼不得"，所以，对一个孩子来讲，他记得孔乙己，是因为孔乙己让他活泼，也让所有人活泼。这就更说明了——

生51：没有人真正去关心孔乙己的命运，没有，他只是人们的笑柄。

师：他只是一个笑料，只是那个社会的笑料，供大家取乐，供大家开心的一个笑料。所以，孔乙己就这样被所有的人记住了。文章中也写到了孔乙己对别人说了个"记"字，他是对谁说的？

（学生思考，有举手）

生52：记住茴香豆的茴字。

师：这句话是怎么说的？

生52（读）：不能写吧？我教给你，记着！这些字应该记着。将来做掌柜的时候，写账要用。

师：对，你从这里孔乙己的两个"记着"能读出点什么呢？我们一起把这话读一读。

（生齐读）

师：你从两个"记着"读出点孔乙己的什么来？

（生52沉默不语）

师：想不出来，建议你把这句话再读一读，来。

生52（读后答）：从这里看出孔乙己十分想帮助小伙计，很善良。

师：想帮助谁？

生52：帮助鲁迅。

师：是鲁迅吗？

生52：不是，是"我"。

师：这关系到小说中的一个概念了。小说中的"我"，不是作者本人。所以这儿，孔乙己关注"我"，关注这个小伙计，从中可以看出孔乙己的善良。但是这个小伙计却一样反讽孔乙己，看他那句话是怎么说的？他说"谁要你教""讨饭一样的人，也配考我吗？"一起来读读，预备起——

（生齐读）

（徐杰老师点评：具有"启发"功能的课堂教学语言，需要老师及时抓住启发的契机，并即时组织好启发的教学语言，从而"点亮"学生的思维。这一段课堂活动，用时18分钟，在老师不断的启发之下，学生不断超越自我，获取更为丰硕的阅读体验。我们来看看，培东一共采取了哪些形式的启发性教学语言。"'孔乙己，你脸上又添上新伤疤了！'大家说说该怎么读？"这是用讨论读法来启发思考；"从哪个字可以判断大家对孔乙己的伤疤记得特深？"这是通过品析关键词来理解人物；暗示学生关注"鲁迅在写这段对话时有什么特点"，甚至于"刚才这两位同学读'哦'，大家能听出是什么标点符号吗？"从句式和标点进而窥斑见豹。如此启发，实在是高妙之举。由此可见，通过教学语言来启发学生思考，要保证"启"了之后能"发"就需要斟酌启发性的教学语言，"话"说对了，是启发，说得不妥，就可能成为阻碍。）

三、三"记"——这些人真的是"记住"孔乙己了吗（主题探究）

师：由此看到，大人们嘲笑他，小孩子也在嘲笑他。因此，孔乙己的故事就成为一个彻彻底底的悲剧。这样的话，老师就想再问一个问题，你们觉得这些人真的是记住孔乙己了吗？

（生沉默）

师：记住他的伤疤，记住他的故事，你觉得这些人真的记住孔乙己了吗？

生53：这些人没有记住孔乙己。

师：理由是——

生53：第九自然段，"孔乙己是这样的使人快活，可是没有他，别人也便这么过",说明孔乙己对别人的生活并没有影响。

师： "可是没有他，别人也便这么过。"同学们，一起把这段话读一读。

（生齐读）

师： 你来说说看，这句话里还能读出什么来？

生54： 孔乙己被大家抛弃，不存在一样。

生55： 他们觉得孔乙己有没有都无所谓。

师： 孔乙己的有无都是无所谓的，他根本就不是一个被人深深记住并关怀的人。他的存在，最多是给这单调无聊的世界一点笑料。他被所有的人包括和他一样的底层的人所践踏嘲笑，他不是一个被记住的人，相反，是一个——

生（齐）： 被忘掉的人。

（教师板书，在"记"前写下一个大大的"忘"）

师： 是的，这是一个被忘记的人。他们记得的只是孔乙己伤疤中的片段，是打折了腿的那种情状，和被打折了的腿的讥讽，那是他们的笑料与谈资。但他们忘记的是孔乙己的灵魂、他的内心世界、他痛苦的表情、他悲惨的命运。被人屈辱地记着，被人残酷地忘记，这就是孔乙己！在这"忘"与"记"之间游移的都是嘲笑奚落打击，都是冷冷的讥讽的目光。这些人，我们称之为——

生（齐）： 看客。

师： 写出这个字，"看"。

教师板书：忘——看——记

师： 所以，同学们，这部小说不仅揭示了孔乙己的悲惨命运，表现出了封建科举制度的罪恶。同时，它有一种最深的寓意。通过记住，通过忘记，通过这些看，你觉得鲁迅先生写这篇文章还想要告诉我们什么？

（学生思考）

生56： 我觉得要告诉我们当时社会的黑暗与腐败。

师： 对当时社会的抨击。

生57： 科举制度对人毒害之深，等级观念深刻。

师：这些在小说中都有表现，让我们看到了那个社会的罪恶。围绕老师的板书来看，还可以看出什么？

生 58：我觉得写出了当时人们的冷漠，社会的悲凉。

生 59：我看出这些人没有同情心。

师：这些人，主要是什么人？

生 59：老百姓，酒客。

生 60：社会上这些和孔乙己一样的人都只好奇某些人的悲惨，而不在意某些人的生命感觉。

生 61：他们就是冷冷的看客。

生 62：没有丝毫同情，他们冷漠麻木的心灵令人悲哀。

师：好奇某些人的悲惨，而根本不在意这些人的存在本身。我们一起来读读文章的最后一段。"自此以后，又长久没有看见孔乙己"，预备起——

（生齐读）

师：同学们，我们越来越能感觉到，这些看客只想咀嚼他人的悲哀，只想品味他人的痛苦，他们只想成为某些痛苦故事的传播者，做幸灾乐祸者，做冷眼旁观者，甚至做恶语相向的人。也正是这些人慢慢地把孔乙己带向了死亡的边缘。因此，鲁迅曾经说过一句话："国民，尤其是中国的国民，永远是戏剧的看客。"鲁迅还说过一句话："无数个远方，无数的人们，都跟我们每一个人有关。"同学们，《孔乙己》这个故事永远咀嚼不完，这个故事永远思考不尽。今天，是我的生日，我应该笑，但走进孔乙己的世界，我真的很想哭。让我们一起怀念这个不幸的苦人，一起来读读他最后的背影。"他从破衣袋里摸出四文大钱"，让我们怀着很沉痛的心情，预备起——

生（齐读）：他从破衣袋里摸出四文大钱，放在我手里，见他满手是泥，原来他便用这手走来的。不一会，他喝完酒，便又在旁人的说笑声中，坐着用这手慢慢走去了。（缓慢、悲凉）

师："坐着用这手慢慢走去了"，记住这个背影，也让它留给当代社会去思考——我们应该怎么做人。下课。

（徐杰老师点评：具有"点化"功能的课堂教学语言，其最高的境界，就是执教者通过自己的言说，能使学生产生豁然的感觉、收获顿悟的成就。这个主题研讨环节，培东数度点化学生，极精妙。如："他不是一个被记住的人……这是一个被忘记的人……被人屈辱地记着，被人残酷地忘记……"这一段精彩的讲析，回扣了前面文本解读的关键词"记"和"忘"，学生经此一点，视角触及"看客"，批判现实味道更浓；再如：教者接着对"看客"进行了描述，"这些看客只想咀嚼他人的悲哀，只想品味他人的痛苦，他们只想成为某些痛苦故事的传播者，做幸灾乐祸者，做冷眼旁观者，甚至做恶语相向的人。也正是这些人慢慢地把孔乙己带向了死亡的边缘"，这段有温度的描述，感染着学生，也帮助学生清醒认识到"看客"的危害；最后引用鲁迅的话，"无数个远方，无数的人们，都跟我们每个人有关"，让学生瞬间能把读小说，读社会，和读自己联系起来，文学作品的人文教育意义，一点即透。）

教学感言

★鲁迅先生说过，在他创作的短篇小说中，他最喜欢《孔乙己》。"能于寥寥数页之中，将社会对于苦人的凉薄冷淡，不慌不忙地描写出来，讽刺又不很显露，有大家的风度。"（孙伏园《忆鲁迅先生》）这篇经典的小说，匠心独具，又有着丰富的主题意蕴，无数次被名家深品细嚼，又无数次经名师课堂演绎。那么，我该教什么呢？怎么教呢？手？脸？酒？笑？排？摸？可笑？可悲？看客？……我一个个地思考一个个地否决。

★"从接受美学来看，《孔乙己》的解读空间是很大的。"喝过半碗酒，涨红的脸色渐渐复了原，益民兄（王益民，镇江市第一外国语学校）很得意地说道。作为这次"《孔乙己》对话式教学"课堂研讨会的组织者和策划者，今天，他有着说不尽的喜悦。仿佛是那咸亨酒店的小伙计，喜洋洋地避开了短衣主顾的严重监督，成功地往黄酒坛子里羼水了。"我还把网络上所有的解读解析资料全找到，印发给学生。"他呷了一口酒，很高声地说。从作品注释到文本整体把握，从作品分析到作品赏析，甚至艺术构思，王兄是一字不落地洋洋洒洒地印在学生的资料上。那简直就是一本《孔乙己》大全啊。"脸"，资料上写得很详细。"笑"，早已分析得清清楚楚。你还要学生读三遍。哎哟喂，你要我教什么呀！我很忧愁地想，很快又忘记了忧愁去读书，一遍又一遍！

★挑战经典文章，挑战经典设计，寻找出更新的破译《孔乙己》文本的教学途径。很感谢王益民老师，他让学生们送我的生日贺卡竟然给了我教学的灵感。"文章本天成，妙手偶得之"，课堂教学和写文章一样，也是需要灵感的激发。你们记住了我的生日，你们能记住孔乙己的生日吗？你们最能记住他什么？渐渐的，我的思维清晰了，"记""忘"，最后看客的"看"，三字一连，教学框架有了！虽不是妙手，但能借助这一生日祝福给自己找到《孔乙己》一课的教学切入点，我觉得也是多年教学给我带来的点滴滋润。王崧舟老师说："只有当你对自己的课堂拥有刻骨铭心的体验的时候，神灵才会降临。"真的！刻骨铭心，我们做到了吗？

★长文短教，取舍就是关键。选择小说中最能体现孔乙己悲惨的两个片段，引导学生探寻小说主题，是这堂课的重点。掌柜和酒客关于孔乙己被打事件的对话，我觉得还可以在说话人上做更深的挖掘，问话的人不一定就只是掌柜，更多的酒客都可以参与其中，这样，看客的冷漠、一味去舔舐他人以求满足的丑陋心理，就会揭露得更充分。教学，总是有遗憾的。

——肖培东

现场声音

★优秀的语文老师应该能驾驭各种题材、体裁的文本，甚至包括文质欠佳的作品。但总有一些作品，其风格是和老师自己的个性相一致的，他们能够把"我即文本"演绎得淋漓尽致。肖培东老师镇江版的《孔乙己》即是明证。

★老师自己的生日被孩子们"记得"，恰在今天；而孔乙己的生日却无人知晓，课一开篇就弥散着一种淡淡的悲情。培东转而忧郁一问：那么你们记得孔乙己的什么了呢？孩子们的回答似在为这种情绪作注脚。如果说这种"记得"只是一种阅读感受，是文本图式的反映，那么"顾客"与"掌柜"，还有那个不谙人事的"小伙计"的"记得"就有点让人悲哀了。"那么，他们真的记得孔乙己吗？"轻轻的，惊天一问，如一炸雷，在孩子们的心灵深处震响。此刻，培东瞬间微闭双眼，我知道，他的内心深处是看到真相以后的愕然与战栗。

★迷离的目光、喑哑的声调、悯人的情怀。45分钟，他在诉说一个自己身边的"苦人儿"的悲惨经历。更重要的，孩子们也在课堂里接受了一次文字与人文精神的洗礼。

——江苏省镇江市第一外国语学校　王益民

★老课新教需要授课者有足够的智慧和勇气去挑战。肖老师这堂课，无论简洁自然的导入，还是别具匠心的从"记"字切入、牵一发动全身的问题设计，都可称得上是勇者的大胆尝试。导入给我印象特别深刻。从自己的生日谈起，在师生你问我应的和谐对话前奏下，由己及孔，如此自然而丝毫无雕琢之意的导入在和谐、轻松的对话过程中逐层推进。在各种对话声音中孔乙己的形象逐渐立体化，明朗化，这比简单粗略地要求学生分析孔乙己这一潦倒不幸的文学形象更具有灵动性和生命力。同时，这一多元开放的问题，也帮助老师较高效地了解学生已有的阅读视野，凡是学生已知已懂的可以不讲或一带而过，从而使有限的课堂时间更加紧凑。不同于肖老师对"哦"字的理解，我认为这个"哦"字体现了掌柜听到大伙议论孔乙己的遭遇时感到出乎意料的意思，与前文"掌柜正在慢慢的结账，忽然说孔乙己长久没有来了，还欠十九个钱呢"一脉相承，掌柜此时的心里既有对孔乙己难还钱的忧虑，又对孔乙己的下落感到漠视。

——江苏省镇江市第一外国语学校　赵素青

★我是在湖州师院"太湖·远方"中学语文名师汇会议上听这课的。一个"记"字，教师讲得行云流水，舒徐从容；学生同样激发了自身的主体意识，在对话中获得多重共鸣。肖老师曾说："我想浅浅地教语文，甚至教成你们心里的肤浅，我相信，浅到心底的文字，纯净地堆积起来，就是高度。"我也相信这种高度会像一把手术刀，它并不锋利甚至十分温柔，但是能剪除心灵的沉疴。这种心灵微创式的教学艺术，常常让课堂发生奇迹。

——安徽省凤台县第四中学　李永梅

名师点评

有品质的课堂教学语言
江苏省江阴市教育科学研究室　徐　杰

语文老师的课堂教学语言，不仅是组织课堂教学的凭借，也是推进教学进程的手段，更是学生语文学习的"第二文本"。它对于学生语文素养的提升，有着举足轻重的作用。我们语文老师要不断锤炼自己的课堂教学语言，不断提高课堂教学语言的品质，从而提升自己语文课堂的品质。

现以肖培东老师执教《孔乙己》课例为例，谈谈"有品质"的课堂教学语言具有哪些特质，又具有怎样的作用。具体的细节的点评见实录，不再赘述。

从培东执教《孔乙己》的课堂实录来看，有品质的课堂教学语言，应当具有这样一些特质。

首先，有品质的课堂教学语言，应当是平实易懂、一清如水的。课堂，不是教师炫耀文采和口才的地方。教师的教学语言，是为教学服务的，为学生的课堂活动服务的。如果学生在接收教师的语言信息时，还需要二次加工才能听得懂，这无疑是在加重负担。培东在课堂上，跟学生交流如话家常，气氛轻松。不搞噱头，亲切自然。这节课，我是在现场听的。印象最深刻的就是，他说的每一句话，都清晰，简明，顺畅，不绕弯子，不故意设置障碍，以单句和一个层次的复句居多，尽量少用或不用"句群"。如此，不但能保证最迅捷地进行课堂评价，而且也能最大限度地被吸收和处理。平实，不是简单。平实，更不是肤浅。它体现出的是一种尊重，一种效率，一种智慧，一种品质。培东他自己对文字曾有过这样的理解："浅到心底的文字，纯净地堆积起来，就是高度。"那么，课堂教学的语言，也一样。他用最清澈纯净的语言，引领着学生在文本里反复进出，读懂了孔乙己这个人，也读懂了《孔乙己》这篇文。

其次，有品质的课堂教学语言，应当是前呼后应、连贯递进的。我们在课堂实录中随便抽取一句话，都能找到这句话的"前言"与"后语"。你会发现，他说的每一句话，都不是抽离的、孤立的。它们，存在于一个浑然的整体之中。究其原因，奥秘全在于一个"记"字上。可以说，一个"记"字，轻轻松松撬动了一堂课。"谢谢你们王老师记得我的生日"，课堂伊始，用"记"字切入文本，亲和自然；"同学们从多个角度阐述了对孔乙己这一文学形象的'记住'。再看看，文章中孔乙己以外的人对孔乙己最能记住的又是什么呢?"课堂中间，用"记"字过渡和衔接，深入走进文本，剖析人物形象；"这样的话，老师就想再问一个问题，你们觉得这些人真的是记住孔乙己了吗?"课堂高潮，用"记"字转折和提升，点化学生，柳暗花明；"今天，是我的生日，我应该笑，但走进孔乙己的世界，我真的很想哭"，课堂尾声，用"记"字作结，耐人寻味，言已尽而意无穷。这种课堂语言的呼应和递进，从教学层次的安排来看，是很有必要的。它能使课堂线索分明，走势顺畅，首尾圆合。从学生的思维品质的递升要求来看，也是必不可少的。它能让学生的思维从凝滞走向贯通，让学生的思想从肤浅走向深刻，让学生的理解从平面走向立体。

最后，有品质的课堂教学语言，应当是与学生活动共生共长的。有些教学语言是可以预设的，如主问题，如小结与过渡。而有些教学语言，是必须现场生成。这就需要教师具有足够的教学智慧，捕捉到教学语言的"生长点"，并能迅速组织语言信息，传递给学生，从而激发起学生更为广泛更为深入的回应。这个"回应"的内容，又激发起执教者更上一个层次的教学评价……如此循环，生生不息。我们看培东的这节课，有百分之八十以上的教学语言，属于现场生成，这是非常可贵的。尤其是他与学生的对话，时时闪现出智慧碰撞的火花，时时结出共生的果子，这就更为难得。当学生说"孔乙己是个孤儿"时，他顺势点拨，得出结论"孔乙己是个孤独的人";当学生说"孔乙己落魄"时，他立即追问学生，让他们认识到了孔乙己"落魄"的原因……经过他不断的点拨、启发、追问、补充和小结，学生的回答愈见精彩和丰富。就这样，他的课堂呈现出一种和谐共生的状态，可谓风生水起，魅力无穷。

有品质的课堂教学语言，是一种需要时间和阅历来修炼的技巧。因为经过了沉淀，它显得简单而平静；因为经过了淘洗，它显得晶莹而饱满。"品质"二字的内涵，即在于此。

《春酒》

🍃 浅浅小语 ⫽⫽

　　浅浅的/把语文扎扎实实地交给阅读/交给岁月/急不可耐的心/嗅不到春酒的芳香

——肖培东

🍃 课堂再现 ⫽⫽

　　执　　教：肖培东

　　点　　评：周丽蓉

　　教学背景：2014 年 4 月 17 日，四川省成都市双流中学，首届全国"正道语文"高端论坛学术研讨会。

一、整体感知

师：今天我们所要上的这篇课文，作者叫什么？

生（齐）：琦君。

师：大家知道她是什么地方人？

生（齐）：浙江，永嘉。

师：对，浙江永嘉，也就是现在的浙江温州。而站在你们面前的肖老师就来自浙江温州，所以，今天和大家一起学习琦君的文章真是一种缘分。好了，同学们，《春酒》，你们一定看过了，接下来就问问大家，这篇叫作《春酒》的文章都写了什么？

（生思考）

师：你来说。

生1：我觉得《春酒》这篇文章写了对母亲对家乡的思念之情。

师：对母亲对家乡的思念之情。你为什么一下子就把这个情感给拿出来？

生1：因为我觉得《春酒》它不仅写的是《春酒》这篇文章，她还表达了她对母亲对家乡的那股思念之情。

师：前半句话应该改成"《春酒》它不仅是写了关于春酒的若干事情"，文章更写了作者的情感。来，男同学，你说说看，《春酒》一文都写了哪些事情？

生2：《春酒》写了母亲帮女儿做春酒……不知道了。

师：不知道了？文章读完，一定要想着文章里都有啥，要养成好的读书习惯。旁边的男同学你帮他找找看，《春酒》都写了哪些事？

生3：我也认同他的观点，其他也没有了。

师：什么事情？

生3：做春酒。

师：全文只在写做春酒吗？

生4：还专门提到做春酒后母亲要亲我一下，然后表达我对母亲的思念之情。

生5：我认为还写了过新年、喝春酒和喝会酒。开头两段写的就是过新年，三四这两段写的是喝春酒，后面写的是喝会酒。

师：同学们听出来没有？阅读的差距在这里看出来了吧。他不仅说了什么事，而且他概括得非常好，都是用几个字来概括的？

生（齐）：三个字。

师：三个字来概括的。过新年，喝春酒，还有呢？

生（齐）：喝会酒。

师：喝会酒。当然，你还落了一件事，也就是刚才这两位男同学说的"做春酒"。后来是在什么地方做春酒啊？

生：美国。

师：好了，课文写了这么一些事情。大家还记得吗？今天站起来回答的第一位女同学，她说的是什么呢？

　　生（齐）：思念。

　　师：对母亲对家乡的思念之情。这个女同学就非常厉害了，她懂得散文不仅仅是在写事，更重要的是在写什么呢？对，写"我"的感情！这就说明她读到了这篇文章深处的东西了。你们读到了没有？

　　生（低声）：读到了。

　　师：没事，我们先一起把课文再读一遍。课前你们已经读了前面两段了，我们就从第三段开始读。老师先读第三段吧。

　　（师读，学生齐读，而后生6读至结束）

　　师：读错了两个地方，如法？

　　生（齐）：炮（páo）制。

　　师：还有呢？

　　生（齐）：挑剔。

　　师：另外有一个词读错了，地道还是道地呀？

　　生（齐）：道地。

　　师：道地家乡味。好，同学们，我还发现你们多读了一处，知道是什么吗？

　　生（齐）：括号里的文字不要读出来。

　　师：括号里的文字不要读出来，但是你心里要记住这些注释性的文字。加上你们课前的两分钟读的第一段和第二段，同学们再看一下，这篇文章我们还有什么没读？

　　生（小声）：标题。

二、读标题，品春酒

　　师：标题，那你们想想看，这标题只有两个字，该怎么读呀？

　　（生思考）

　　师：来，这位男同学，你先说。

　　生7：我认为，读标题应该饱含着思乡的情感来读。

师：你先读出来。

生7：春——酒。（悠长）

师：为什么读得这么悠长？

生7：因为本篇文章是表达作者对家乡的思念之情，所以说要读出思乡的绵绵情感。

师：标题本身也是有情感的，是吧？

生7：是。

师：你再给大家演绎一下。

生7：春——酒——（悠长有感情）

师：春——酒——他要读出一种绵长的思乡之情。来，女孩子，你会怎么读？

生8：饱含着思乡之情，读得很慢、很长的。春——酒。（慢、悠长）

师：春——酒。你想读出什么味道？

生9：我觉得应该读出一种自豪的感觉。春酒。（重读"春"字，自豪的）

师：春酒，为什么要如此自豪？

生9：因为春酒是家乡的东西，应该引以为豪。

师：对，家乡酒，这家乡的酒，甜不甜？

生9：甜。

师：甜！再来，自豪地读出春酒的甜味。

生9：春酒。（甜，自豪）

师：春酒，自豪、香甜的味道。你来读读看。

生10：春酒。（平淡）

师：你为什么读得这么平淡？

生10：因为我觉得春酒在我家乡是非常有象征意义的，家乡对我来说是非常美好的回忆，回忆在心中，所以不应该读得非常的强烈，应该读得很平淡。

师：看似平淡，但你的内心依然是——

生10：有强烈的美好的情感。

师：用自己平淡的声音去表现那种浓浓的爱，是这个意思吧？

生10：嗯。

师：就好像琦君的文字一样，平淡之中有真情，这是她的特点。你来读读看，你想读出什么味？

生11：春——酒。（低沉，悠长）

生11：我是想这篇文章表达了对母亲的思念，写出了我多年不见母亲的感觉，所以我得读得悠长一点。

师：写文章的时候呢，她的母亲已经去世了，所以这悠长的思念里你还要读出一种——

生11：悲伤。

师：好，读读看。

生11：春——酒——（悲伤，悠长）

师：春——酒。轻轻地问，轻轻地回忆，一种悲伤的感觉。你来。

生12：要读出自豪的感觉。

师：又是自豪，你读读看。

生12：春——酒。（自豪）

师：家乡酒，自豪酒。来，后面男同学。

生13：我觉得应该读出一种有回味的那种感觉。

师：回味，为什么？

生13：因为思念母亲，思念家乡，也在回味那以前春酒的味道。

师：在回味的过程当中，她是进入了怎样的境界？

生13：非常的思念，心情非常的平静。

师：心情会平静吗？

生13：思念过去嘛，就非常的享受。

师：哦，听懂了，享受。这个平静看似不动声色，但内心波澜起伏，是这样吧？读读看。

生13：春——酒。（轻轻的，悠长中透着思念）

师：有位女孩子举手了，你来说说看。

生14：我感觉到作者对春酒有喜爱之情，她又回忆了快乐的儿时童年，"春酒"应该是快乐的。

师：快乐的。读读看。

生 14：春酒。（很快乐）

师：很甜蜜地去回忆。

生 14：春酒。（笑）

师：每个字都是有感情的，同学们，春酒，春天，美酒，所以她要读出快乐的味道。一起来快乐地读读春酒。

生（齐）：春酒。（快乐）

师：我听到了对春酒的那种甜蜜的回忆。还有同学举手，你说。

生 15：我觉得对于"春酒"应该遗憾地来读，因为母亲已经去世，而她也酿不出来那种家乡的味道。要很遗憾地来读。春酒（遗憾，声音略响）。

师：要把遗憾的感觉显现出来，还应该要表现出再也寻找不到春酒的那种——

生 15：惋惜。

师：惋惜。再读读看。

生 15：春酒。（声音轻下去）

师：哎，这个时候她的声音就比较低沉了。好，请坐。你还想读一读，是吧？

生 16：我觉得，文章后来提到了她已经会做春酒了，但是她已经在异国他乡，她酿制不出故乡的味道，所以，即使她会有自豪感，也是思愁满腹裹着她的心。

师：一丝惆怅，满腹辛酸，思愁满怀，读一读。

生 16：春——酒。（无限惆怅）

师：春——酒。哦，还有很多同学举手，谁还想试一试，最后一个机会。

生 17：作者写了很多对以前美好的回忆，她也很陶醉于这些美好的回忆之中，所以我觉得应该读得有一种陶醉的感觉。

师：陶醉的感觉，你试一试。

生 17：春酒。（陶醉）

师：哎，读得很陶醉。春——酒。

师：大家感觉到了吗？标题的本身其实是作品全部文字的凝聚。咱们真的不可以忽略它的内蕴。我们看出来了，"春酒"这个标题，凝聚了同学们阅读中的很多感情，这些感情可以归为几类呢？

生：两类。

师：对，两类。一类是回忆春酒时的陶醉、甜美、享受。一类是回忆清醒以后找不到春酒的那种惆怅、忧愁。我们就试着用两种感情去读读看。来，陶醉甜蜜的，预备，起。

生（齐）：春——酒。（陶醉）

师：来，忧伤的。

生（齐）：春——酒。（忧伤）

三、春酒中的"甜蜜"——忆春酒

师：很好。接下来就请你再在文章中找找看，支撑你这种情绪的文字在哪里？

（生阅读）

师：我们先来找找很快乐的，很甜蜜的。哪些句子能够读出这个味道来？

生 18：请大家看到第一自然段。"尤其是家家户户轮流的邀喝春酒，我是母亲的代表，总是一马当先，不请自到，肚子吃得鼓鼓的跟蜜蜂似的。""肚子吃得鼓鼓的跟蜜蜂似的"，用蜜蜂做比喻，表现出作者非常喜爱喝春酒，也表现出作者喝春酒时的可爱。

师：大家一起来读一遍。"我是母亲的代表"，预备——起。

生（齐）：我是母亲的代表，总是一马当先，不请自到，肚子吃得鼓鼓的跟蜜蜂似的，手里还捧一大包回家。

师：你觉得这个句子写出了点什么味道来？

生 18：琦君非常喜爱喝春酒。

师：作者对春酒的喜爱，从哪些地方可以看出？

生18："总是一马当先，不请自到"。每次去喝春酒的时候都是作者自己去的。

师：哦！"一马当先""不请自到"。读出这个味道来，试试看。

生18：总是一马当先，不请自到。（重读"总是"，声音响亮）

师："一马当先，不请自到"。小孩子对春酒的喜爱就表现出来了。请坐，来，你再来说说这个句子。

生19：还写出了自己的急切，别人都还没有请她，她就已经去了。这更能体现出她对春酒的喜爱。吃完了她还要捧一大包回家，就可以看出小孩子她还是有一点多吃多占的心理。（众笑）也可以看出她对春酒的喜爱。

师：那就把"多吃多占"那个句子读出来。

生19：不请自到，肚子吃得鼓鼓的跟蜜蜂似的，手里还捧一大包回家。（重读"一大包"）

师：注意到了吧，"一大包"，这三个字有感觉吧。很炫耀，很开心的，来，同学们一起来，"捧一大包回家"，读。

生（齐）：手里还捧一大包回家。

师：哎，我刚才还注意到了，"肚子吃得鼓鼓的"，琦君用了比喻，"蜜蜂似的"，这个比喻可有点奇怪，哪位同学给说说看？

生20：我觉得吧，蜜蜂是采蜜的，每次采了蜜就把它装在自己的肚子里。说明这个小孩子肚子吃得饱饱的她还觉得不够，还想再吃。

师：哦哟，采得不够，还得要采，她为什么不说，肚子吃得鼓鼓的，跟猪肚子一样？（笑）

生21：我觉得因为那个春酒是甜的，她把那个蜂蜜比作成春酒。而那个猪肚子里面吃的是……（众笑）所以用蜜蜂来比喻要好一些。

师：这不仅是形似，而且连味道都是一样的，所以我们读这个"蜜蜂似的"，要读出一种什么味道来？

生21：甜味。

师：甜味，一起来读读看。

生（齐）：肚子吃得鼓鼓的跟蜜蜂似的。

师：我请这位声音好甜的女孩子来读读这句话。

生22：肚子吃得鼓鼓的跟蜜蜂似的。（甜，开心）

师："蜜蜂似的"。你来。

生23：肚子吃得鼓鼓的跟蜜蜂似的。（甜，开心）

师：真甜。同学们再想想，这个句子，就只是能够读出我对春酒的喜爱吗？你还能不能读出其他的什么东西来？

生24：因为她说的是"跟蜜蜂似的"，可以看出小孩子的天真烂漫。

师：哦，天真烂漫，有童心。来，你读读看。

生24：肚子吃得鼓鼓的跟蜜蜂似的。（充满童心）

师：好，同学们，再想一想，这个句子里面的第一句怎么读？我请个男同学来读，你来。

生25：我是母亲的代表，总是一马当先。

师：你有没有代表过母亲？

生25：没有。（众笑）

师：所以读不出这个味道来啦。能代表母亲，你说应该有种什么感觉？

生（齐）：自豪。

师：哎，自豪。来，现在你懂了没有？假设某一天你代表你的母亲去——

生25：我是母亲的代表。（很自豪）

师：哎，味道就不一样了，对吧。"我是母亲的代表"，小孩多高兴啊，可以一起上桌子了。另外，"我是母亲的代表"，除了读出作者的高兴以外，你觉得还能读出点什么？

（生思考）

师：来，你来。

生26：我觉得她还写出了乡邻之间的那种亲密、融洽的情感。

师：乡邻之间的亲密、融洽，为什么？

生26：因为她可以在乡邻那里吃春酒，然后还可以吃得鼓鼓的。

师：别人都认可她的身份。是吧？回家时还给她一大包东西。所以这里面还有乡邻的热情与纯朴。另外，再看，你们找的词语都有很明显的情感成分，能不能从看似平淡的词语中也读出点这样的味道来？

生27：我感觉"我是母亲的代表"就写出了母亲很信任我。

师：母亲对我的信任与宽容，母亲对我的认可与放心。这个母亲，大家注意，是不是只让她去了一次？

生27：不是。

师：哪个词很重要？

生（齐）："总是"。

师：对了，在这些看似不含情感的词里找到情感，那就是阅读的高功夫了。一起再读读这段话。这里面有我的快乐，有春酒的美好，有乡亲们的纯朴好客，有母亲对我的爱。所以，一句话就快变成一篇课文了。"我是母亲的代表"，预备读。

（生读，提出这句话的生18再读）

师：你看，是不是比第一次感觉要好多了。潜入文字，就能感受到字里行间的情感。所以情感是读出来的，是找出来的，是品出来的。好，这样的句子还有没有？

（生思考）

生28：我觉得第二自然段最后一句话，"其实我没等她说完，早已偷偷把手指头伸在杯子里好几回，已经不知舔了多少个指甲缝的八宝酒了"。我觉得这句话有几个词语，"偷偷""好几回""舔"，这三个词语都能体现出"我"特别喜欢喝春酒，然后对春酒的那种急切之情。

师：特别喜欢喝春酒，在哪个词上面？

生28：比如说"偷偷"，我就是不想让母亲知道，但是又特别想喝，就每次都偷偷地把手指头伸到杯子里。

师：嗯，为了表达对春酒的喜爱程度，作者还特别写了几个词，"好几回""多少个"。那你觉得"偷偷"怎么读？

生28：应该很轻的。

师：轻轻的，千万不能让母亲感觉到了，你不能读得那么响，一响，母亲就知道了。来，你试试看。

生28（读）：早已偷偷把手指头伸在杯子里好几回。（整个句子读得很

轻)

师：哎，这个"好几回"你不能这么给忍住了。小孩子哟，"好几回"，那是太得意了。

生28：好几回（得意）。

师：这句话里的情感对比是非常明显的。"偷偷"要让别人不知不觉的，"好几回"要向大家炫耀！对！瞧，我好几回了你都不知道是我做的。好，就这句话，你再读读看。

生29：早已偷偷把手指头伸在杯子里好几回。（轻重对比明显）

师：有了，"好几回"你都不知道。一起读读看。

（生齐读这句）

师："已经不知舔了多少个指甲缝的八宝酒了"。所以，作者对春酒真的是一种爱，一种喜欢，一种甜蜜，一种陶醉。还有吗？哪些句子？

生30：第四自然段，"我呢，就在每个人怀里靠一下，用筷子点一下酒，舔一舔，才过瘾"。这里写的"才过瘾"就体现出作者当时的难以忘怀，陶醉其中。

师：这个同学说得很好，他把一个容易被忽视的词带进去了。同学们，是哪个词？

生："才"。

师："才过瘾"，这个"才"字都放进理解中去了，这就是你读书的一个收获。读读看。

生30：我呢，就在每个人怀里靠一下，用筷子点一下酒，舔一舔，才过瘾。

师：哎，除了过瘾以外，还有没有写出其他的一些什么东西来？

生31：还写出了乡亲们对她的宠爱，在每个人怀里靠一下，乡亲们并没有介意，还很宠爱她。

师：这一句话还写出了乡村里的人的好。读出这种乡情的美好来。

（生有感情地齐读这句话）

师：好，还有哪些句子？

生32：第三段中"要泡一个月，打开来，酒香加药香，恨不得一口气喝它三大杯"这句。"恨不得"可以体现出春酒非常的引诱人。

师："恨不得"，春酒的诱人。怎么读？

生32：恨不得一口气喝它三大杯。

师：这就是对春酒的完全的热爱了。

生33：第三段，"母亲给我在小酒杯底里只倒一点点，我端着、闻着，走来走去，有一次一不小心，跨门槛时跌了一跤，杯子捏在手里，酒却洒在衣襟上了"。春酒，只倒一点点，我端着、闻着，像个宝一样。过门槛时不小心跌了一跤，杯子还在手里，可见她有多么喜爱这杯酒，哪怕只是一点点。

师：最后成就了一只小花猫。读读"抱着小花猫时"的句子。

生（齐）：抱着小花猫时，它直舔，舔完了就呼呼地睡觉。原来我的小花猫也是个酒仙呢！

师：最后一句话，哪个词特有味道？

生33："酒仙"。

师："酒仙"？还有吗？能不能找出比"酒仙"更有感觉的词语？

生（齐）："也"。

师："也"？为什么？

生34：不仅她一个人喜欢喝，连她的猫也喜欢喝。

师：猫也爱春酒，这个"也"字真的是不能忽视。好，同学们，这样的句子，课文中还有好多好多，我们就不再一一列举了。这些句子都要读出她对春酒的喜爱她对母亲的爱，还有她对村里乡亲的爱！因为这里不仅是春酒的味道，更有母亲的爱、乡亲的纯朴热情，还有她的一颗烂漫的童心。我们请几个同学合作一下，把PPT上三句话读出感情来。

（生35、生36、生37分别朗读一句，很有感情）

PPT显示：

①我是母亲的代表，总是一马当先，不请自到，肚子吃得鼓鼓的跟蜜蜂似的，手里还捧一大包回家。

②其实我没等她说完，早已偷偷把手指头伸在杯子里好几回，已经不知舔了多少个指甲缝的八宝酒了。

③我端着、闻着，走来走去……抱着小花猫时，它直舔，舔完了就呼呼地睡觉。原来我的小花猫也是个酒仙呢。

四、春酒中的伤感与坚守——怅春酒，找春酒

师：再看看，文章中哪一句话最有一种惆怅的忧伤的感受？课文中情感在哪一句话陡然一转呀？

生38：一句话提醒了我，究竟不是道地家乡味啊。可是叫我到哪儿去找真正的家醅呢？

师：这句话里为什么有这么浓浓的悲愁与惆怅呢？

生39：因为作者身在异国他乡，自己酿的"分岁酒"又没有了任何的家乡味，就有了一丝丝的惆怅。

师：再怎么酿酒都不是"真正的家醅"。我们一起来读这五个字。贴了心去读。

生（齐）：真正的家醅。

师：尤其这个"家"字，要读得温暖亲切，饱含无比的思念。

生（齐）：真正的家醅。（很有感情）

师：哎，千山万水，家醅难得。这句话，老师改成这样，"究竟不是道地家乡味啊。真正的家醅已经不在了"，你觉得如何？

PPT 显示：

①究竟不是道地家乡味啊。可是叫我到哪儿去找真正的家醅呢？
②究竟不是道地家乡味啊。真正的家醅已经不在了。

（生思考）

师：先别急着举手，读读这两句话。

生（齐）：可是叫我到哪儿去找真正的家醅呢？真正的家醅已经不在了。

生40：我觉得第一句更有味道，反问句，加强了语气，更让人感到她心里的悲伤，心里的惆怅，和对家乡、对母亲的思念。

师：这是从句式上面来讲，情感更浓重些。

生41：第一句是一个问句。到哪里去找真正的家醅呢？就引起了读者对这个问题的思考。

师：这句问话你在读的过程中，能不能想到一些什么场景呢？再读读。

生42：当作者要拿材料去做春酒的时候，她找不到她家乡的原材料，只能用异国他乡的其他材料来代替去做春酒，但是味道却无法代替家乡的春酒。

师：我们来看一个词"找到"，好像我们看到了什么？你来说。

生43：我看到了作者四处寻找，十分惆怅，十分忧愁的情景。她怀念故乡，怀念母亲。

生44：看到了作者正在找春酒的画面。

师：茫然四顾，望穿秋水，眼光跳跃了千山万水，去找家乡的春酒。所以最让人感动的是哪一个字？

生（小声）："找"。

师：找，哎，她在找，从来都没有放弃过，即使时空的海峡隔远了距离，这种找家醅的感受永远在心里藏着。无论身体在哪片土地上，琦君从来就没有放弃寻找家醅的愿望。所以，同学们，这样一想，我们就知道了，这篇文章写了忆春酒、怅春酒，还有找春酒。

板书：忆——怅——找

师：此时，母亲不在了，此时，隔着千山万水，此时，已经回不到那个童真的时代了。但是作者依然告诉我们，她想要寻找春酒。那份沧桑、那份悲愁，还有那份不灭的希望，就在这个句子里面全都读出来，试试看，自由地读一遍。

（生自由读，而后齐读）

师：琦君写过这么一段话。"我只是用朴实肤浅的文字传递出我的心声，这一字一句里，有我的欢笑，我的眼泪，有我对过去不尽的怀念，还有对未来不尽的希望。"在读出乡愁，在读出思念的过程当中，我们还要读出作者那份寻找之心。"究竟不是道地家乡味啊"，我们再读读这句。

（生多次读）

师：读得缓慢，读得低沉，读出这句的惆怅与无尽的思念。

生（齐）：可是叫我到哪儿去找真正的家醅呢？

五、对比赏析，深化主旨

师：要想读好这句话，我建议做个对比，你只有把前三句童年喝春酒的欢乐读得越欢乐，你才更能体会到最后一句的那种失落与惆怅。现在老师来读一句甜蜜，你们来读"一句话提醒了我"，我们之间的感情有个明显的落差。

PPT 显示：

①我是母亲的代表，总是一马当先，不请自到，肚子吃得鼓鼓的跟蜜蜂似的，手里还捧一大包回家。

②其实我没等她说完，早已偷偷把手指头伸在杯子里好几回，已经不知舔了多少个指甲缝的八宝酒了。

③我端着、闻着，走来走去……抱着小花猫时，它直舔，舔完了就呼呼地睡觉。原来我的小花猫也是个酒仙呢。

④一句话提醒了我，究竟不是道地家乡味啊。可是叫我到哪儿去找真正的家醅呢？

（师生分读，反复体会其中感情）

师：这就是琦君，她的回忆，她的惆怅，她的寻找。我们再来看，就这 PPT 上的四句话里，前三句和第四句话你觉得有什么不同？

生45：前三句写作者喝春酒时的欢乐，最后一句话写作者喝不着家乡春酒时的惆怅。然后前三句和最后一句话进行对比，表现出作者喝不到春酒的惆怅与思念家乡的春酒的感情。

师：她写前三句都有一种什么味道？

生46：前三句写出了作者对春酒的喜爱之情。

师：这个时候的作者是一个？

生（小声）：小孩子。

师：哎，用的是小孩子的语言。来，我们一起来把第一句像小孩子说话一样读读看。

生（齐）：我是母亲的代表，总是一马当先，不请自到，肚子吃得鼓鼓的跟蜜蜂似的，手里还捧一大包回家。

师：大家感觉到了吧，这些句子都是以一个儿童的口吻写出来的，但只有最后一句，这个时候的琦君变成了什么呀？

生：大人。

师：所以，所有的快乐她都是用孩子般的语言来表达的。琦君说过这样一句话，看PPT：

> 写的时候，自己当年那个傻傻的样子就在眼前，所以并不觉得是在写回忆，只觉得自己又变成孩子了。——琦君

师：所以，我们发现，这篇文章的语言有两种风格，一种是以儿童的口吻来写回忆中的春酒，还有一种是以成人的视觉来表现此时的失落和坚持寻找。因此，在作品当中，琦君自始至终是孩子。她是谁的孩子呢？

生47：母亲。

师：谁的孩子呀？

生48：乡人。

师：还有吗？

生49：故乡的，春酒的。

师：家乡，还有春酒的孩子，甚至中国传统文化的孩子。因此，这样我们就知道，原来这是一个母亲一个故乡的孩子，在寻找她那心灵的故乡，在寻找她的根。最后，让我们一起读一读第一句和第四句，感受一下两种不同的风格。预备——起。

生（齐）：我是母亲的代表，总是一马当先，不请自到，肚子吃得鼓鼓的跟蜜蜂似的，手里还捧一大包回家。

师生（齐读）：一句话提醒了我，究竟不是道地家乡味啊。可是叫我到哪儿去找真正的家醅呢？

师：春酒一杯家万里，一切尽在文字间。亲爱的同学们，有空多读读

琦君的文章，再见。

教学感言

★"究竟不是道地家乡味啊。可是叫我到哪儿去找真正的家醅呢？"读了几遍《春酒》，依然找不到教学的入口。这真正的家醅何处寻觅，这语浅情深的《春酒》如何咀嚼，我真的有点难受。仿佛是一个贪杯者，置身在酒香醇厚的空间，却找不到那深埋在地层中的一坛坛多年老酒，而那酒味还在不断地钻入你的鼻孔，渗入你每个细胞。

★选择了这一课，就无可逃遁了。真心说，我还是找不到上课的点，或者说，琦君的文章我已经犯了一个概念性的错误，那就是，读了读，怎么读都觉得浅浅的，虽然清新但也就一目了然。在这样的思想的干扰下，我愣是无法深入文字去品尝春酒的滋味。白先勇说："看琦君的文章就好像翻阅一本旧相簿，一张张泛了黄的相片都承载着如许沉厚的记忆与怀念，时间是这个世纪的前半段，地点是作者魂牵梦萦的江南。"这个旧相簿上，围绕"春酒"，留下了童年的欢乐、亲情的温暖、乡人的热情。一杯春酒几多怀念，"我"的天真可爱，母亲的善良能干，乡人的淳朴厚道，在"春酒""会酒"席上不断氤氲起来，渐渐散开，在岁月的沧桑中化成浓浓乡愁。"梦中应识归来路，梦也了无据。"无论是幼时的童真童趣，还是热情善良的母亲形象，抑或是其乐融融的乡亲们，都留着琦君深深的眷恋。可是，怎么教学呢？初中学生读懂这样的文字应该不难，有必要装模作样地在课堂上再做教学姿态吗？文章里有"我"，有"母亲"，有"乡人"，春酒里有童心，有母爱，有乡情，再深一点，还有乡愁，有"传统文化"的怀念……好像深刻，但我觉得挡不住学生的阅读思索。至于语言，我还没有嚼出太多的味，所谓的生动形象感觉就只是标签，很是勉强。"我不请自到，肚子吃得鼓鼓的跟蜜蜂似的，手里还捧一大包回家。"一定要说这样的句子生动传神，我好像还做不到。

★同是女性作家，杨绛的《老王》也许更有可读性。同样是清新浅淡，杨绛的文字可能会有更高的空间。或许是写作的聚焦不同，或者是作者写作的情怀不同，琦君的文字温馨但少震撼，"可是叫我到哪儿去找真正的家醅呢？"一句有感动有伤感，但不见得这样的句子就只属于琦君。我还是愿意在《老王》的"愧怍"里寻找人生感悟。杨绛也写家常小事，琦君也写童年往事，但怎么读我都读不到很深很深的如《老王》般的血泪心绪。

★想来想去，还是自己浮躁了吧。

★我能为《春酒》感动的，我也相信学生也能读出来。只是我不想做什么表面教学，在大家都读懂的地方再做煽情，感觉没多少意思。看过很多教学实录，《春酒》实录里的师生对答都是如流般的顺畅，那教师还有什么意思去教呢？小孩可爱，母亲慈爱，乡人真爱，春酒味浓，最后怀念乡愁，几乎都能读出。最有意思的是，为达到"乡愁"煽情，多数教师都搬来琦君的其他文章中的思念性文字，再加上一段音乐，《春酒》的乡愁就算走进学生心中了。"像树木花草一样，谁能没有一个根呢？我若能忘掉故乡，忘掉亲人师友，忘掉童年，我宁愿搁下笔，此生永不再写。"如这段文字般的外援很多，也就是说，光《春酒》他们是读不出声泪俱下的，或者，教师无法在《春酒》中带领学生走入绵绵乡愁，非要端出琦君的其他"春酒"不可。适量的课外拓展是必要的，但文本读不出一点感觉就去凑合其他坛坛春酒，就显得我们对《春酒》的教学技穷。若是《春酒》的感动必须是依赖琦君其他的文字达成，那么为什么不直接学其他文字而要教学这课《春酒》呢？我是有点费解。

★琦君一定有琦君的魅力，我应该还没发现。但是阅读教学，不应该过过场，不应该做做样子，学生能做的事情，我们就不要多掺和了。

★这《春酒》，说难不难，不难又难，我要想的，还远远不够。散文，是要经由文字读出属于"这一篇"的感情来的。还是再多读读这《春酒》吧，别让自己的浮躁与浅薄亵渎了这样的精致。这经过千锤百炼之后成就出的精粹与平和，是需要我真正静静地阅读才能感受的。

★"春酒""春酒"，我凝视着标题，感到愧疚。我喃喃自语，突然，我感觉到了什么……

——肖培东

256

现场声音

★这堂课完全没有花架子。整堂课围绕"春酒里蕴含着什么样的情感"这个主问题来展开教学，以情感为主线掌控着整堂课的内容。无论是内容的归纳，还是语言的品味，都紧紧围绕这个中心进行。整堂课看似"形散"，实则"神聚"。教者貌似在和学生拉家常，其实在一步步"逼近"目标。如同一篇美文，前呼后应，浑然一体，如行云流水，一气呵成。如春风化雨，润物无痕。

★这堂课，自始至终弥漫着浓浓的情感，教师在语文教学中找到了幸福，学生在语文学习中体验到了快乐，台下的我读出了语文教学的尊严。我亲眼看见那些孩子在课堂上从最初的拘谨、矜持到渐渐活跃，慢慢参与，慢慢融入课堂，慢慢迸射出种种情感：或自豪，或愉悦，或陶醉，或忧伤，或惆怅，或心酸……文如其人，课如其人。这堂课达到了教者、学生、作者的情感统一，作者的春酒"静静酿造，慢慢发酵"，这也恰如肖老师的课堂"文火熬炖"，牵一发而动全身，酥软醇厚，令人回味无穷。

——四川省刘源工作室　杨晓琼

★在培东老师潜心酝酿下，一壶醇香的甘酿慢慢沁入孩子们的心中，且品且行，我也醉在这一堂《春酒》中。课堂是一门缺憾的艺术，短短一节课不能解决语文教学中的所有问题，课后有老师就质疑：课好，可考试怎么办？一堂课只解决了那么几个词语。他们的话引起我深深的思索，在这个浮躁和功利的时代，我们的教育该怎么走？我们的语文课该教什么给学生？怎么教给学生？面对如此厚重、博大的语言和文化，我们应该把怎样的精神和知识传授给学生？是单纯为了考试还是孩子终生的成长？我想：我们应该教给孩子对祖国语言文字的热爱和对人类精神财富的传承。我深信，语文教学的本真是给孩子最质朴和真实的课堂。

——江油教师进修学校　王丽君

★课堂是需要一份足够的耐心的。一堂课，尤其是公开课，要做到耐心，要做到常态的慢，这是需要底气和功力的，也是需要气度和胸襟的。一个标题，就让学生读十几遍，读出丰富的情感，品出十足的情意，多少人能这么舍得？多少人敢这么舍得？肖培东老师课堂的推进几乎全由学生的认知成长来决定，眼里有学生，心中无自我。学生初读的生涩，情感的隔离，到渐入佳境的体悟，情浸文字的朗读，无不在慢进缓行中进行。思维是可以这样鲜活生长的，情感是可以这样濡染熏化的。课前静思熟虑，字字内化为涓涓深情，密封精酿；课堂慢品细酌，句句流淌浸透醇香，沁人心脾。于我看来，"慢"是婉转在课堂里最美丽的思维姿态。这份慢，是一份等待，也是一种陪伴。

——四川省成都市双流中学　刘小芳

★这节课下来，我觉得肖老师在教语言，在教文本的语言。他不是在空讲琦君家乡过年的习俗，而是让学生沉浸琦君的具体明确的语言文字中，去感知挖掘春酒背后深层次的东西。语文课不是政治课，不是在忆苦思甜中完成语文教学的目标与任务。肖老师抓了对课题的朗读这个环节，让学生对春酒从表面认识到深刻认识。他对课题朗读的点播，对承载作者感情句子的赏析，我想，不仅对学生是一种顿悟，对听课的老师何尝不是深刻的启迪呢？原来，优美散文的文字可以如此推敲。此后，学生或许在阅读文学作品时，注重的不只是情节，更有能够给读者留下最直观感受的文学语言，教会学生在具体的语言中走进文本的内核。

——云南省昆明市石林县巴江中学　高学兰

🥄 名师点评

春酒一杯家万里　细品慢饮显深情
云南省昆明市第三中学　周丽蓉

琦君的文字，质朴如水，平淡无华；琦君的乡愁，浓而不烈，非深潜其中不能感受其情深。这样一篇真性情的散文，须有同样性情至纯的心灵与之共鸣，并用一份巧妙的心思引领年少不知乡愁的学子沉浸在文字中去感知，去品味，去领悟。在反复的诵读中体会、点拨、感悟，让情绪慢慢酝酿，让乡情静静"发酵"直至弥漫整个课堂，沁入读者心间，这，应该就是语文课堂的最佳状态，也是培东课堂的高妙之处。

于平常的文字间发现文字的不寻常处，是一个语文教师眼力的体现；在诵读的过程中巧牵妙引，是一个教师驾驭课堂的智慧表达；在课堂上不急不躁，静静等待学生的领悟与成长，是一个优秀老师的襟怀。课堂，就是在师生静心的阅读、交流中往前推进，学生的心通过与文字的亲密接触，慢慢品出春酒之味，走进琦君的家乡，感受一份浓浓的情意。

课堂在文章题目的品读中开始。我们常常会给学生分析标题的作用，比如线索，比如文眼。但很多时候，只是说说，只是分析，学生是难以获得真正的体验的。品读文章的标题，十一个学生的初读体验，得到老师充分的尊重和认可，教师在珍视每一个孩子的阅读体验时，适时引导，灵动与巧妙尽在对话之间。

师：标题，那你们想想看，这标题只有两个字，该怎么读呀？

生7：我认为，读标题应该饱含着思乡的情感来读。

师：你先读出来。

生7：春——酒。（悠长）

师：为什么读得这么悠长？

生7：因为本篇文章是表达作者对家乡的思念之情，所以说要读出思乡的绵绵情感。

师：标题本身也是有情感的，是吧？

这是课堂的第一个环节。读，是从"你想想看"开始的。教师的语言看似平常，实际上每一次开口都带有引导性。十一个孩子，在阅读体会中找到自己发声的情感依据，为后来的课堂推进奠定了极好的感情基础。慢慢地酝酿，慢慢地发酵，"春酒"的滋味渐渐溢出，童年的开心，离家后的惆怅，在学生的舌尖品出韵味，在心里留下了印迹。教学是要有"痕迹"的，初尝"春酒"之味的孩子，在读与思中品出了情感，领悟了真情，这就是语文教学的境界，是语文教师的境界——培东的一双妙手，将平淡如水的文字"酿"成美"酒"，一颗慧心，拨动学生的心弦，一双慧眼，带领学生走向深情的美的世界。课堂由读情感转入在具体的描写中感知情感，依然没有生硬的分析，仍然是带着学生走进文本深处，引导——发现——品读——交流，没有热情似火的言语煽情，没有声情并茂的夸张诵读，更没有夸大其词的牵强附会，只有安静地读书，静心地教学生读书。在交流品读中，多个生动而且鲜活的生命状态呈现在我们面前，感动着我们。

首先看到的是教师的生命状态。作为平等的"首席"，教师一定是比学生先进入文本，感受文本生命状态，并将文本的状态与自己的状态合二为一的人。从题目切入，透过文本的这双"眼睛"，看到文本中潜藏的风景，是于平实中见出高妙的智慧。我们常常强调"读文先读题"，但很少真正用心发现题中蕴涵的玄机："春酒"，寥寥两字却字字千金，放在眼前就是一首含而不露的诗，就是一条通往文本深处的幽径。在课堂上，培东充分地发挥着自己"首席"的作用，在声情并茂、字斟句酌的诵读中，缓缓引导着学生的思维流程：先散后聚，从感性认知到理性升华。不露痕迹的点拨中尽显对学生的阅读体验的尊重，这在语文课堂上是难能可贵的。对文本的到位解读固然重要，但对学生最本真、最原始的阅读体验的触摸更为重要。因为语文是一门"人""文"兼具的基础学科。如果教师的生命状态里缺少了对"人"的关怀，目中"无人"，那语文课的生命力也就荡然无存。

其次是学生的生命状态，十一个孩子读课题，议课题；十一种深浅不一的认知方式和个性迥异的表达，连同后来课堂上纷纷起来诵读和发言或者没有发言的孩子，他们的情感意识被慢慢地唤醒，生命伴随深情含蓄的文字在慢慢地生长、丰盈。拙稚的眼光徘徊在春意盎然、酒香四溢的字里行间。年少不知愁滋味的心灵深深地浸润文字中：思盼、自豪、怀念、享受、追忆、遗憾、痛惜……文中的那一份深情与真情，在学生一次次的诵读、体会、吟味中呼之欲出，化入学生年轻的生命，似一壶春酒，酒香绵长，沁人心脾。在"酒力"的催动下，我们发现一双双眼睛有了光彩，那是因为他们年轻的心灵与琦君老人的心灵有了交流，感受到了文字背后琦君的、琦君母亲的，还有家乡人民的生命状态。

"春酒一杯家万里，一切皆在文字中"。文字，非品读难以感其意，情感，非领悟难以入其心。

课堂是平静的，但教师的设计思路清晰且巧妙。

首先妙在以"情"字统领整个课堂，用"情"推进课堂的流程。"这个女同学非常厉害，她懂得散文不仅仅是在写事，更重要的是在什么呀？写'我'的感情。这就说明她读到了这篇文章深处的东西了。你们读到了没有？"课堂是这样来定位的，后来的一切都围绕这个点来展开，"一字立骨"，既符合文体特征，又符合学生的认知水平。

"忆"春酒，带着童年的幸福和惆怅。两种情绪的"定调"，巧妙地为后面的环节进行铺垫。于是，他带领着学生寻觅"支撑你情绪的文字在哪里"，紧扣着三个细节反复品读，儿时的欢愉，邻里乡亲的质朴浓情，母亲的慈爱宽厚，醉在春酒中的小花猫……和谐温暖的场面再现眼前，浓浓的乡情洋溢在读者的心间，少时的一情一景，如此的鲜活，如此可感；"酿酒"至此，还没有到火候，和学生一起修改"可是叫我到哪儿去找真正的家醅呢"一句环节设计，"读出作者的寻找之心"，课堂还原了少小离家老大不能回的琦君老人的凄惶，学生们感受一颗驿动漂泊的心的律动，看到了一个孤独怅惘的身影。

"从孩子般的语言"里，读出"成人的寻找"，这是一种怎样的高妙和智慧！一种干净洗练、水到渠成的转换和提升，使课堂由感性的体验走向理性的思考，在阅读感知中体会写作的奥妙。

引导诵读品鉴，拨动学生心弦；以"情"说"事"，一线贯穿，巧妙的设计，在自然流畅不着痕迹的教学中，为学生的语言感知、文体阅读方法留下深深的印迹，这就是优秀语文教师的功力，这样的功力，须有"八宝"为底料，辅之以高妙的"酿酒"技艺，方能达到"酒"香四溢，沁人心脾！

《在沙漠中心》

浅浅小语

看着孩子的眼睛教学，别带他们走进无边的荒漠。

——肖培东

课堂再现

执　　教：肖培东

点　　评：韩　军

教学背景：2015 年 4 月 25 日，山东省青岛市黄岛实验中学。

一、整体感知

师：同学们，今天要学习的文章读过没有？

生：读过。

师：读过一遍还是两遍？

生：两遍，三遍……

师：那好，我就听听你们读书读得怎么样，来，第一段，"在这种没有水汽的地方，地上的热量很快就辐射完了"，预备，开始。

生（齐读课文第一段）：在这种没有水汽的地方，地上的热量很快就辐射完了……我从前从不怕冷，而现在我却感到自己要冻死了，干渴产生的反应多奇怪啊！（能读出点沙漠中的寒冷味道来）

师：停，告诉我，文段中的这个"我"是谁？

生：圣埃克絮佩里。

师：圣埃克絮佩里，什么国家的人呢？

生：法国。

师：你们有看过他的书吗？

生：《小王子》。

师：对，《小王子》，同学们都已经预习过了，《在沙漠中心》这篇文章，文章写的内容是什么？你能用最简洁的话概括吗？哪位同学试试？

生1：围绕着圣埃克絮佩里的航空经历描述了法国飞行员惊险豪迈的生活。

师：概括得怎么样？你来评价一下？认可这样概括的吗？

生2：同意。很简洁。

师：有不同意见的吗？

生3：我不同意。

师：为什么不同意？

生3：因为说得不够详细。

师：你说得不够详细，应该是说没有落实到文本的具体内容上吧。那你来试试？

（生3一时说不上来）

师：不急，好好想想，《在沙漠中心》写的内容是什么？

生3：《在沙漠中心》写的是1935年，一位飞行员在一次事故中，飞机坠毁在沙漠，他的求生欲望很强烈，在沙漠中心经过很大挫折，他在自己内心中找到了一片平静。

师（提示）：最后——

生3：最后勇敢地站了起来，继续寻找生的希望。

师：大致内容清晰了，还有没有同学概括得比他更简洁一些？用"我"来说。

生4：讲了"我"从飞机上坠到沙漠以后，从痛苦到绝望到心中的平静，然后再到最后努力站起来战胜困难的过程。

师：从痛苦到绝望到心中的平静，然后再到最后努力站起来准备战胜困难，这么长的一句话你能只用一个词来概括吗？什么？

（生4说不上来）

师：想想？从痛苦到绝望到心中的平静，然后再到最后顽强站起来，这都是什么？

（有生小声：心理）

师："哎，"我"的心理活动，"我"的感受，也就是"我"的所思所想。

师：接下来再交给大家一个任务：把标题嵌进去，把"我"放在句子的开头，再把"所思所想"四个字嵌进去再来概括。大家先自由概括一下。

（生自由概括）

师生（一起概括）：写"我"在沙漠中心的所思所想。

师：完整简要，这就叫概括了。我们要学会。这篇文章写的是：飞行员"我"在飞机坠毁之后，在沙漠中心的所思所想。一句话，"我在沙漠中心的所思所想"，大家把这句话写下来。

（学生写）

二、沙漠中心的三句"话"

师：接下来再想一想，都读过这篇文章了，文章中"我"在沙漠中心前前后后共说了三次话，你能找出来吗？有明显的语言标志的，对，双引号。找到一个就举手了，不然被同学先说了。来，你先说。

生5：第一句在第四自然段，"我对自己说：'这不是寒冷，是别的原因。是我的大限到了。'"

师：好，找到没有？画出来，一起来读一读。

生（齐读）：我对自己说："这不是寒冷，是别的原因。是我的大限到了。"

师：第二句在哪？

生6：我听见自己说："这里有一颗干枯的心……一颗干枯的心……一颗干枯得挤不出一滴眼泪的心……"

师：好，找到没有？一起也来读一读。

生（齐读）：我听见自己说："这里有一颗干枯的心……一颗干枯的心……一颗干枯得挤不出一滴眼泪的心……"

师：最后一句，我们大家一起读，开始。

生（齐读）："上路吧，普雷沃！我们的喉咙还没有噎住：我们应该继续走下去。"

（PPT 显示这三句话）

师：这三句话都是"我"在说话。同学们比较一下，三句话有什么不同？好好想想，哦，有同学举手了，我找一位不举手的同学来说，你来说。

生 7：一个是"我"对自己说，一个是"我听见自己说"。

师：一个是"我"对自己说，一个是"我听见自己说"，这两句话都是说给谁的？

生 7：自己的。

师：最后一句话呢？

生 7：说给"我"的同伴普雷沃的。

师：就是说，真正的语言描写只有最后一句，前两句是"我"对自己说，其实是什么？

生（齐）：心理描写。

师：很好，我们一起来读读看。

（生齐读这三句话）

三、品第一句话，读出沙漠里的绝望

师：非常好，接下来想想第一句话该怎么样读。请一位同学读第一句，看看读的是不是沙漠中的味儿。哪位同学试试？这位女同学，你来读。

生 8（读）：我对自己说："这不是寒冷，是别的原因。是我的大限到了。"

师：你想读出什么味道？

生 8：绝望的。

师：绝望的！你再来读读看，他的绝望感你会怎么读？

生 8（再读第一句话）：我对自己说："这不是寒冷，是别的原因。是我的大限到了。"（很悲观）

师：这句话为什么要读得那么绝望，那么痛苦？是什么原因让"我"那么绝望那么痛？

生 8：是"我"的大限到了！

师："大限"是什么意思？

生 8：是快死了。

师：这句话说的是"我"快要死了，死来临前的绝望，痛苦。那是什么原因让"我"那么绝望那么痛，感觉要死了呢？你来说。

生 9：我的血液因缺水而循环不畅，寒气逼人，但这不只是夜晚的寒冷。我的牙床冻得格格作响。

师："但这不只是夜晚的寒冷"，哪个词最值得品味？

生 9："只是"，说明还有其他的寒冷。

师：什么呢？

生 9：心理的寒冷。

师：心理的寒冷，所以这个"只是"要重读出味道来。

（师范读这句话）

生（齐读）：但这不只是夜晚的寒冷。（有重音）

师：还有哪些绝望的原因？你能找到吗？

生 10：我跑不动了，我再也没有力气了，我逃不出凶手的魔爪，我跪倒在地，脸埋在手心里，屠刀就在我头上！

师：你想说什么？

生 10："我跑不动了，我再也没有力气了"，说明身体虚弱，乏力。

师：体力消耗殆尽。还有什么？文章中还有哪些描写可以看出"我"当时的绝望？

生 11："没有一棵树，一道篱笆，一块石头可以容我藏身"，我觉得这句话说明风很大，"我"没有藏身的地方，"我"很绝望。

师：嗯，好，我建议把前面一句话加进去读一读，好不好？"在白天它不会为你提供一点阴凉"，预备读。

生（齐读）：在白天它不会为你提供一点阴凉，晚上只会让你在寒风中没有一点遮蔽。没有一棵树，一道篱笆，一块石头可以容我藏身。

师：还是你来说，你觉得你读的这些句子里面作者哪个词用得特别有意思？哪个词出现的频率最高？

生 11："一"字。

师：数词，一起来找出"一"字。

生（边找边读）："一点""一棵""一道""一块"。

师：我把句子改成这样好不好？"没有树，没有篱笆，没有石头可以容我藏身"，大家想想。

（学生思考）

生 12：我觉得不好，因为他已经很绝望了。"一棵"这个数量词可以看出，哪怕有一点点他也会觉得有希望，可是他什么也没有，无比绝望。

师：同学们，作者在沙漠里只求一棵树一道篱笆甚至一块石头，他有没有去挑选树的大小？

生：没有。

师：哪怕是一个小树枝他都看到点希望，是不是？所以，"一点""一棵""一道"，这些词里作者的绝望之情已经很明显了。沙漠里，看不到哪怕一点藏身之处。我们再读一遍，读出绝望之感，"没有一棵树"，预备起——

生（齐读）：没有一棵树，一道篱笆，一块石头可以容我藏身。

师：这就叫学语言，不错。沙漠的匮乏，作者还有一个比喻句来写的，能找到吗？

生 13："沙漠像大理石那样光滑"，是说沙漠一览无余。

师：大理石不是很美丽吗？他想说什么？

生 14：沙漠像大理石那样光滑，完全没有藏身的地方，一片空白。

师：这个幽默的"光滑"已经不是说沙漠的美丽了，是说沙漠里一无所有，一览无余。非常好，还有没有？来，你来说。

（生说不上来）

师：没有找到，好好读课文，请坐，你来说。

生15："我已经缺水缺得太厉害了。前天，还有昨天我独自出去走了那么多路!"说明他已经很绝望了。

师：好，请坐。这样就能看出作者的痛苦和绝望。下面请同学们用最真的语言读出作者沙漠里的绝望，自由地读读。

生（自由读）：我对自己说："这不是寒冷，是别的原因。是我的大限到了。"

师：哪个同学读读看？读出作者在沙漠中的痛苦和绝望。

生16：我对自己说："这不是寒冷，是别的原因。是我的大限到了。"

师：很悲伤、很绝望。哪位同学再试试？

生17：我对自己说："这不是寒冷，是别的原因。是我的大限到了。"

师：绝望的语气读出来了，我们一起来读读看。

（生齐读）

师：这句"对自己说"，是心理描写，其实文章中的很多句子都可以改成"我对自己说……"这样的语言形式。接下来，试着找出一些句子，在开头加上"我对自己说"，来表现"我"在沙漠中的心理。

（生阅读）

生18：我对自己说："我从前从不怕冷，而现在我却感到自己要冻死了，干渴产生的反应多奇怪啊!"

师：非常好。"我对自己说：'我从前从不怕冷，而现在我却感到自己要冻死了，干渴产生的反应多奇怪啊!'"所以，大家发现了没有，这些句子虽然没有引号，但是也可以看成是"我"对自己说的，也是"我"内心思想情感的流露。还有没有？

（生19说不上来）

师：再默默地读读。

师：这些句子很多很多，在你能看出"我"内心的句子前面加上"我对自己说"就可以了。

生19：我对自己说："冻死的想法让我难受，我宁可死在内心的幻影里。"（很有感情）

268

师：很好，请坐。"我宁可死在内心的幻影里"，其实也就是说，"我"不愿死在这个沙漠里。"我"的绝望很明显。还有没有？

生20：我对自己说："我发现沙漠里根本就没有藏身之地。"（读出了绝望）

师：绝望语气要在哪个词上体现出来？

生20："根本"。

师：记住，同学们，找到了就要把它读出来，看谁读得有味道，你来说。

生21：我对自己说："我跑不动了，我再也没有力气了，我逃不出凶手的魔爪，我跪倒在地，脸埋在手心里，屠刀就在我头上！"

师：这句话很有味道，我请一位同学再把这句话读一读，你来读。

生22：我对自己说："我跑不动了，我再也没有力气了，我逃不出凶手的魔爪，我跪倒在地，脸埋在手心里，屠刀就在我头上！"（很有感情）

师：很好，请坐，还有没有？

生23：我对自己说："我在哪儿？啊！我刚离开，我听见普雷沃的声音！是他的呼叫唤醒了我……"

师：很好，请坐。所以我们大家可以发现，这篇文章几乎整篇都是心理描写。有的是"我"对自己说，有的是用环境来衬托心理，有的从动作中流露"我"的心理。心理描写显现在文章中的形式是很多的，老师找了几句，我们一起来读一读，感受一下：

生（齐读）：

我对自己说："我跑不动了，我再也没有力气了，我逃不出凶手的魔爪，我跪倒在地，脸埋在手心里，屠刀就在我头上！"

我对自己说："我在哪儿？啊！我刚离开，我听见普雷沃的声音！是他的呼叫唤醒了我……"

我对自己说："这不是寒冷，是别的原因。是我的大限到了。"

四、品第二句话，"挤出"沙漠里的心

师：只有进入语言的内核才能感受一个人在浩大的沙漠中的无助、绝

望和痛苦。第二句话是在文章的后半部分，倒数第二段。同学们自由地朗读。这句话怎么读？

（生自由朗读）

师：这位女同学？

生24（读）：我听见自己说："这里有一颗干枯的心……一颗干枯的心……一颗干枯得挤不出一滴眼泪的心……"（比较快）

师：同不同意她的朗读？你来说。

生25：后面"一颗干枯的心"读得不太好。

师：什么标点没有读出来？

生：省略号。

师：省略号最起码要表达点停滞延长的意味，你再来读读，读出停滞来，好不好？

（生24自由朗读）

师：现在思考一个问题，这句话要读出什么味道来？

生24：内心渐渐平静一些了。

师：为什么连用三个"干枯"？只说一个"干枯"，这里有一颗干枯的心？行不行？

生24：很干枯，能够表现出作者在当时的环境下非常的绝望。

师：沙漠中确实很干枯，反复强化了这种感觉，请坐，你来说。

生26：我觉得"挤不出眼泪的心"说明作者的内心有所平静了。

师：哦。这里就有意思了。一颗干枯得挤不出一滴眼泪的心，不只是绝望，更是一种平静，这哪里体现出来？

生27：我觉得干枯得挤不出眼泪，是说他不打算哭了，不再软弱，坚强起来了。

师：挤不出眼泪，不再软弱，不用哭泣去面对这种干枯。那整个句子能不能这样直接说成"我有一颗干枯得挤不出一滴眼泪的心"，这样说行不行？

生28：不可以，用重复的说法，强调他的心的坚强，从而衬托出他内心的平静。

生29：我觉得刚开始对沙漠的干枯有点绝望，后来，也平静了，坚强了。

师：大家看一看，这句话前有一小句"于是，我的思绪有点乱"，在"有点乱"的情况下，说话断断续续，有点语无伦次，但到最后渐渐平静，选择坚强。好，请坐。记住啊，省略号里的复杂情绪，怎么读。小声地读一读。

（生自由小声读）

师：哪位同学来读读？

生30（读）：我听见自己说："这里有一颗干枯的心……一颗干枯的心……一颗干枯得挤不出一滴眼泪的心……"

师：力量开始有点足了，注意停顿，还有省略号，你来试试。

生31（读）：我听见自己说："这里有一颗干枯的心……一颗干枯的心……一颗干枯得挤不出一滴眼泪的心……"

师："挤不出一滴眼泪的心"，这里要重读，表明"我"开始回归理智，"我"的勇气来了。同学们来读读看，注意掌握好节奏：前面"我"说话的时候思绪是有点乱的，干枯，到最后，心情平静了。

生（齐读）：我听见自己说："这里有一颗干枯的心……一颗干枯的心……一颗干枯得挤不出一滴眼泪的心……"

师：三个"干枯"，强调了沙漠的干枯，同时"挤不出一滴眼泪"，既是一种沙漠干枯的表达，又显现着内心的坚强。那么，挤不出一滴眼泪，在沙漠中心，作者最后"挤"出的是什么？好好想想。

（学生静静阅读思考）

师：你来试试？

（生32站起，回答不出，生33举手要求发言）

生33：挤出的是求生的欲望。

师：读出这个句子，然后告诉我。

生33：我知道自己喜欢什么，那就是生命。

师：一起来读一下。

生（齐读）：我知道自己喜欢什么，那就是生命。

师：所以，他挤出的是对生命的热爱，请坐，旁边写下"生命"。还有没有同学能说一说？

生34："我们和大自然的力量斗智斗勇。我们期待黎明就像农人期待春天，我们期待中途站就像期待一片福地，我们在群星中寻找自己的真理。"这里挤出的是"勇气"。

师：勇气，挤出了勇气也就是挤出了期待和向往，我们一起来读读。

生（齐读）：我们期待黎明就像农人期待春天，我们期待中途站就像期待一片福地，我们在群星中寻找自己的真理。

师：挤出了希望、勇气、对生命的期待，这种期待应该是昂扬的，全班读读看。

（生齐读，充满希望，昂扬）

师：在这令人绝望的沙漠里，还挤出了什么？刚才那个没答上来的女同学，你读出来了吗？来，你试试。

（生32还是答不上来）

师：我建议你先读读刚才那位同学找出的句子，这么诗意的句子，你好好地读读。

生32（读）：我们期待黎明就像农人期待春天，我们期待中途站就像期待一片福地，我们在群星中寻找自己的真理。（读得平淡）

师：要读出期待的感觉，昂扬，向上，充满深情。来，坐下来调整一下，全班同学和你一起读。

（全班读）

师：还能说说，挤出了什么？

生35："我感到，有一股图像的激流把我带到一个宁静的梦里：在大海深处，江河就平静了。"挤出了"内心的平静"。

师：经历了磨难，找到了灵魂的归宿，内心平静下来了，读读看。

生（齐读）：我感到，有一股图像的激流把我带到一个宁静的梦里：在大海深处，江河就平静了。

师：这个时候，沙漠就成了大海，而"我"就是汇入大海中的一条江河，不再把自己看作是走到绝壁，那其实是江河流向大海的预兆。心，平静了，沙漠也就不再惧怕了。一起来读一读。

生（齐读）：我感到，有一股图像的激流把我带到一个宁静的梦里：在大海深处，江河就平静了。

师：挤出了平静，还有吗？

生36（读）：我不抱怨。三天来，我走了很多路，口干舌燥，在沙漠里寻找行踪，把露水当做希望。我力图找到我的同类，我忘了他们住在地球上的什么地方，这才是活着的人的忧虑。我不能不认为它比在晚上找一家音乐厅要重要得多。我再也不能理解那些乘坐郊区火车的芸芸众生，他们自以为是人，然而他们却因承受着某种他们感觉不到的压力而沦为像蚂蚁一样的虫豸。

师：你想说什么？

生36：卢梭曾经说过，人是生而自由的。我们在生活中会受到各个方面的约束，无形的压力在改变着我们，但是他所追求的是自由的。他前面说：农人也不是为了犁铧才去耕种，他是追求自由，追求一种本性，所以他认为飞行是一种本能而不是一种目的，是为了追求这种"自由"，是一种本性！（说话平静淡定，掌声）

师：真要好好鼓鼓掌！智者的声音是平静的。他找到了生命的意义和价值，不同于芸芸众生的那种生命的追求。还有吗？还是你，这位女同学。看，同学们都说得这么棒，我把这次机会还是给你。你来说说，希望，勇气，还能找到什么？你对哪个句子感兴趣？你可以先读出来。

生32（第三次站起）：第十九段。"领略过一次海风的滋味的人，永远都忘不了这种滋养"。

师：喜欢这个句子吗？

（生32点头）

师：这个句子说明什么？

生32：生的希望。

师（注视着学生）：生的希望，痛苦、磨难都是未来的美好回忆。说明人要去实践，敢于为人类为生命的意义去冒险。记住，战胜自己，敢于去领略海风的滋味！请坐。（生32坐下）"我知道自己喜欢什么，那就是生命。"好，同学们齐读这海风的滋味。

生（读）：领略过一次海风的滋味的人，永远都忘不了这种滋养。

师：还有吗？

生37："我没有一点遗憾。我奋斗过，但我失败了。这对从事我们这个行业的人来说也很平常。不过，我总算是呼吸过海风了。"这里可以看出作者的一种"释怀"。

师：也就是内心的一种淡定，还有吗？

生38："在这里，不管怎么说，我都是死得其所！"作者"不再畏惧死亡"。

师：不再畏惧死亡，为自己喜欢的事业献身，造福人类，热爱生活，这就是他的信念和生命价值。所以同学们这篇文章后半部分有很多人生哲理，你读的时候能够有所感悟就是收获！把这些感悟积累起来就化成了最后一句话，看你们读得怎么样？

五、品读第三句话，感受沙漠里的坚强

生（齐读）："上路吧，普雷沃！我们的喉咙还没有噎住：我们应该继续走下去。"（昂扬有力）

师：你来读一下。

（生39读这句话）

师：这句话，四个标点。个别标点符号没有读出来，你先把感叹号读出来。

生39（读）：上路吧，普雷沃！

师：把对同伴的呼喊齐读出来。

生（齐读）："上路吧，普雷沃！我们的喉咙还没有噎住：我们应该继续走下去。"

师：再考虑一下，"我们应该继续走下去"后的句号改成感叹号，是不是更有英勇豪迈的感觉？

生40：我觉得不可以，毕竟体力消耗已经很大了。

师：这就是真实。沙漠中的真实，英雄的真实，声音不是最高，但内

心一定坚定沉稳。读出来。

生（齐读）："上路吧，普雷沃！我们的喉咙还没有噎住：我们应该继续走下去。"

六、改写标题，记住"在沙漠中的心"

师：同学们，老师觉得"在沙漠中心"这个标题更适合做副标题，学了这篇文章后，如果你来添个正标题，把原标题当成副标题，你会怎么写？联系这篇文章，自己想一想。

（生思考）

生 41：走下去，继续走下去——在沙漠中心。

师：还有吗？

生 42：内心的平静——在沙漠中心。

师：最后不只是平静，还有坚强，能够连起来吗？

生 42：由平静走向坚强——在沙漠中心。

师：还有吗？

生 43：感悟生命。

生 44：为人类冒险。

师：那个女同学，你能试试吗？

生 32（第四次站起）：领略一次海风的滋味。

师：多好的标题，形象，生动，更重要的是有你切身的体会，为你高兴。

师：好，文章的中心领会了，其实不用加正标题，我觉得原标题上只要加个字，文章的主旨就会凸显。你知道是什么吗？

（生好奇）

师：老师的题目是"在沙漠中的心"，在原标题上加一个字"的"。（板书"的"）文章其实就是为了让我们记住这颗在沙漠中的心。

（学生大悟，点头）

师：文章写心，手法也是心理描写。那颗心为了人类的进步，穿越了痛苦绝望，最后抵达人生的平静和坚强，所以学这篇文章，就是要从心理描写过程中读懂并珍惜这颗沙漠里的心。在沙漠中心，在沙漠中的心。记住这颗沙漠中的心，把它交到你的生命内核，好不好？来，走向未来，我们也勇敢地读好最后一句话。

生（齐读）："上路吧，普雷沃！我们的喉咙还没有噎住；我们应该继续走下去。"

师：走下去，用我们坚强的心！下课！

板书：在沙漠中（的）心

教学感言

★ "你可以选择穿越沙漠的道路和方式，所以你是自由的；你必须穿越这片沙漠，所以你又是不自由的。"读这篇文章，我很容易想起上海市2014 年的高考作文材料的这一段话。语文教学也是走在自由与不自由之间的，你必须穿越的是语文这片美丽的湿地，用语文的方式。这条路，你能找到吗？

★我一度很苦恼。这样一篇几乎都是内心独白的文章，虽在"探险"单元内，却几无任何让学生感兴趣的神秘和惊险刺激的情节，学生会喜欢吗？若是一味地讲沙漠中英雄的回归，文章很容易滑进人文的过度宣讲沼泽。好多次，我听见自己说："这里有一颗干枯的心……一颗干枯的心……一颗干枯得挤不出一滴眼泪的心……"我喜欢这个"挤"字。寻找文本教学的缝隙，教学的出口是"挤"出来的，小而能大，点而能面。挤，要借力，要有角度，要在黑暗中寻找光亮。沙漠中的突围是这样的，语文备课也是这样的。

★我盯着文章的标题，想着遥远的那片沙漠。荒凉恶劣的沙漠环境里，承受着无边痛苦与绝望的圣埃克絮佩里最终凭借惊人的毅力走出了困境，在这浩瀚无边的沙漠里走出了英雄者的足迹。圣埃克絮佩里在荒凉的沙漠中究竟经历了怎样的心路历程呢？"在沙漠中心"，哦，不就讲的是"在沙漠中的心"吗？我跳了起来，没有比这更贴切的文章解读了，这一"的"字的融入，沙漠顿时亮了。我承认，那时我很惊喜，我甚至有点小得意。

★怎么样摆脱此课教学的大众模式，既扎实，又新颖？高频出现的词语容易成为教学的抓手，没错，高频因为显眼。可是，换一种思维，低频出现的，不也醒目吗？"万绿丛中一点红"，这绿，这红，都是风景，都可以成为教学的切入点。我读到文章中三处加引号的句子，我意识到，教学的突破口找到了！好好品味这三句话，我们会发现它正好对应了"我"被困于荒凉的沙漠中的心路历程，即由"痛苦、绝望"到"平静、乐观"的心理过程，这样，"我"说的三句话无形中辐射了全文的内容。而且，这三句话，前两句其实是心理描写，这又印证了本文的写作特点。品读三句话，进而研读作者在沙漠中心的险恶处境和心理变化过程，领悟冒险的真正意义，四两拨千斤，巧妙地将阅读落到实处，实现此课的教学目标。

★文章的后半部分，圣埃克絮佩里用充满哲学的语言诉说着他对人生对生命对事业的感受。怎么教？我以为，对初一学生来说，感受为主，不适宜具体探讨，还是多读读，读到心里去。你觉得呢？

——肖培东

现场声音

★我们中国人天生具备感性体验的天性，缺失的恰恰是理性的思维能力。文本呈现的这种寓于生命感性体验的理性逻辑为培养学生理性思考提供了难得的素材，如果只是这样粗枝大叶地"浅浅"地问一问"我"除了眼泪还"挤"出了什么"，不能说不是一个遗憾。毕竟没有走进作者心灵深处，就不可能产生深层的情感共鸣；没有理清意识流内在的情感逻辑、表达逻辑，就不可能真正培养丰满厚重的语言表达能力。

——山东省青岛市黄岛区育才中学　张存平

★如果说我的教学设计是平实的，那肖老师的教学设计就是新颖的，后者增加了不确定性，更有吸引力；如果说我的教学设计是直线思维，那肖老师的教学设计就是折线思维，后者有助于学生思考的深度，更有思考力。肖老师的课是他对语文教学理念的真实实践，把教学内容进行优化整合，寻找到教学的最佳"缝隙"。肖老师在教学设计上的灵感让人叹为观止，灵感是知识、经验、追求、思索与智慧综合实践在一起而升华了的产物。通过一节课就不得不慨叹肖老师在语文教育上的独到之处。语文老师要做什么，要教学生学语文，更要以语文为载体，教学生成长。肖老师课上的一个小细节让我感动：他反复四次把课堂发言的机会给一个学生。这种耐心是教者的人心。这种课堂关注让学生真正领略到了"海风的滋味"，感受到自己以后的语文课可以走得更远更远。

——山东省青岛市城阳区实验中学　吴振华

★简简单单的数词、量词，进入我们的视野，又从我们的眼角溜走。可在肖老师的课堂上，数量词成了学生理解圣埃克絮佩里当时绝望、痛苦心境的突破口。从文本的沙漠走向文本的草原，需要我们在文本的褶皱中用心感受。在此处，"没有一棵树"是否也可以这样设计：一棵树的存在，是作者多么热切的期盼，"没有"二字，又表明了现实是多么的残酷。期望幻灭之后，这种无力感，这种绝望感体现得更加淋漓。朗读时，可引导学生关注肯定和否定的交织变换，来体悟期待后的绝望心情。

——浙江省苍南中学　朱国娟

★肖老师在课堂上几乎没有看课文，但学生不论讲到何处他都能"无缝连接"接过话头，并且能毫无压力地举出包括标点符号在内的文本细节。关于这种神奇的本领，肖老师的技术指导是无数次阅读文本，正所谓"读书百遍其义自现"。这办法看似简单却不曾为我重视。老师的读是教学的前提，学生的读则是教学中师、生、文彼此沟通的起点。我之前没见过把《在沙漠中心》读那么多次的课（更多老师包括我都是喜欢引入《小王子》《人类的大地》等链接材料），总觉得这么有思想精华的课不该把时间浪费在这里，何况文章并没有情绪鲜明可读出繁花的地方（我是愚蠢的人类）。肖老师抓住"我"的三句话，从情感角度理顺了文本，也理顺了"读"的条理，理出了"读"的价值。肖老师投入的朗读示范激起孩子们的朗读欲望，边思考边朗读的方式让每一次朗读都有着新鲜的变化提升，最后带来扎实充分的个人阅读体验。用朗读亲近文本，肖老师做的是那么传统又那么有效的事。

——浙江省温州市第二实验中学　陈　羽

细品语言，深悟精神

清华大学附属中学　韩　军

《在沙漠中心》是一篇好文章，但也是一篇让老师们在教学时颇感棘手的文章。

但，肖培东老师此文的教学，却是非同一般的漂亮。

第一，　练习概括，精彩实在

学生课前都预习过课文，有的学生阅读了两三遍。学生的阅读，是感性的，一时上升不到理性；学生的阅读是模糊的，一时难用清晰的语言表达对于文章的把握。在这种情况下如果贸然进入文章的教学，展开讨论，学生对于课文难以形成整体的认知。

肖培东老师，一开课，从低处出发，从平凡起步，让学生概括全文。

一个学生如此概括：

"讲了'我'从飞机坠到沙漠以后，从痛苦到绝望到心中的平静，然后再到最后努力站起来战胜困难的过程"，学生的概括非常精彩。

肖培东老师，非常敏锐，从学生的话语里提炼出、抓住"到……到……"这种语式，然后再指导学生嵌入"我"和"所思所想"，让全班学生再概括。

这个教学细节非常精彩，这个开课非常实在。

第二，拎住三句，纲举目张

课文非常长，需要抓住文章中最重要的东西来教学，这个东西就是"纲"。

肖培东老师抓住了"纲"。他让学生找出"我"说的三句话。

第一句，我对自己说："这不是寒冷，是别的原因。是我的大限到了。"

第二句，我听见自己说："这里有一颗干枯的心……一颗干枯的心……一颗干枯得挤不出一滴眼泪的心……"

第三句，"上路吧，普雷沃！我们的喉咙还没有噎住：我们应该继续走下去。"

然后，肖培东老师，又让学生把三句话分成两种，一种是对自己说的，一种是对他人说的。并让学生朗读这三句话。

从开头的全文概括，到这里的拎住三句话，肖培东老师如此处理，就使得《在沙漠中心》这篇课文的教学，一下子"举重若轻"。

第三，一句带多句，体悟绝望

肖培东老师，扭住第一句让学生从课文中找出表达绝望的语句。

学生找出多个句子。

"我的血液因缺水而循环不畅，寒气逼人，但这不只是夜晚的寒冷。我的牙床冻得格格作响。"

"我跑不动了，我再也没有力气了，我逃不出凶手的魔爪，我跪倒在地，脸埋在手心里，屠刀就在我头上！"

"在白天它不会为你提供一点阴凉，晚上只会让你在寒风中没有一点遮蔽。没有一棵树，一道篱笆，一块石头可以容我藏身。"

肖老师让学生细细品读这些表达绝望的句子，体会沙漠中那种濒死的感受。这些语句，像蛛网一样，织就了文章的情绪氛围，这些语句像毛细血管一样，贯穿于文章肌体，乃至形成文章血肉。肖培东老师抓住这些语句进行教学，既是深度理解文章的内容与情感，也是对孩子进行语言训练。

第四，心理变独白，触摸深沉

本文全文几乎都是心理描写，这些描写都非常深沉，甚至有些压抑。

如何让初中生理解并感受这些深沉的内容，的确让许多老师感到棘手。

肖培东老师，让学生把这些心理描写的句子，改成"我对自己说……"的独白。

这个教学设计和实践，的确非常巧妙。

> 师：我们大家可以发现，这篇文章几乎整篇都是心理描写。有的是"我"对自己说，有的是用环境来衬托心理，有的从动作中流露"我"的心理。心理描写显现在文章中形式是很多的，老师找了几句，我们一起来读一读：
>
> 生（齐读）：
>
> 我对自己说："我跑不动了，我再也没有力气了，我逃不出凶手的魔爪，我跪倒在地，脸埋在手心里，屠刀就在我头上！"
>
> 我对自己说："我在哪儿？啊！我刚离开，我听见普雷沃的声音！是他的呼叫唤醒了我……"
>
> 我对自己说："这不是寒冷，是别的原因。是我的大限到了。"

第五，从诵读中体会精神的力量

肖培东老师的教学穿透力，其实也是思想的穿透力，主要体现在下面的环节中。

肖老师让学生品读第二句"独白"。

"我听见自己说：'这里有一颗干枯的心……一颗干枯的心……一颗干枯得挤不出一滴眼泪的心……'"

这句话朗读起来，有很大难度。指导起来，教学难度更大。

但是肖培东老师指导这句话的品读时，颇见教学功力。

一是他让学生品读时注意省略号，注意如何断，又如何续。二是让学生注意重复，考虑不重复效果会如何。三是又特别提醒学生体会，应当读出何种情绪。四是又让学生注意"于是，我的思绪有点乱"这句话，提醒学生"记住啊，省略号里面的复杂情绪，怎么读。小声地读一读"。

在肖老师细致到位的指导下，学生品读出了"希望、勇气、热爱、力量"等等昂扬、向上的精神。

"我知道自己喜欢什么，那就是生命。"学生品读出了对生命的热爱。

"我们和大自然的力量斗智斗勇。我们期待黎明就像农人期待春天，我们期待中途站就像期待一片福地，我们在群星中寻找自己的真理。"学生品读出了勇气。

"我感到，有一股图像的激流把我带到一个宁静的梦里：在大海深处，江河就平静了。"学生品读出了内心的平静。

"领略过一次海风的滋味的人，永远都忘不了这种滋养。"学生品读出了冒险中生的希望。

"我没有一点遗憾。我奋斗过，但我失败了。这对从事我们这个行业的人来说也很平常。不过，我总算是呼吸过海风了。"学生品读出了一种释怀和淡然。

最精彩的品读感受出现在下面。

一个学生读：

"我不抱怨。三天来，我走了很多路，口干舌燥，在沙漠里寻找行踪，把露水当做希望。我力图找到我的同类，我忘了他们住在地球上的什么地方，这才是活着的人的忧虑。我不能不认为它比在晚上找一家音乐厅要重要得多。我再也不能理解那些乘坐郊区火车的芸芸众生，他们自以为是人，然而他们却因承受着某种他们感觉不到的压力而沦为像蚂蚁一样的虫豸。"

然后这个学生谈感受：

"卢梭曾经说过：人是生而自由的，我们在生活中会受到各个方面的约束，无形的压力在改变着我们，但是他所追求的是自由的。他前面说：

农人也不是为了犁铧才去耕种，他是追求自由，追求一种本性，所以他认为飞行是一种本能而不是一种目的，是为了追求这种'自由'，是一种本性！"

十二三岁的初中生们竟然品读得如此细致，如此深刻，如此独特。

这个教学环节，让人赞叹，让人叫绝。

我在想，假如没有肖培东这样的老师在学生身边诱导、启发，学生会怎样？

第六，改写标题，体悟主旨

肖培东老师扭住"我"的第三句话："上路吧，普雷沃！我们的喉咙还没有噎住；我们应该继续走下去。"

然后让学生品读。接着，让学生给课文重新拟定一个主标题，把原标题变成副标题。

学生拟出了各种漂亮的标题，"走下去，继续走下去""内心的平静""由平静走向坚强""感悟生命""为人类冒险"等等。

最后肖培东老师拟出"在沙漠中的心"。

学生的拟题非常生动，老师的拟题非常巧妙。

这个练习令人叫绝。

肖培东老师的课文解读和课，总是既独具一格，又扎实自然，既绵密深刻，又落落大方。为什么会如此？得益于肖培东老师的文学修养、写作修养，也就是一种内在精神修养。肖老师文学修养高、文章写得好、书读得广博，注重内在的精神修炼，那么他解读课文、上课，就自有独到、深邃的眼光。年轻的语文人，像肖培东老师那样，爱文学，广读书，勤写作，深思索，注重自己内在的精神修养吧！

《我的早年生活》

🍃 浅浅小语 ⫸

把浅的教实了，浅的就是未来大地的沙砾。

把浅的教厚了，浅的就是未来天空的云层。

——肖培东

🍃 课堂再现 ⫸

执　　教：肖培东

点　　评：卢立银

教学背景：2014 年 10 月 15 日，浙江省苍南县灵溪镇第四中学。

一、导入

师：同学们知道我们今天要学的是什么文章吗？

生：《我的早年生活》。

师：这里的"我"是谁？

生：丘吉尔。

师：哪个国家的？

生：英国。

师：知不知道他的相关的一些事情？

生 1：他获得过诺贝尔文学奖。

师：哦，诺贝尔文学奖的获得者，还有谁知道丘吉尔的相关事迹？

生2：他还是两任英国首相。

师：曾经是英国的第一人啊，所以他既是文学家，又是政治家。你还知道些什么？

生2：写过《第二次世界大战回忆录》和《英国史》。

师：他写过好多的文章。当然也包括我们今天要学习的《我的早年生活》。都看过了没有？

生：看过了。

师：举手？（环顾全班）

（全班同学都纷纷举手表示阅读过）

二、第一件事情是什么——学会概括，找中心句

师：好，那我考考你们。《我的早年生活》是丘吉尔的一篇个人自传，我想问你，在这篇自传中，作者写的第一件事情是什么？不看书，谁能讲一下？（有学生举手）好，你来说。

生3：第一件事情是关于考试的。

师：关于考试的？

生3：是的，考试的事情，丘吉尔考试场场失败。

师：丘吉尔考试场场失败，大家说这样概括对不对？（学生思考）要知道答案，我们一起来看看课文的第二自然段，一起来读一读。"刚满12岁"，齐读。

（生齐读第二自然段）

师：同学们再想想看，要想在第一时间知道这一段文字所写的事情，最好的方法是什么？想想看，平时老师是怎么教你们的。看文段要看出这段文字的——

生：中心句。

师：对，要准确地把握文段中心，就要抓住能表明全段意思的主要句子，即中心句。那你看看这段话的中心句是哪一句？请同学们快速阅读一下，找出这段话的中心句。

（生默读寻找）

师：谁找出来了？好，你来。

生4：中心句是"场场考试，场场失败"。

师：这个句子有较强的概括力，呈现了事情的经过和结果，那么，是什么导致场场考试场场失败？

生4：主考官们最喜欢的科目，往往是"我"最不喜欢的。

师：可以看出，考试不是"我"喜欢却又不得不要参与的事情。段落中，有没有这样一个句子，把这两层内容都概括进去的？中心句往往是某人做某事某地发生某事这样的概括，而且中心句一般会在文段的什么位置？

生：开头或者结尾。

师：是的，中心句是篇章、段落表达意义的焦点。中心句的位置一般在段首或段尾，也有的在段中。

生5：哦，我觉得是第一句"刚满12岁，我就步入了'考试'这块冷漠的领地"。

师：一起来读读看。

（生齐读这一句）

师：这个句子加上后面的一个结果，可以说组成了本段的中心。那么你有没有办法把这么长的一个句子压缩一下，能不能抽出两个词语，组合一下呢？写什么事情？

生5：考试。

师：那是一个词啊？再加上什么？

生5："步入"。步入考试。

师："步入考试"，点出来了。真聪明。而考试的结果是——

生："场场考试，场场失败"。

师："步入考试，连逢失败"。找到中心句，再做简化概括，很好。

三、概括事例，理解选材的典型性

师：好了，这样就完成了第一件事的概括。那么，其他事件有没有办法找出来？怎么办呢？还是默读，静静地在文字中感受寻找并提炼。我们来看怎么默读，来，翻到前面，读读单元提示。

（学生翻阅）

师：找到了吧。第二单元提示最下面，学习本单元要求采用默读的形式，不出声，不指读，不回读。当然，如果你需要想一想的话，我允许你回读。尽量一气呵成贯通全文，还要保证阅读感知的完整性，以及一定的阅读速度。好，接下来开始，从第三段开始，找出一些事情，哪些是中心句？

（生默读）

师：建议在读的时候，用笔画一画。画出中心句。前面两段可以读得慢一点，后面几段可以读得快一点，因为你已经有了这方面的经验和体会，可以试着加快一点速度感觉一下。为了表明你有一些心得和体会，可以用钢笔标注一下。

（学生默读，教师走动并做个别指导）

师：好，你来说一下第二件事情写的是什么？

生6：校长威尔登博士是一个不以卷面分数取人的人，"我"非常尊敬他。

师：写的是尊敬老师的事情，有没有不同意见？刚才我们已经说了，要表述的中心句往往是在开头或者结尾，我们一起来看看。你来说说看。

生7：我进入哈罗公学的入学考试是极其严格的。

师："我"进入一个学校的考试很严格。大家找到没有？简化之后是什么？

生7：考试严格。

师：很好，都找出来了。这位同学，你现在再来找另外的一件事情。你知道吗？

（学生面露难色）

师：找这件事情有难度了。因为它的开头第一句话是什么？

生8：是"在这种尴尬的处境中，我继续待了近一年"，可这显然没有说明做了什么事情呀。

师：这样的话，中心句就不在开头了。会不会在结尾呢？你看看结尾。

生8：但只有一件事我会强迫他们去做，那就是不能不懂英语。

师：那不就是强迫别人学英语吗？应该要说什么？

生8："我"在学英语。

师：对了，所以这个中心句，你要在中间找，大家找到了吗？

生（齐）：我则被看作是个只会学英语的笨学生。

师："我则被看作是个只会学英语的笨学生"，加上这个段落的第一句，我们就知道这一年里，"我"这个笨学生在学英语。因此概括一下就是什么？

生8：学习英语。

师：还有一些事情，你来说。英语学完之后，又做了一些什么事情？

生9：我在几乎是学校的最后一名的情况下，却又成功地通过了征兵考试。

师：我通过了军队的征兵考试。再简化一下，就是？

生9：通过征兵考试。

师：最后一件事情，一目了然了，大家能够一起说出来吗？

生（齐）：我开始了军旅生涯。

师：四个字？

生（齐）：军旅生涯。

（有同学看到了课后的练习有相关的提示，喊了出来）

师：聪明的同学们是不是发现了，练习一是不是可以帮助你啊？一起来读一读这个自传写的五件事情，四个字一起读，预备起。

生（齐）：我"学习考试，入学考试，学习英语，征兵考试，军旅生涯"。

师：原来要找出这些事情啊，要找他写事的段落的中心句。有的藏在开头，有的藏在结尾，有的需要我们自己去概括，这就是一个方法。那么你们再看看课文最后一句话是怎么写的，读读。

生（齐读）：至于别的事情，那只有靠自己的探索、实践和学习了。

师：那就说明，丘吉尔的早年生活一定还有除此以外的其他事情。同学们想想看，还可能发生什么事情？或者你想想看，如果写你的早年生活，你早年生活里面还会出现哪些事情？你来说说看。

生10：和同学一起上课。

师：哦，还会写读书的事情。你呢？

生11：和朋友玩的事情。

师：玩耍的事情，你呢？

生12：交朋友的事情。

生13：踢球，旅游……

师：同学们发现没有，在说自己事情的时候，同学们都顿了一下，这说明想一件事情真的是不容易的。那么，丘吉尔是不是也做过你们说的这些事情啊？

生（齐）：是。

师：那为什么他不把这些事情也写进去呢？想想看。

生13：不是最主要的。

师：或者说对这篇文章来讲，对他自己来说不是最重要的。所以我们写传记是不是什么事情都要放进去啊？

生13：不是。要写有代表性的。

师：人的一生丰富多彩。如果什么事情都写下来，那就是一本厚厚的大书，就会给我们的阅读带来很多的压力感。因此，写自传一定要选自己精心选择过的，能够代表自己感悟的一些事情来写。所以，写自传，选材重要吗？

生：重要，要写典型有意义的事例。

四、成功的基石，小事大价值

师：既要写真，又要选择有代表性。让我们看看这些小事，为什么会有代表性呢？究竟能够反映出他人生中怎样的一些感悟呢？给他的人生带来什么样的感受呢？用心想一想，这几件事，如果用一个词语来概括，写的都是丘吉尔的什么？两个字。

（学生思考）

生14：生活。

师：生活，肯定是生活，怎么样的一种生活？

生14：早年生活。

生15：成长经历。

师：是的，这其实是他早年迈向未来的一段路程，是他的成长历程。写的就是他的"成长"，大家把"成长"两字写在标题上方。

（学生写）

师：我们看看这些小事是怎样反映他的成长的，看看这些小事背后有哪些大的价值？再请一个同学来读一读第二自然段。好，你来读一读。

（一生朗读第二段）

师：我们一起来读一读最后一句话。

生（读）：这样一来，只能出现一种结果：场场考试，场场失败。

师：哪位同学来说说看，这是种什么感觉？你来说。

生16：很失败。

师：当然失败了，你不能用原文的词语来说明。读的时候有什么感受，你来说一下？

（学生沉默）

师：面对失败，作者是什么样的感觉？想想，再读一下。

生16（读）：这样一来，只能出现一种结果：场场考试，场场失败。
（读得很谨慎）

师：这才是失败嘛，大家听出来了吗？他读得小心翼翼，非常谨慎。还是比较符合丘吉尔那时的心境的。大家看一下，这段话里面，丘吉尔写自己"场场考试，场场失败"这么一种尴尬的处境，这短短一句，能够让我们感受到丘吉尔身上什么样的品格？你来说。

生17：坚持不懈的精神。

师：哪个词语？

生17："场场"。

师：场场考试，场场失败，坚持不懈。还有吗？你来说。

生18：锲而不舍。

师：读读看。

生18（读）：这样一来，只能出现一种结果：场场考试，场场失败。（重音读了出来）

师：有些人会觉得一直失败，脸上很没有光，实在太不好意思了。他有没有这样？

生18：没有，他不介意说出自己的失败来。

师：不介意？

生18：是的，场场考试场场失败，他没把失败当作很丢人的事情，很有勇气。

师：有勇气去面对自己考试中一场场的失败，所以他写的关于自己考试失败的文字，我们能够体会到——

生19：情感非常丰富。

师：你把第一句话读出来，看看他的语言情感是怎么样的丰富？

（生19读第二段的第一句话"刚满12岁，我就步入了'考试'这块冷漠的领地。"）

生19：这里写出了他的伤心。

师：伤心，哪个词？

生19："冷漠"。

师：说明——

生19：他对这个考试不喜欢。

师：那让我们一起读出文字里的这种对考试的不喜欢。

（学生齐读这句话）

生20：我觉得还要坚定点，不能都是伤心的。都伤心，也不是他的风格吧。

师：确实，一味伤心，这个人很可能会走向绝望。尽是伤心还是不够的。所以在读这个"冷漠"的时候，我们还要——

生21：语气坚定。

师：虽然我不喜欢，但是我还是要去做，我不害怕。是这种心理吧。好，一起来读一遍。

生（齐读）：刚满 12 岁，我就步入了"考试"这块冷漠的领地。

师：哪些词特别有味道？

生22："步入"。

师：这是一个动态明显的动词。读书的高境界在于能够在看似没有明显情感特征的词上读出情感来。再读读。

（学生再读这句）

师：你现在觉得哪些词特别有味道？

生22："刚"，说明年龄还小，可是就要无奈去考试了。

师：与这个"刚"字相对应的是什么字？

生22："就"，挺勇敢的。

师：你看，你多么厉害啊。所以这里面有对考试的反感，也有对考试的来者不拒的感觉。再读。

（学生再读这句）

师：因此，我们可以看出来写这种尴尬的事情，仅仅是为了写出自己对考试的害怕吗？

生23：不是，是为了表现他的坚持。

生24：锲而不舍。

师：逆境中的坚持不懈，锲而不舍。而且，话语非常简单，简洁。这些句子都可以表现出，这个人在一些小的事情上的大品质。因此，从中我们发现了丘吉尔的——

生：坚强，坚持不懈，锲而不舍。

师：那么，同学们，你们还可以在文章的其他段落中找出一些事情，表现丘吉尔的优秀品质吗？是通过哪些句子看出来的？再把品质化成一个词明确说出。然后告诉我：老师，我在这里读到了丘吉尔的什么品质。建议同桌同学讨论一下。

（学生阅读讨论）

师：好，你先来说。

生25：第三段，"我进入哈罗公学的入学考试是极其严格的"，写出了考试时候的严格。而且"在这种惨境中整整熬了两个小时"，写出了考试

292

十分的艰难。

师：艰难是他的品质吗？你要把它转化一下。这么艰难他都熬下去了，说明了——

生25：他十分的顽强。

师：好，我们一起来读一读，他刚才所说的这句话。

生（齐读）：在这种惨境中整整熬了两个小时。

师：哪些词语特别有味道？

生："熬""整整"。

师：那么你看，这里除了他的顽强以外，还有什么？

生25：他把惨境都说给大家听，说明这个人很乐观。

师：一起来读读这个阳光般的句子。

（生再读"在这种惨境中整整熬了两个小时"）

师：这样，我们就找到了丘吉尔身上的乐观、坚强。还有没有？

生26："他是一个不以卷面分数取人的人，直到现在我还非常尊敬他"，这句话写出了作者对威尔登博士的感激之情。

师：写出了感激之情。一个人要想走向事业的成功，感恩之心不可丢。无论在什么样的情境下，都不能忘记给你帮助的人。非常不错，还有没有？你能不能找出一些呢？

生27：不能。（很羞涩）

师：我建议你认真读读文章，逃避是不行的。你看，丘吉尔在困难面前有没有逃避？

生27：没有。（惭愧）

师：那你就找找看，文章有没有写丘吉尔不逃避的句子。学习丘吉尔就应该学习他的品质，化成自己的实际行动，绝不能在课堂上不动不思考的。

生27：老师，我找到这句，"我只管把一般英语句子的基本结构牢记在心——这是光荣的事情"。

师：你看你这句话就找得很好。这句话中的哪些词很重要？

生27："牢记"。

师：牢记是事情的结果，要显示这个人的某种品质的话，我们还要细细品读哪个词？

生27："只管"。

师：不管别人，只管自己学英语。从这个"只管"里，你觉得这个人有什么样的优秀品质？

生28：执着。

生29：认真，很努力。

（生齐读这句话）

师：而且他把学英语当成是一件——

生：光荣的事情。

师：所以，亲爱的同学，你不是一个只找丘吉尔优点的人，而是要把丘吉尔的优点用到你的身上，融入你的学习生涯当中去。遇到问题不思考就推说"我不会"，那是不行的，我们不能逃避。阅读只要有想法，就只管说出来。一起再读一下。

（生再次齐读这句话）

师：丘吉尔非常的执着，学习总是有用的。因为这是一件无比光荣的事情。好，我想再请一位同学来找找丘吉尔还有哪些品质？刚才我们说丘吉尔坚强、乐观、执着。还有吗？

生30：第五段。"当我的那些因创作优美的拉丁文诗歌和辛辣的希腊讽刺诗而获奖成名的同学，不得不靠普通的英语来谋生或者开拓事业的时候，我一点也不觉得自己比他们差。"

师：哪个词要读得好？

生30："一点"。

师：来，认真地读一下。

（生30再读）

师：要读出什么感觉来？

生30：自信，觉得自己不差。

师："一点也不觉得自己比他们差"，这是一种强烈的自信。全体男同学，自信一下好不好？尤其是刚才那位男同学。

（全体男生读）

师：要想不比别人差，声音首先需要重。你这么怯生生地读，听了就会觉得在示弱，比别人差。来，你再读读看。

（生27读，全班一起读）

师：一点儿也不差，自信的丘吉尔，小事不小，这些小事其实都能显现出人生的大，小事情都有大的价值，都是丘吉尔未来走向成功的某一块基石，这块基石叫作自信，乐观，坦然，坚定，坚持等，这就是他写这个自传要给我们大家带来的感受。

师：同学们再想想，丘吉尔的成功，除了丘吉尔个人的主观努力以外，还有没有其他因素能够促成他的成功？丘吉尔成功还需要什么？思考一下。

（学生阅读思考）

生31：在考试的前一天晚上，我将地球仪上所有国家的名字都写在纸条上放进帽子里，然后从中抽出了写有"新西兰"国名的纸条。接着我就大用其功，将这个国家的地理状况记得滚瓜烂熟。不料，第二天考试中的第一道题就是：绘出新西兰地图。（匆匆读完）

师：一张纸条说明了什么？你不能读了这一段话就过了啊，是想说成功还需要一张纸条？

生31：我觉得这纸条是事先准备好的，说明机遇总是偏爱有准备的人。

师：这样思考就对了，就找出了成功的因素。再来看看，还有没有一些外界的因素？

生32：第三段中"正是从这些表明我的学识水平的蛛丝马迹中，威尔登博士断定我有资格进哈罗公学上学。这说明，他能通过现象看到事物的本质。他是一个不以卷面分数取人的人，直到现在我还非常尊敬他"，老师是很重要的。老师要能看懂学生。

师：是的，良师很重要。这就意味着社会要有正确的人才观，不能因某一次考试就断定"我"是一个笨孩子。因此我们要有一个良好的环境。还有其他吗？

（学生思考）

师：丘吉尔所做的事情都是他自己最喜欢、最擅长的事情，我们一起来看看他开始军旅生涯的那一段文字。

（学生齐读第七段）

师：从收集玩具兵来看，它成就了一个伟大的军事家。你们想到了什么？你来说。

生33：坚持自己的兴趣。

生34：兴趣可以成就事业。

师：玩物不一定丧志，朝着自己的兴趣坚持下去，小兴趣成就大未来。我们要学会有兴趣有智慧地玩耍。因此，社会要为这个玩耍提供宽容的土壤。

（学生点头）

师：下面我们来小结一下，丘吉尔的成功有许多的因素，大家一起来说说有哪些因素？

生35：良好的心态。

生36：坚持不懈，乐观。

生37：要开朗，有阳光般的心境。

生38：教育方法好，有好的老师，好的兴趣。

师：主观努力外，还有包容他的那一片土地，天空，那个大世界。所以，丘吉尔就成了一个名人了。我们一起来读最后一句话。

（生读"至于别的事情，那只有靠自己去探索、实践和学习了"）

师：丘吉尔写的都是小事情，但是，他都选择了其中有代表性的事情，这些事情写得很生动，而且，写出了这些事情的大价值来。这样读过之后，我们就有许多感受了。事情的小和未来的大之间有着无比重大的关系。成功需要这么多的因素，而丘吉尔无疑是通过这些事情告诉我们，他是站在这样一块一块的基石上面走向成功的。

五、语言品析，鼓励做发光的萤火虫

师：因此，通过这节课的学习，我们也要把这些基石踩在自己的脚底下。让我们一起来读一读练习二中的五个句子。基石都藏在练习二的五个句子里面，请五个同学读读，每个同学读一句。

练习二的五个句子：

①"每个人都是昆虫，但我确信，我是一个萤火虫。"

②刚满 12 岁，我就步入了"考试"这块冷漠的领地。

③我会首先让他们都学英语，然后再让聪明些的孩子们学习拉丁语作为一种荣耀，学习希腊语作为一种享受。

④但是我们制定了条约，不许他发展炮兵。这非常重要！

⑤多年来，我一直以为父亲发现了我具有天才军事家的素质。但是，后来我才知道，他当时只是断定我不具备当律师的聪慧。

（生读）

师：还没有读出那种坚强、自信和乐观和良好的心态。所有同学一起有感情地读一读前面的两个句子。

（学生齐读一二两句。教师再范读后三句，学生认真听，跟读）

师：你发现了吗？丘吉尔的语言有什么特点？

生 39：很简单。

师：简单，估计同学们要说的是朴实。传记的文字需要朴实。朴实当中我们还能感觉出什么味呢？想一想，一起来读一下练习二中的最后一句。

（学生齐读最后一句）

师：同学们发现这一句就写得非常——（生不知道）还是没有感觉？没事，没感觉，我们再好好读一句好不好？来，第四句。

生（齐读）：但是我们制定了条约，不许他发展炮兵。这非常重要！

师：同学们能说出来吗？你来。

（生 40 说不出）

师：这个词那么难出来呀，说明我们没有好好地读。来，你再读读第五句。

（生 40 读，一字一顿，不连贯）

师：我现在才知道，一个字一个字顿读的话，什么感觉都没有了。读书不要一字一字顿开读，连起来，现在再来试试。

（生40读）

生40：我觉得很幽默。

师：幽默，很俏皮。你发现了吗？你的读法是怎样的，你的感受就是怎样的。同学们在读书的时候，一个字一个字顿读的话就糟糕了。你再读一下。

（生41读，略快）

师（打断）：你这么快地朗读，有幽默感吗？（生笑）太慌张了。

（生41再次朗读）

师：要表现幽默感，哪个字要重读？

生41："一直""天才"。

（生齐读）

师：那么同学们考虑一下，丘吉尔的早年是这样子的经历，在他晚年时候他竟然能够用这么幽默的语言来写作，说明这个人的心境——

生42：乐观，坦然。

师：让我们也一起再来好好朗读这一句话。

（生齐读）

师：丘吉尔用这么风趣幽默的语言来写自己的经历，他的一生起起伏伏，但是他能够坦然面对，所以他内心肯定是乐观、坦然的。那我们在读文章的时候一定不能慌张。要读出心中的味道。我相信，你们会处理得很好。

（生朗读）

师：句子还要读慢一点读得稳一点。我们说，小词语不小，它能够散发出大感情。所以无论是做人还是学习，我们都可以用丘吉尔的一句话来勉励，这句话是——

生（齐）："每个人都是昆虫，但我确信，我是一个萤火虫。"

师：萤火虫虽然小，但它能发出自信的光芒，文字虽然简洁，但它能构建出情感的因子，所以，这不仅仅是在写自传，也是在写他的人格，写他光辉的一生，把它放在我们心里，好不好？

生：好。

（生齐背诵这句话）

师：那个男同学，你是不是一只敢发光的萤火虫？告诉我。是不是？响亮一点。

（最初逃避回答的那个学生读得很响亮了）

师：好多了，读得自信一些，那就更好了，萤火虫发光了。

（生齐读）

师：下课。

教学感言

★拿到课文，我很有埋怨。这样的文章怎么教啊？枯燥乏味！我一直在渴望文章生动、迂回，课堂上有很强的阅读感，我甚至在竭力回避这样的看似单调平淡的文字。我错了，我得向文章检讨，向作者检讨，向语文教学检讨。你是浮躁的，你的课堂一定轻飘无力。你的眼里，黯淡了对文字的恭敬，学生的眼睛，一定也会忽略这些安静却极有分量的文字。

★"为什么我们的课不能刻骨铭心？不能震撼学生的心灵？不能打动他们心灵深处的一隅？就是因为我们往往是泛阅读，是在文字的表面游移。"于漪老师仿佛就站在我的面前，语重心长地对我说。我羞愧极了，就把自己埋在了文章里。安静地阅读，深深地思考，我不能游移自己的未来。

★备课的时候，我想着学生。"每个人都是昆虫，但我确信，我是一个萤火虫。"他们也一定是这样可爱自信的萤火虫，教师，就要帮助他们闪出自己的光芒。让他们学会学习！我要从语言训练上找到抓手！给他们机会，每个孩子，都要成为萤火虫，我，也是这样的孩子。

★自传，是一种常见的以记述自己的人生经历、成果和感悟的应用文体。写自传需要静下心来梳理自己的过去，要挑选最能体现人生感悟和启迪的事件来表现。文体，文体，我一直想着这两个字。想久了，我多少想出了点东西，我向黑夜微笑。孩子们是萤火虫，老师，是注视并映衬着你们飞舞的黑夜。

★还是有些仓促，尤其最后的练习题中的语言品味，给学生细读的时间还是不够。如果读书是一种课堂时光的浪费，我希望浪费得更多更彻底一些。

——肖培东

现场声音

★传记，特别是个人传记，是一个人站在此时遥望彼此的文字作品。作为已经功成名就的丘吉尔，会用怎样的目光来回望自己的早年生活呢？是哪些东西造就了现在的自己呢？我想，这是作者为什么要写《我的早年生活》和为什么要这样写的原点，也就是作者的写作意图，这是其一；作为一名初一的学生，我们又为什么要读这篇传记呢？从这篇传记的学习中我们会得到些什么呢？也就是我们教学的意图和终点，这是其二。肖培东老师对这两者的思考深入透彻，课堂操作游刃有余，在伟人丘吉尔和学生之间架起了一座文字的桥梁，通过反复品读，引导学生和文本对话，和作者对话，从原点走向终点，不仅读懂了作者，更重要的是还读出了自己，让丘吉尔这个"萤火虫"烛照学生将来的人生旅途。从"逃避"到"很响亮"地朗读，学生的自信表现让人难忘。

——浙江省平湖市黄姑镇中学　贾龙弟

★《我的早年生活》是一篇传记的节选，与正统传记又有很大区别。到底是教内容还是讲人物的品质，这一问题自备课开始就一直缠绕着我。肖老师的课，让我知道了语文教学不是要教出什么，而是读出了什么。语文教学要慢下来。只有这样，我们才能从言语中去发现，从而达成语文教学目标。肖老师以第二段为例，引领学生走进去，让学生带着方法走出来，是个很好的设计。最后一个环节品味丘吉尔风趣幽默的语言，肖老师还应该给予学生更多的品读时间。

——浙江省苍南县桥墩镇第一中学　朱　勇

切准体式　顺畅大气　关注学生　授之以法

浙江省苍南县教师进修学校　卢立银

一、一节切准文本体式教学的课

《我的早年生活》是丘吉尔的一篇个人自传体式的文章，作者丘吉尔，曾两度出任英国首相，是诺贝尔文学奖获得者。斯大林称赞丘吉尔是"百年才出现一个的人物"。自传体的文章，肖老师在课堂教学中紧紧抓住这篇自传文的特质——"事件典型，凝聚品质"来展开文本设计教学。

在梳理感知文本环节，肖老师提出了一个非常朴实简单的问题："在这篇自传中，作者写的第一件事情是什么？"看似毫无设计，信手拈来，不像很多老师费尽心思在设计文本的第一个问题，结果问题往往是太高大上，偏离文本和学生，搅乱了全局，弄得后面的教学不知如何推进。其实语文课堂可以慢点来，低起点才好高达成。当然，这个问题的背后是大有想法的。自传嘛，不就是在叙说事件吗？学生如果对自传中写了几件事情不搞明白，那又怎么走进文本，怎么往深处行进？肖老师高明之处就在于先从事件的概括入手，让学生明白了文章写了几件事，从而道出："写自传一定要选自己精心选择过的，能够代表自己感悟的一些事情来写。所以，写自传，选材很重要。"

"用心想一想，这几件事，如果用一个词语来概括，写的都是丘吉尔的什么？两个字。"这是一次巧转，课似水流总是要往前流动的，肖老师在结合课文后的练习一，给学生道明白文章写了"学习考试，入学考试，学习英语，征兵考试，军旅生涯"五个典型事件之后，继续往自传体的另一特点出发：典型事件背后的共同意义和价值。这样的一个巧问，很好地把五件事的共性点提挈起来了，"成长"，是的，成长。成长的背后，"看看这些小事背后有哪些大的价值？我们再请一个同学来读一读第二自然

301

段。"这样一个顺而推导，自然天成，学生的思维马上从事件的概括层面走向背后的品质探究，真是轻轻一问，看似不经心却暗藏玄机。还值得一提的是，肖老师并没有大面积打开，而是聚焦其中第二自然段，细细品来慢慢抵达，当好主导的角色。因为大面积的文本找寻，一来容易东一锤西一棒，走向思维混乱难以收拢；二来会让品读流于表面，草草收场。

二、一节大气顺畅教之有法的课

要说"大气"，肖老师的课堂设计向来如此，《皇帝的新装》《春酒》《在沙漠中心》等等哪一课不是切入巧妙，收放自如，气势磅礴，变换多姿？本课的大气顺畅主要表现在：主问题引领，课脉清晰。余映潮老师认为，"主问题"是阅读教学中立意高远的有质量的课堂教学问题，是深层次课堂活动的引爆点、牵引机和黏合剂，在教学中显现着"以一当十"的力量。肖老师很善于借助一个主问题以点带面做足功夫，从而荡成一片。比如，在完成了第一件事的概括后，问："那么，其他事件有没有办法找出来？还是默读，静静地在文字中感受寻找并提炼。"让课堂沿着找中心句的方法概括其余四件事情。再如，在第二自然段的赏读中发现丘吉尔的坚强、坚持不懈、锲而不舍等品质之后，问："你们还可以在文章的其他段落中找出一些事情，表现丘吉尔的优秀品质吗？是通过哪些句子能够看出来？"这样让课堂的进程流畅有序，课脉清晰。

教之有法主要体现为：扶放结合法。在初读感知时，肖老师的"第一件事情是什么"这一问确乎是一块探路石，能探出班级学生的语文程度，发现学生没有办法准确概括时，肖老师随即给予方法上的支持：从第二自然段中找中心句；当学生还是不知怎么找到中心句时，肖老师进一步给予指点：表述的中心句往往是在开头或者结尾。这样有法可依之后，学生接下来的概括就越来越顺当了。为什么肖老师在赏读事件背后蕴藏的品质时，还要先针对其中第二自然段着力带领学生去学会发现语言，去品读字里行间的品质呢？因为肖老师发现班级的学生的语文学习能力还达不到通过自己的能力去发现文本的言语秘妙，去咂摸出背后的人物品质。为此，肖老师放慢了课堂的节奏，从学生的实际水平出发，再次以第二自然段的品读学习为范例。学生在例子的引领下，循例子而动，在留白处补白，放开手脚去品读文章其他文句中蕴含的优秀品质。可谓到位也。

三、一节帮助学生慢慢抵达的课

课堂不是老师的演绎场，课堂应该是学生的习得场。整堂课，肖老师非常关注学生的习得和由此带来的进步。在这节课中我们看到学生在老师的点拨下慢慢抵达，目标在老师的指导下点点落实。我们看见学生学会用找寻中心句的方法概括事件，看见学生学会在没有明显情感特征的平常词语中读出背后的情味，看见个别学生从一开始不在课堂的状态中到紧紧跟随老师的课堂节拍和思路。

有一个课堂细节尤其值得一提，当肖老师指向一个学生问：你能不能找出一些呢？学生回答：不能。这时老师并没有轻易放过，而是巧借文本中的丘吉尔的例子来激励该生，"你看，丘吉尔在困难面前有没有逃避？"并引导该生寻找，"文章有没有写丘吉尔不逃避的句子？"当学生找到"我只管把一般英语句子的基本结构牢记在心——这是光荣的事情"，老师又让学生发现"只管"一词并从中领会、读出"执着""认真，很努力"。课堂的最后，肖老师还特意表扬这位学生开始大声读句子的好表现。我们有理由相信，这样的课堂是时时关注学情、以学生为本的课堂，是帮助学生慢慢抵达彼岸的课堂。课堂就应该是对学生表现的最大尊重和等待。

当然，这又是一节实实在在的语言教学课。肖老师对语言文字极其敏感，常常从文字的缝隙处捕捉到文字背后的情感。如：从"场场考试，场场失败"中读出勇气，读出锲而不舍和坚持不懈的精神品质；从"整整""熬"中读出乐观和坚强。整堂课还非常注重朗读，朗读是帮助理解的最好方式。肖老师在这节课上不断带领学生回到文字，回到语句，回到文章去朗读去寻找。当学生对语句没感觉时，当学生在思考上出现疙瘩时，当学生回答不到位时，肖老师第一时间带领学生回到文句中读了再读，品了又品，"三分文章七分读"，这篇看似味道不浓的文章就这样在反复朗读和轻松交流中散发出语文的芳香。

《皇帝的新装》

🍃 **浅浅小语** ⫶⫶⫶

我们都是海边拾贝的孩子。在悠悠的海风里，我率先吹响了我的海螺，继而，孩子们也开始吹响了他们的螺号。我微笑地指向大海，所有的眼睛就都眺向大海，更深，更远……那片大海，就是语文。

——肖培东

🍃 **课堂再现** ⫶⫶⫶

执　　教： 肖培东

点　　评： 郑桂华

教学背景： 2014 年 10 月 31 日，四川师范大学附属中学。

一、认识童话

生： 老师好！

师： 请坐，来，大声地喊出今天我们要学习的课文。

生： 《皇帝的新装》。

师： 你们知道《皇帝的新装》是一篇——

生： 童话。

师： 好，问题来了，同学们，以你的读书经验，你怎么就判断《皇帝的新装》是一篇童话的？别忙着举手，想想看。

（学生思考，举手）

生1：因为我觉得像散文那些一般写的都是真实的故事，童话就有一些虚构的色彩，它写那两个骗子做的衣服愚蠢的人是看不见的，就带有一些神话色彩，就应该是童话。

师：神话色彩？

生1：哦，不，不，就是虚构的，脱离现实。

师：哦，脱离现实，是虚构的故事，所以觉得它是童话。还有没有其他说法？你来说。

生2：我觉得童话应该就是通过一个故事来讲述一个道理，同时能够讽刺一种生活现象。

师：哦，故事中有道理，所以它是童话。哎，那个男同学，你来说。

生3：没有具体的时间。

师：没有具体的时间？你想说，童话都是什么样的？

生3：都是虚构的。

师：虚构出来的，好，请坐。还有没有？"老师，我知道这是一篇童话，是因为——"你站起来大声喊吧！

生4：童话它一般都是写的很久以前的事，不是"一二三四"的那种。

师：哦，写的不是今天的事儿，都是很久很久以前的事儿，是这意思吗？

生4：嗯。

师：很遥远。

生5：我觉得，是童话的话，它就会整篇文章写作手法都是富有童真的，并且每篇故事都会告诉我们富有哲理的道理。

师：就是说，童话童话，是用谁的话在说故事啊？

生（齐）：儿童的话。

师：是用儿童的话写出来的。好，还有没有同学再来说说看？

生6：因为童话里面那些人物的语言都很浮夸，说得都特别夸张。

师：都很浮夸，说得都特别夸张。也就是说童话最主要的手法是——

生6：夸张。

师：夸张，还有？

生（齐）：想象。

师：哎哟，真棒，我的同学们，来看看老师给的定义，和你们的是多么相似。我们一起来读读看！

PPT显示：

童话是一种文学体裁，它的特点是通过丰富的想象甚至夸张来塑造人物形象，反映现实生活，潜移默化地对儿童进行思想启蒙教育。

师：你看，你们用自己的语言，把这文章体裁的特点全说出来了，这就是学习的力量。好，再来说说，童话最主要的特征是什么？

生（齐）：丰富的想象和夸张。

二、读出《皇帝的新装》最夸张处

师：那么同学们，读完了《皇帝的新装》，你们想一想，这个童话当中你觉得最有夸张力的一个细节是什么？也先别忙着举手，回到文章再看一看，找一找。

（学生浏览文章，举手）

生7（读）：缝出来的衣服还有一种奇怪的特性：任何不称职的或者愚蠢得不可救药的人，都看不见这衣服。

师：这句话——

生7：因为现实生活中根本不可能有这种事情。

师：也就是说，这么一件衣服是不存在的，因此，你认为骗子所说的那件衣服特别的夸张。

（学生点头）

师：怎么读呢？来，读一读这件衣服夸张的特性。

生7（读）：缝出来的衣服还有一种奇怪的特性：任何不称职的或者愚蠢得不可救药的人，都看不见这衣服。（读得平淡随意）

师：哎，同学们，要想读出这件衣服的夸张的特征，你觉得要读好哪几个词？

生（齐）："都"。

师："都"，还有呢？

生7："任何"。

师："任何"，所以这几个词读的时候要带有夸张的味道，你再来读一读看。

生7（读）：缝出来的衣服还有一种奇怪的特性：任何不称职的或者愚蠢得不可救药的人，都看不见这衣服。（重音落实，夸张感强）

师：哎，比第一次好多了。来，同学们，我们一起来把这个句子读读看。注意啊，读出童话的夸张的味道。"任何"，预备，起！

生（齐读）：任何不称职的或者愚蠢得不可救药的人，都看不见这衣服。

师：哎，这"都"字后面可以稍微拉长一点音，我们再把这个地方读读看好吧？"都——"预备，起！

生（齐读）：都——看不见这衣服。

师：哎，我觉得"这衣服"的"这"字是不是也把它读得重一点？来，再来一次，"都——"预备，起！

生（齐读）：都——看不见这衣服。（读出了夸张的味道）

师：好，还有没有，同学们？

生8（读）：这些衣服轻柔得像蜘蛛网一样，穿的人会觉得身上好像没有什么东西似的，这也正是这些衣服的优点。

师：哦，你也是找到了这些衣服的所谓特点。好，你把这句话读好。"这些衣服"，开始！

（生读该句，读得不错）

师：好，两位同学都找到了衣服的特点来说夸张。那除了衣服的特点外，还有没有其他地方特别夸张的？来，这位男同学，你来说。

生9：就是第一自然段这里，"他每一天每一点钟都要换一套衣服"。

师：怎么说呢？

生9：他竟然每一天，每一点钟啊。

师：有了这句话，你想要表达什么？

生9：皇帝穿衣服很夸张。

师：皇帝爱新衣到了夸张的极点了！给大家读读看这句话。

生9：他每一天每一点钟都要换一套衣服。（较快）

师：要想把皇帝的这个爱衣服成嗜好的性格读出来，要读好哪几个词儿？

生9："每一天"，还有"每一点钟"。

师：哎，你们发现他说的都是些什么词，同学们？

生（齐）：数量词。

师：哎，时间词，数词。来，我们来读读看，"每一天每一点钟都要换——"（老师范读至此）

生（齐读）：一套衣服。（"一套"重读，稍长）

师：童话啊，就是这样说出来的，来，你自己加油，试试看！

生9（读）：他每一天每一点钟——（重音有感觉了）

师：好，同学来一起帮帮他，预备，起！

生（齐读）：他每一天每一点钟都要换一套衣服。（夸张味浓）

师：嗯，再看看，"乘着马车去游公园——"，下一句你来读，"除非"，预备，起！

生9（读）：除非是为了去炫耀一下他的新衣服。（"炫耀一下""新衣服"读得很到位）

师：真棒！记住啊，好童话是读出来的。好，还有哪个地方特夸张？来，女同学你来说。

生10（读）：许多年前，有一个皇帝，为了穿得漂亮，不惜把所有的钱都花掉。（"所有的""都"重读）

师：大家注意没有，哪一个词她读得很夸张？

生（齐）："所有的"。

师："所有的"，还有呢？

生（齐）："都花掉"。

师：我们一起来试试看。"不惜"，预备，起！

生（齐读）：不惜把所有的钱都花掉。（夸张）

师：哎，你照这样去给人讲童话就讲得特生动了。好，请坐。还有没有？你来说。

生11：我觉得还有第二自然段，"自称是织工，说能织出人间最美丽的布"，布应该没有最美丽而应该是更美丽的。

师：这个"最美丽"，就是夸张了，你把这个"最美丽"读好。

生11（读）：说能织出人间最——美丽的布。（夸张）

师：哎，最美丽的布。好，还有没有？再看看，还有哪个细节最夸张？你来说。

生12：第三自然段最后一句话，"于是他付了许多钱给这两个骗子，好让他们马上开始工作。"一般我们都是等织好了才付钱，这里一下子在之前就付了好多钱。

师：哦，这个钱为什么马上要交给他们？

生12：因为他想要快点穿到新衣服。

师："许多钱""马上"，太急切了。还有没有？

生13：我找的是第三十二自然段。"站在街上和窗子里的人都说"，这里"都"字说明所有的人都相信了这个谎言。其实这个谎言是非常容易被戳破的，但是大家都相信了，很夸张。

师：那你知道大家怎么说的吗？把说的那句话读出来。

生13（读）：乖乖！皇上的新装真是漂亮！他上衣下面的后裙是多么美丽！这件衣服真合他的身材！（声音较轻）

师：同学们说，那个时候大人是这样说的吗？你觉得那个时候大人是喊的还是轻轻地说的？

生（齐）：喊的。

师：为什么是喊的？

生（齐）：要让别人都听见。

师：哎，要让别人听到，所以你发现这些话的后面都用了什么标点符号？

生（齐）：感叹号。

师：感叹号啊，同学们。因此这个"乖乖"，你就要读出一个很夸张的味道。来，你自己来更正，好不好？

（生13再读，有进步）

师：好多了。好，我们就读前面两句，这个话里有四句。我觉得这个"乖乖"要加重，"乖乖"，预备，起！

（老师引导同学读）

学生（齐读）：乖乖！皇上的新装真是漂亮！（很夸张）

（男生读，女生读）

师：其实，从全文来看，有一个细节我最感兴趣。你们看哪个细节是最最荒唐，最最夸张的？你来说。

生14：请大家看到第三十六自然段最后一句话。"因此他摆出一副更骄傲的神气。他的内臣们跟在他后面走，手中托着一条并不存在的后裙。"

师：哎，皇上穿着并不存在的后裙，在干吗？

生（齐）：游行。

师：两个字儿，"裸奔"！（生笑）光天化日之下，皇上在裸游。我们一起来读读，他是怎么换这衣服的。158页，"皇帝把他所有的衣服都脱下来了"，预备，读！

生（齐读）：皇帝把他所有的衣服都脱下来了。两个骗子装作一件一件地把他们刚才缝好的新衣服交给他。

师：好，我请一个女同学读后面一句话。

生15（读）：他们在他的腰周围弄了一阵子。（稍快）

师：哎，大家发现，哪个词语读得太快了？

生（齐）："弄"。

师："弄"多长时间？"一阵子"！所以这个"一阵子"不能读得很快就过去了，要让别人感觉真的在穿衣服。再来试试看。

生15（读）：他们在他的腰周围弄了一阵子。（"弄了""一阵子"读出夸张味）

师：哎，好多了。再看看，皇上最自恋的一个镜头，"皇上在镜子面前"——

生15（读）：皇上在镜子面前转了转身子，扭了扭腰。

师：哎，同学们看看，哪些词还需要读出味来？

生（齐）："转""扭"。

师：要想读好这个镜头，我们要注意什么词？

生（齐）：动词。

师：动词。这个动词要很真实地发生，这个动词读时要快，还是慢？

生（齐）：慢。

师：慢，大家看看"我"穿的衣服，所以这个"转一转""扭一扭"，建议你在读的时候也转一转，扭一扭。"皇上在镜子面前"，预备，起！

（全班齐读，夸张至极）

师：真好！同学们，感受到了吗？妈妈给你讲这个童话的声音，一定是这样的声音。爸爸给你讲这个童话的语调，一定也是这样的语调。

三、是谁导演这场戏

师：同学们，在光天化日之下如此招摇的裸游，在安徒生的童话里，不可思议地如期上演了。接下来，我要问一个问题。是谁导演这场戏的？别忙着举手，找出文中的根据，想一想。这个荒唐闹剧成功上演的最主要的因素，你认为是谁？

（学生思考）

生16：我认为是皇帝和他的那些大臣。首先就是大臣觉得不能让别人发现自己很愚蠢，就欺骗皇帝，就说自己看见了很美丽的布，而皇帝也因为担心别人说自己很愚蠢，就去欺骗别人。

师：哦，她说了两点。但是她归纳的时候，说了一个"首先"，她要把后面的东西留给其他同学来说。

（学生会心一笑）

师：皇帝自己导演这场戏，我们再来了解一下这个皇帝，第一段，好好读一读。我不提示，看看你们自己能不能读得更好一点。"许多年前，有一个皇帝"，预备，起！

（生很有感情地齐读第一自然段）

师：哎，刚才回答问题的同学，你把皇帝的心理活动读一读。

生16（读）："我倒很想知道衣料究竟织得怎样了。"皇帝想。不过，

311

想起凡是愚蠢或不称职的人就看不见这布，心里的确感到不大自然。他相信自己是无须害怕的，但仍然觉得先派一个人去看看工作的进展情形比较妥当。（有感情）

师：皇上那个时候有一个心理，大家画出来。

生（齐）："不大自然"。

师：这个"不大自然"就引出了后面的故事。还有没有其他意见？

生17：我认为跟那两个骗子有关，因为他首先提前就说了"衣服还有一种奇怪的特性：任何不称职的或者愚蠢得不可救药的人，都看不见这衣服"。这样就会引起皇帝对衣服的好奇了。

师：简单来讲，就是骗子的骗术太高明了。他们臆造了一件奇异的新装。演技怎么样呢？做得像不像啊？大家找找看。骗子做工是怎么样的？他们在织布机上的劳动场景是怎么样的？

生18（读）：他们摆出两架织布机，装作是在工作的样子，可是他们的织布机上连一点东西的影子也没有。（夸张）

师：太好了，把这几个动词（"摆出""装作"）画出来。"织布机上连一点东西的影子也没有"，你们看，骗术高明吧。好，骗子导演了这场戏，还有不同意见吗？请后边不举手的同学说说。

生19：跟两个大臣也有关。

师：哟，跟两个大臣也有关，为什么？

生19：因为他们害怕自己看不见衣服，怕别人说自己不称职或者愚蠢。

师：大家听出来了吗？她说了一个词，"害怕"。请找出官员的"害怕"的心理活动给大家读一读。

生19：请大家看到第十七自然段。"'我并不愚蠢呀！'这位官员想，'这大概是我不配有现在这样好的官职吧。这也真够滑稽，但是我决不能让人看出来。'"

师："决不能让人看出来"，于是，他就说了假话，看看他对皇帝是怎么说的？

生19（读）：是的，那真是太美了！（声音略平）

师：注意这个标点符号是什么？

生（齐）：感叹号。

师：来，大家把声音拉得响一点儿，"是的"，开始。

生（齐读）：是的，那真是太美了！（"是的"的肯定，"太美"的夸张赞美都读出来了）

师：好，还有吗？

生20：我觉得还和那些老百姓有关。请大家看到第三十二自然段。"谁也不愿意让人知道自己什么也看不见，因为这样就会显出自己不称职，或是太愚蠢。"

师：好，大家找到了吗？所有善良的老百姓都说出了那句假的赞美的话，那句假话你再读一读。"乖乖"，开始。

生20（读）：乖乖！皇上的新装真是漂亮！他上衣下面的后裙是多么美丽！这件衣服真合他的身材！（很夸张）

PPT 显示：

"皇帝的新装"成功上演的最主要的因素你们认为是什么？皇帝？骗子？官员？百姓？……

师：皇帝，穿新衣成瘾。骗术高明的骗子又是这场闹剧的幕后推手。官员，说了假话；甚至连善良的老百姓也言不由衷。同学们，"皇帝的新装"成功上演的最主要的因素，你想怎么概括呢？

生21：所有人都不愿意承认自己是愚蠢的。

师：你认为是所有人共同制造了这个骗局，所有人共同上演了这出闹剧？

生21：是！

教师板书：人

师：我觉得不该是所有的人吧。

（学生一愣，突然举手）

生22：是所有的成人。

师：所有什么人？

生 22：大人，成人。

师：再重复一遍。

生 22：大人！

（教师在黑板上擦去"人"字，再写一个更大的"人"字）

师：原来这是一个讲所有大人的故事。这是一个大人世界的故事，描述了大人世界复杂内心的一个故事。所有的大人共同上演了这出闹剧。社会，土壤，大地，我们可以从更广阔的空间去思考这个问题。

四、探寻大人的内心世界

师：看看这些句子。

PPT 显示：

1. 全城的人都听说这织品有一种多么神奇的力量，所以大家也都渴望借这个机会测验一下……

2. 城里所有的人都在谈论着这美丽的布料。

3. 每人都随声附和着。每人都有说不出的快乐。

4. "一点也不错。"所有的骑士都说。

5. "上帝，这衣服多么合身啊！裁得多么好看啊！"大家都说。

6. 那些托后裙的内臣都把手在地上东摸西摸，好像他们正在拾起衣裙似的。

7. 站在街上和窗子里的人都说："乖乖！皇上的新装真是漂亮！"

师：请五个同学依次朗读前五个句子，有感情地读读。第六句女生齐读，第七句男生齐读。

（学生读）

师：这些句子出现在文章不同的地方，但是你们有没有发现有一个字是相同的，哪个字儿？一起喊！

生（齐）："都"。

师：每个句子里都出现了一个"都"字，这些"都"说明什么问题？别急着举手，想一想，话想好了再说。好，你先来说。

生 23：全城的人都认为这衣服是多么的漂亮。

师：全城的什么人？

生 23：全城的大人。

师：全城的大人都在说这个谎话。请坐，你说。

生 24：从这里可以看出是全城的大人，一起造就了这个荒唐的闹剧。

师：荒唐源于所有的大人。你来说。

生 25：我觉得这样就可以更加体现出全城的大人都不愿意承认自己很笨，不称职。

师：所有的大人，无论是有权力的，还是没权力的，无论是高高在上的，还是贴着地气的善良百姓，都卷入了这场闹剧当中。所以同学们（有学生举手打断），好，还想讲，你来说。

生 26：我认为是全城的大人都有虚荣心，都不愿意承认自己看不见布料，所以这个闹剧才能顺利地进行。

师：那你知道老百姓为什么有这份虚荣心吗？

生：因为他们不愿意在皇帝面前显示出自己的愚蠢，皇帝如果听见他们说看不见，就会认为他的国家的百姓太愚蠢了。

师：在皇帝面前，也就是在权力面前，在生存面前。百姓迫于压力，说了假话，迫于生存生活的需要说了假话。同学们，这个时候是不是更能发现《皇帝的新装》其实讲的就是成人世界的故事？这样一想，对这件新装我们就该有更深的思考。

（学生思考，沉静片刻）

五、走进大人的"心"

师：下一个题目，会更难一点。

PPT 显示：

"皇帝的新装"，对皇帝，对官员，对百姓等，与其说是新装，不如说是_____？

（学生思考）

生 27：不如说是一场闹剧。

生 28：不如说是一个谎言。

生 29：不如说是一块诚信的试金石。

师：诚信的试金石！了不起，鼓掌！（生鼓掌）这个比喻真正的从这场闹剧中走出了，看出了本质问题。还有没有？你来说！

生 30：不如说是大人世界的虚荣心，他们很复杂的心。

师：大人的心，你来说！

生 31：我觉得，不如说是大人们心灵世界的透视镜，因为它照出了大人内心的活动。

师：大人内心世界的一块透视镜。太棒了！还有没有？你来说！

生 32：不如说是一张对诚实的考卷。

PPT 显示：

"皇帝的新装"对皇帝，对官员，对百姓等，与其说是新装，不如说是_____？

试题，虚荣，私心，面具，功利世故社会里的人性黑洞，世俗世界的习惯与传统……

师：原来这是给大人们准备的一道测试题，一面镜子。通过这件新衣，我们看到了大人的心，看到了社会的复杂，看到了功利世故的社会，甚至看到了成人世界的人性黑洞，看到了世俗世界的习惯与传统。

师：所以，同学们，与其说是皇帝的新装，不如说是大人的 xīn 装。哪个 xīn 装？

生：心装。（有所悟）

师：在标题边上写上"大人的心装"。世俗世界里的大人，他们的心是怎么样的呢？让我们再认真地读一读这些大人的内心活动。

PPT 显示：

1. "我的老天爷！"他想，"难道我是愚蠢的吗？我从来没有怀疑过自己。这一点决不能让任何人知道。难道我是不称职的吗？不成！我决不能让人知道我看不见布料。"

2. "我并不愚蠢呀!" 这位官员想，"这大概是我不配有现在这样好的官职吧。这也真够滑稽，但是我决不能让人看出来。"

3. "这是怎么一回事呢?" 皇帝心里想，"我什么也没有看见! 这可骇人听闻了。难道我是一个愚蠢的人吗? 难道我不够资格当皇帝吗? 这可是最可怕的事情。"

4. "上帝，这衣服多么合身啊! 裁得多么好看啊!" 大家都说，"多么美的花纹! 多么美的色彩! 这真是贵重的衣服。"

5. 站在街上和窗子里的人都说："乖乖! 皇上的新装真是漂亮! 他上衣下面的后裙是多么美丽! 这件衣服真合他的身材!"

(抽生依次有感情地读，读好大人的"心"，解决"称职""滑稽""骇人听闻"等词的读音和理解)

师：在这些真实心理活动中，我们看到了成人世界的复杂的心绪。正是在这种私心复杂的，甚至无奈的情绪的支配下，有了这件皇帝的新装，有了这个荒唐的故事。我们也就看到了在那个富丽的华盖下，皇帝开始了游行。

六、你的结尾设计——拓深对童话的理解

PPT 显示：

"这样，皇帝就在那个富丽的华盖下游行起来了……" 如果让你从这里写你的安徒生童话的结尾，你会怎么设计?

师：同学们，童话充满想象和夸张。你能不能想象一下，如果让你从这里开始写安徒生童话的结尾，你会怎么设计?

(学生思考，讨论)

生33：皇上赤身裸体走在街上，百姓们一下子都呆住了，你看着我我看着你。一个人突然大叫道："多么好看的衣服啊，这衣服真适合皇上的身材啊。" 街上一下子沸腾了。大家都说这衣服好看极了。一个童稚的声音响起："你们看，那个人并没有穿衣服啊!" 一个大人说："明明你是愚

317

蠢的，皇帝的衣服是多么美丽啊，你不要乱说。"

师：大人还训斥了说真话的小孩。你来说。

生34：皇上赤身裸体走在街上，一个小孩说："皇上根本什么衣服也没有穿啊。"群众顿时沸腾了，皇上觉得无地自容，再看看他的那些大臣，也都不敢直视皇帝，皇帝最终在群众的笑声下红着脸走向皇宫。

师：让群众说真话，皇帝最后红着脸走回了皇宫。

生35：皇帝就在那个富丽的华盖下游行起来了。这时，大家看到都不禁笑起来："皇帝裸奔啦，皇帝裸奔啦！"皇帝在大家的笑声中顿时逃回了皇宫。

师：在大家的嘲笑中，皇帝逃回了皇宫。谁再来说说，最后一个机会给你，你没说过话。

生36：皇帝赤身走在大街上。大家都说："皇帝什么也没有穿啊。"皇帝觉得非常不好意思，就带着他的大臣非常惭愧地走回皇宫。

师：很惭愧地回去，你真善良。大家想看看老师是怎么写的吗？

生（齐）：想。

PPT 显示：

这样，皇帝就在那个富丽的华盖下游行起来了。孩子们看到了都说："乖乖！皇上的新装真是漂亮！他上衣下面的后裾是多么美丽！衣服多么合身！"谁也不愿意让人知道自己看不见什么东西，因为这样就会暴露自己不称职，或是太愚蠢。皇帝所有的衣服从来没有得到这样普遍的称赞。

"可是他什么衣服也没有穿呀！"一个小孩子的爸爸最后叫出声来。

"伙伴们，你听这大人的声音！"那个孩子说。于是孩子们把这个爸爸讲的话私自低声地传播开来。

"他并没有穿什么衣服！有个大人说他并没有穿什么衣服呀！"

"他实在是没有穿什么衣服呀！"最后所有的孩子们都说。

师：你们发现老师的结尾和课文有什么不同？

生37：老师，你把大人和孩子换了一换，让大人说出真话了。

师：那你认为老师和安徒生谁的结尾更好？

（生各持不同意见）

师：先想一想，别那么快说出答案，好好想一想。你说。

生38：我赞同安徒生的结尾，因为孩子们是天真的，他们心里想什么就会说什么，不会像大人那么虚假。

生39：我也赞同课文的结尾。大人总是会欺骗人，孩子们是纯洁的，他们不会说假话，所以他们说的话应该都是最容易被人相信的。

生40：我赞同老师的结尾，因为小孩子也还是经历了一些事情，他也可能在伙伴中装得虚伪，而大人经历了很多事情之后也有可能看穿，他也不愿意再装虚伪就说了真话。

师：还有支持我的吗？

生41：我觉得肖老师的结尾可以用在现在，现在很多小学生中学生比大人的虚荣心还要厉害多了。

师：好，也有同学支持我的。想想，现在有小孩子会说假话了，他们是怎么学会的呢？

生（齐）：大人把他们带坏的。

师：原来最后还是大人在影响我们，成人世界的心态在污染我们。所以如果这个世界，只剩下一个真诚的声音，它应该首先属于谁？

生（齐）：小孩子。

师：但是我们这些大人，曾经也是小孩子，他们却在生活的过程中慢慢学会了说假话。亲爱的同学们，学到这里，今天你能不能对在场的大人们说点什么？

（学生思考后举手）

生42：大人们，以后不要说假话了！

生43：生活再怎么样，也最好不要说假话！

生44：请大家不要有虚荣心。

生45：别把小孩子教坏了。

师：这样，我们就知道了，原来童话不仅仅是在教育孩子，也在教育大人。齐读安徒生的这段话。

PPT 显示：

安徒生：“我用我的一切感情和思想来写童话，但是同时我也没有忘记成年人，当我在为孩子们写一篇故事的时候，我永远记得他们的父亲和母亲也会在旁边听。”

师：请用你读童话的声音把这个故事讲给你的父亲母亲听，也希望这份纯真能重回永驻我们的内心。真诚希望大家每一句赞叹都是由衷的，一起来真诚赞一遍："乖乖！皇上的新装真是漂亮！"

生（齐）：乖乖！皇上的新装真是漂亮！

师：真是漂亮！乖乖，你们这堂课也学得非常漂亮，谢谢！

板书：人—— 心装

教学感言

★感谢童话，让我们还能在纷乱人世中找到心灵慰藉。教这一课，其实是在教我自己，它告诉我，无论你是怎样一棵茂盛高大的树，都不要忘记最初那被包裹着的晶莹透亮的心。童话，在功利社会帮助我们找回自我的一种阅读，我坚信，和孩子们一起读童话，其实是孩子们教育我们。孩子，是童话最好的解读者！

★《皇帝的新装》，究竟在嘲笑谁？经典的魅力在于常读常新。那个令人捧腹大笑的腆着大肚子裸奔于众目睽睽下的皇帝，那个忠诚一生却又无奈说假话的老大臣，那些站在街边言不由衷欢呼的百姓。很多赞美有时不是为了阿谀，在世俗世界的习惯与传统面前，个体实在渺小。每读一次，我都觉得，我曾经就是其中和大家说着一样的赞美词的人。我能不说吗？我在孩子天真的话语前愧疚，我凝视着每一个孩子的眼睛，我知道，那里有个世界，最美丽的世界。可是，他们能守住这个世界吗？我不敢确定，只能祝福。

★"老师，我喜欢你写的结尾。"说这话的是一个男孩，他一定不是

320

刻意与众不同，他一定也在反省自己，也在比照社会。孩子们已经长大了，他们有着自己的观察，对我们站立的世界，他能看到无限美好，也记住了各种烦忧。成长的残酷，在于你必须要慢慢褪去纯真迎向无奈。孩子们也会说假话，这不是童话，这是现实。可是，孩子，我情愿你永远生活在童话中，我们的无奈不是我们必须要走向世俗的理由。成人世界的游戏里，愿我们都是长不大的孩子。阳光下，总有一种生长朝向寂寞。

★教童话，我想从童话入手。最喜欢的，就是读童话的那种天真的声音。好的理解源于好的读书。很多人都会设计"想象结尾"这个讲学环节，大多都是热热闹闹地说了过去，和文本的教学其实关联不大。这个想象，我们要再起波澜，加深对童话的理解。让任何一个教学环节，都成为阅读的推动器。

★曹文轩说："一个希望自己变得很有质量的人，我希望他读读安徒生；一个希望自己变得很有情趣的人，我希望他读读安徒生。安徒生永远活在儿童和成人的心中。"越教越觉得这个童话有滋味。很遗憾，再好的设计，都无法穷尽这一课的语言艺术魅力。这就是童话，这就是经典。

★我在山区学校上这课的时候，我问他们，这个故事你们是什么时候知道的，很多孩子说是今天。那时，我的心颤抖着。生活，真的不是童话，卖火柴的小女孩最重要的是卖出自己手中的一盒火柴。我更觉得，我要上好这一课。童年，不能没有童话。

——肖培东

现场声音

★在四川师范大学附属中学听完课后，国培学员合影，当摄影师大喊"乖乖"按下快门后，听课的老师们都会心地笑了，大家的心还沉浸在之前肖老师的课堂里。

★没有矫饰，没有面具，没有所谓公开课的做作，有的只是爱，无论是对孩子，还是对课堂。肖老师像是优秀的课堂指挥家，温和而智慧，在他指挥下，教学成了浸润心灵的行为，课堂成了情感共鸣的场。没有过多的分析，没有烦琐无聊的提问，没有所谓热闹的分组讨论，为了让孩子们走进童话，理解童话，肖老师让孩子们模拟《皇帝的新装》里大人们说话，孩子们模仿得惟妙惟肖，让《皇帝的新装》里的人物一个一个地"走"了出来。当肖老师和孩子一起喊出"乖乖"时，童话里最动人的声音便在整个会场回荡。

★最为精彩的是，肖老师让孩子们说一句"最想向大人说的话"，孩子们说得很认真：勿说谎，不要虚伪……我们这些大人听了都羞赧地笑了。这一刻，孩子变成了成熟的大人，大人变成了害羞的孩子。摒弃虚假的"新装"，语文课就这样真诚、温情、智慧而有语文味。

——四川省邛崃市高埂中学　徐海敏

★《皇帝的新装》课例，我觉得可以说是肖培东老师执教的众多示范课中的经典。这堂课，文体教学理念凸显，课堂教学艺术精妙，可谓"运用"之妙，存乎"一心"。

★培东老师紧扣童话文体语言富于"想象甚至夸张"这一特点，精心预设教学目标和教学环节，通过指导学生品读文中"夸张"的语言，引导学生逐层思考"是谁导演这一场闹剧"，引发对成人世界复杂内心的探究，从而领会作者题旨所在，进一步探索童话阅读的深层意蕴。整个教学过程，既没有对故事情节的梳理，也没有作者简介和时代背景，无须旁征博引，更无旁逸斜出。明确而聚焦的教学目标，简约而清晰的教学思路，来自于精心而精确的预设。即使面对不同层次、不同悟性的学生，也依然能次第展开，殊途同归。整堂课着眼于"语言运用"，精于预设，巧于点拨，妙于生成。一个"都"字，四两拨千斤，轻松引导学生走进成人世界的故事。"与其说是新装，不如说是_____"精彩的生成来自于巧妙的点拨，来自于化繁就简的"语言运用训练"。尾声阶段，肖老师用"改写结尾"引导学生思考和认识更进一层，更是一种举重若轻。

——四川省成都市金牛区教育研究培训中心　罗小维

★肖老师站在人的角度，来关注文本，关注课堂，没有居高临下的说

322

教，更多的是引导学生自己发现。从课堂脉络中，我们很容易发现课堂的温情质地。"童话""童话特点"多么简单，不用教，PPT放出来即可。肖老师没有这样简单粗暴地进入安徒生的"童话世界"，而是从孩子内心的柔软说起——什么时候谁给你讲的这个故事（江苏执教此课的导入）。如此，就给课堂定个"温情"调子，再来理解"童话及特征"，毫无生涩。在品析语言中感受"夸张"，多么常规而又巧妙地让孩子体会到安徒生的"想象"。

★肖老师，让人感受到温润气息。慢慢读，细细品，轻轻说，似乎本该充满"批判"的课堂被肖老师编织成火候正好的探寻人性的课堂，解读人心的课堂。安徒生的结尾，学生的结尾，老师的结尾，肖老师在课堂最后真情而巧妙地给孩子的心田画上一道真诚的"彩虹"。我相信，这一切会在学生的灵魂深处，默默地掀起风暴。

★这一课，我读出了温暖情怀。肖老师从"人"出发，理解安徒生，懂得学生，他用温情述说着大家的故事，任凭这温情在我们心里沸腾。

——江苏省南京市金陵中学河西分校　王　建

名师点评

一堂舒服的童话课

上海师范大学中文系　郑桂华

一口气看完这九千多字的实录，一个突出的感觉是舒服。初看起来，"舒服"一词的评价似乎不够高，但对语文课来说，我认为却是一种不易得的状态。

要使听课的人感觉舒服，从上课内容讲，首先应"得其要"。

《皇帝的新装》是课文名篇，课文自身可以供挖掘、可供选择为教学目标的东西就很多，前人名家的上课示范不少，近来学术界的解读也是五花八门。其中光是文章内涵的挖掘就有多种，比如传统的"刺众人之盲从""讽刺虚荣""讽刺虚伪""揭露骗术""赞美童真""知"与"不知"

"真相"与"伪饰"等说法，后来的"高贵与卑贱对比""社会隐喻""生存策略说""语言与物的关系"等新解，在教学目标的设计上，如果一味贪多，或是盲目求新，就容易把自己套进去，既迷失了自我，也找不到语文课的特征了。而肖老师的选择则显得如此简单纯粹，他从课文的文体特点入题，几个环节就构成一条清晰的教学线条：

> 课文的特点是童话——
> 童话的突出特点是"夸张"——
> 夸张的典型细节有哪些——
> 谁导演了这出夸张的戏——
> 这出戏带给我们什么启示——

这个目标链条分别涉及文体特点掌握、表达特点分析、人物形象把握、主旨理解。应该说该有的都有了。这就好比一个既专业又聪明的导游，到了一个景区，能从纷繁的游人、杂乱的景点还有满布的荒草中劈开一条简洁、清晰的小径，带着游客直达目的地，而几个主要景点又没有错过。这就是"得其要"的好处。

要使听课的人感觉舒服，从上课形式上讲，我认为还应该"得其体"。

在过去的一二十年里，语文教师们知道了许多新名词、新技术。诸如"合作学习""对话教学""学案""翻转课堂"等，可是，这些新活动样式或教学技术在实践中往往见效不著，有的还利少弊多。其中一个原因是没有针对语文课的特点，脱离了阅读、感受等语文学习的正路。反观肖老师的课堂，则没有上述情况，而是让教学形式的选用围绕学习内容服务、为教学目标服务。比如这堂课的导入没有用很多人喜欢用的视频、图片来设置情景，也没有用稀奇古怪的问题绕几个弯，而是直接问"这篇课文是什么文体"，显得干净明快。大家知道，《皇帝的新装》对这些学生来说虽然是篇新课文，但是，在媒体如此繁荣的今天，不知道"皇帝的新装"这个故事的学生恐怕不多，因此，与直白式导入比较，用复杂的情境设计引出话题反倒显得多余。再如他引导学生对关键词语的推敲，对阅读技巧的点拨，对故事人物动作的想象、模仿，都自然而然，用其当用，这就是"得体"。而有的老师则不顾学生是否已经领会了，一定安排一段小组讨论，还有的老师不看教学目的是否需要，喜欢在上课中间让学生演一段课本剧。这就是为用手段而手段，那无疑就属于"不得体"了。

肖老师的这堂课，不由让我想到了语文教学的两个基本问题：

1. 如何将先进理念化为教学行为

新课标实施以来，许多先进的教育观念已经成为人们的共识，比如"以学生为中心"的观念、以学生的学习活动为主体的观念，但是实施情况则差别很大，原因就在于如何去落实。是生搬硬套地贴几个标签还是吃透其精神，让先进观念自然而然地体现在课堂细节中，效果会大不一样。在肖老师的这节课上，他没有说"向同学们鞠躬"，"你们才是主角"等，也没有用大块时间让学生讨论，但是，通过一些细节我们还是看得出学生在课堂中的地位。比如第一个环节讨论"《皇帝的新装》为什么是一篇童话"，近十个学生发言，从"虚构的故事""有童真的故事""过去的故事""有寓意的故事"，到"想象奇特"，有十几个回合才达到预设的内涵理解。这其中教师的行为就有两点值得肯定，一是让结论在学习过程中自然流淌出来，教师只是"印证"或"肯定"学生的发现。二是其间教师并不着急，而是耐心等上十几个回合。甚至我想，即使在这个环节上学生经过一番讨论仍然出不来结论，估计肖老师也不着急，因为这就是学生的实际情况，应该按照学生情况调整学习任务，这才是真正的学生中心。

2. 如何处理表层热闹与深层目标达成的关系

学校被誉为象牙塔，这只是相对于更为复杂的社会而言的。但课堂教学本身也是一项颇为复杂的社会活动，涉及教师、学生、教材、环境等因素。一方面，它有集体活动的性质，集体活动需要有中心，有共同关注的话题，还要有仪式感，有场面、有焦点、有热闹的气氛。不如此便不能引起参与者共同关注，达成集体的统一目标。但是，从每一个学习者的角度，课堂又应该是个性的安静的，不如此就难以使每个学习者达成深层的学习。如何处理两者的关系，即维持场面热闹和给个体学习者充分独立学习的机会，是衡量教学新人和高手的一块试金石。从这堂课上，我感觉出肖老师近些年的追求和进步。我特别欣赏他几次提到要学生"慢一点""想一想再说"。以教师的课堂效果论，学生对问题的反应应该是"越快越好"的，教师为什么要提醒他们"慢一点"呢？就是担心有的学生会受气氛影响，在课堂上急于表现，而不经过大脑的思考就贸然发言，这样的学习其实收获不多。从另一个角度看，教师提醒急于发言的学生"慢一点"，同时也是在给另一些同学以独立学习的时间和空间，让他们也有所思考、有所收获，而不让课堂成为少数学生和教师的表演。从这些细节中，我看到了肖老师近些年的追求与进步。

顺便说几句，我和肖老师都是钱梦龙的学生，钱梦龙老师的独门绝技是"导读的艺术"，其教学目标水到渠成，教学技巧运用不露痕迹。我们几个学生心向往之，但因为功力所限，自然止于皮毛，因此也常被人称为"技巧派"。但如果现场听肖老师的这节课，一定也能有些听钱老师课的感觉，课堂流程顺畅又波澜不惊，学生讨论、教师追问、课文阅读指导、词语推敲、生活体验运用方法也涉及不少，但似乎没有故意采用的感觉。是不是可以说，他已经开始往教学艺术方向靠近了呢？这是值得庆贺也值得进一步期待的。

《自己的花是让别人看的》

🍃 **浅浅小语** ⫻⫻⫻

教学，是信任，是唤醒，是耐心，是激励。

即使你含苞羞涩，我也依然等待。

看，春风吹拂大地，每一朵花都睁亮了眼睛。

——肖培东

🍃 **课堂再现** ⫻⫻⫻

执　　教：肖培东

点　　评：王崧舟

教学背景：2015 年 5 月 13 日，浙江省永嘉县桥头镇中心小学。

（课前学生照例集体背诵《论语》）

一、导入——花儿真美呀

师：同学们，今天我们这会场来了这么多人，如果你用你刚才背诵的《论语》里的名句来说，你会用哪句话？

生 1："学而不思则罔。"

师：哦？（微笑）今天这里来了这么多老师，你说要"学而不思则罔"？

生 2："三人行，必有我师焉。"

师：真是爱学习，"三人行，必有我师焉"，好学的态度！还有没有更贴切的？

生3："有朋自远方来，不亦乐乎？"

师：很热情，很有礼貌，大家一起来读一遍，预备起。

生："有朋自远方来，不亦乐乎？"

师：很好，其实三位同学都没有说错。第一位同学是说啊，今天来了这么多人，我要学你们，怎么学呀，"学而不思则罔，思而不学则殆"。但是如果你真碰到难题的话怎么办呢？"三人行，必有我师焉"，多请教多学习。当然，作为主人，这么多客人来了，还是先伸出我们温暖的手，表示我们的欢迎。好，同学们，知道我姓什么吗？

生：肖。（大声）

师：知道我和你们老师是什么关系吗？

生：师生。

师：你们班的语文老师她是我的学生，那我就是你们的——

（学生兴奋，"师公""师尊""师哥"地猜）

师：老师的老师，还是老师。很开心，和你们一起学习。你们老师姓什么呀？

生：叶。（大声）

师：叶子上长出了一样美丽的东西，叫——

生：花。（大声）

师：今天我们学习的课文是——

（生齐声朗读课题："自己的花是让别人看的"）

师：同学们，你觉得标题里面哪个字最美呀？

生（齐声）：花！

师：花，很美，一直开放在我们的心里。那你能给花组词吗？你能给花造句吗？把花的美给说出来。

（学生纷纷举手）

生4：百花齐放。

生5：花繁——

师：花繁什么？看，你们老师来了。

328

生（齐声）：花繁叶茂！

（学生纷纷说出的词语有：繁花似锦、花团锦簇、争奇斗艳、鸟语花香、百花齐放、花红柳绿、万紫千红……）

生6：绿肥红瘦

师：绿肥红瘦，谁写的呀，难住你了吧，大家知道"绿肥红瘦"是谁写的？

（生摇头）

师：回去要好好查，我不告诉你。

（生笑）

师：还有没有？

生7：昙花一现。

师：哦，昙花一现，美得惊艳。

生8：姹紫嫣红。

师：接下来把四个字换成一句话，花的美能不能说出来？"花儿真美呀"，把它说成一句话。

生9：花儿真美呀，像人的笑脸。

师：花儿真美呀，像人的笑脸。大家笑笑看。

（生笑）

师：真的很像花，还有谁说说？这位女同学来说。

生10：迎春花没有玫瑰那样的美，没有牡丹那么浓郁芬芳，但它用生命第一个向人们报告了春天。

师：很有意思，你知道用什么手法来说的吗？哎，比较，对比。

生11：学校的春天真美呀，红花绿叶，百花争艳。

师：你们学校有这么美吗？

生（齐声）：有！

师：好，那谁能把这个会场比作一朵花？

生12：会场里摆满了即将开放的花儿。

师：蛮不错的，如果我们整个会场里都是花儿的话，那这里就是——

生（齐声）：花的海洋！

师：花的海洋，很好，看看文章里有没有"花的海洋"，找找这句话。

（生找）

师：一起来读一读。

生（齐读）：许多窗子连接在一起，汇成了一个花的海洋。

师：这是在哪个地方看到的花的海洋呀？

生（齐声）：德国。

师：作者季羡林曾两次到德国，他为德国人爱花的真切，很是惊奇，并且很感动。那么德国的花究竟是怎样的美丽呢？我们一起来读一读课文好吗？

（生齐读全文）

二、借助课文插图走近德国的花

师：作者具体写花的是哪个段落？

生（齐答）：第三段。

师：第三段，我们请一个同学把它读出来。

（生举手）

师：哦，这么多手举起来了，来，你来读。

生 13（读）：正是这样，也确实不错。走过任何一条街，抬头向上看，家家户户的窗子前都是花团锦簇、姹紫嫣红。许多窗子连接在一起，汇成了一个花的海洋，让我们看的人如入山阴道上，应接不暇。每一家都是这样，在屋子里的时候，自己的花是让别人看的；走在街上的时候，自己又看别人的花。人人为我，我为人人。我觉得这一种境界是颇耐人寻味的。

师：非常好！你们看一下，这一段话就具体写到了德国的花。编者为了让我们有直观的感受，配了几幅插图？

生 14：两幅。

师：其中一幅是这样的。

（教师投影文章的第一幅插图，见课本）

师：这是第一幅图，接下来看看这幅图，看看能不能从文章中找出几个词来形容它？

330

（生纷纷举手）

师：先别忙着举手，想一想好不好？

（生想）

师：这里的花怎么样呢？来，最后一个男同学，你来说。

生15：花团锦簇。

师：这里的花，花团锦簇。请坐，一个了。这位男同学，你来说。

生16：这里的花，姹紫嫣红。

师：这里的花，姹紫嫣红。请坐，还有没有？

生17：这里的花，令人应接不暇。

师：这里的花，令人应接不暇。我们来看一下，这里有三个词，大家发现这三个词都是四字的——

生（齐声）：成语。

师：它们都是成语。仔细看这幅图，思考一下，这三个成语配这幅图是不是用得最妥帖呢？

（生思考）

师：你来说。

生18：我觉得其他两个可以，但是中间那个"姹紫嫣红"不合理。

师：为什么？

生18：因为那个插图上的花只有一种颜色，"姹紫嫣红"不是说只有一个颜色的。

师：听懂了吗？"姹紫嫣红"从字面上看怎么也得几种颜色？

生（齐声）：两种。

师：一个叫什么？

生（齐声）：紫色。

师：一个叫什么？

生（齐声）：红色。

师：当然，这里是一个虚指，不一定真说是紫色红色，但是"姹紫嫣红"这个成语是要形容什么？

生（齐声）：花的颜色很多！

师：可这幅图上只有几种颜色呀？

生（齐声）：一种！

师：一种颜色？

生：两种。

师：呵呵，一种是叶子的颜色。花的颜色就是一种，红色。所以我们发现这幅插图，书里面其实配得并不好。好，这个成语我们就懂了，先把"姹紫嫣红"这个成语写写看，自己写写。

（生写）

师：会不会写了？好了，再想想看，除了"姹紫嫣红"形容这幅图不太妥帖之外，还有哪个词也欠妥帖？你来说。

生19：我觉得应该是"应接不暇"。

师：为什么？

生19：因为"应接不暇"是指东西很多，来不及看。

师：那你觉得这幅图上花多不多呀？

生19：不多。

师：我觉得对一户人家来说已经很多了。

生19：就是它颜色还可以再多些，也就感觉不是很多了。

师：我听明白了，你是希望"应接不暇"在表现花多的时候，能把颜色的缤纷斑斓也表现出来，是吗？

生19：嗯。

师：好，先请坐，来，这位同学你来说说。

生20：我也觉得应该是"应接不暇"。

师：为什么？

生20：因为"应接不暇"色彩是丰富的，这里是单一的颜色，看起来不那么多彩。

师：你就是认为这个图画花色不够丰富，是吧？大家知道"应接不暇"什么意思吗？

生21：多得来不及看。

师：这个成语主要强调的是多，还是可以用它来形容，因为对一户人

332

家来说，窗口的花应该算是比较多了。若是许多窗子连接在一起，那就汇成了一个花的海洋，更是令人应接不暇。好，再考虑一下。"花团锦簇"是什么意思？你来说。

生 22："花团锦簇"是指花是一簇一簇地在盛开。

师："一簇一簇地"是怎么样的呢？大家做一做这个动作。

（生做一簇一簇盛开的动作）

师：好，"一簇一簇地"还得要说明花的种类要怎么样？

生（齐声）：要多。

师：这幅图能不能用"花团锦簇"来形容呢？

生 23：不能，"花团锦簇"，形容花儿非常的多，颜色五彩缤纷。

师：花儿还要紧凑在一起。所以能不能配这幅画呢？

生 24：不能。

师：看来，编书的人还不够细心。好，老师现在把它换一幅画。

（多媒体出示，插图内容不变，花的颜色多了很多）

师：这幅图可不可以呢？

生（齐声）：可以！

师：现在我们就可以用这三个成语形容了，第一个成语怎么用？这里的花——

生（齐声）：姹紫嫣红！

师：这里的花——

生（齐声）：花团锦簇！

师：这里的花——

生（齐声）：令人应接不暇！

师："暇"是什么偏旁呢？

生（齐声）："日"字旁。

师：什么意思？

生 25：空闲。

师："日"字旁肯定与时间有关系，那这个"暇"就是空闲的意思，连看的空闲也没有了。注意这个字很容易错写成"目"字旁。写写看。

（生写）因此，这样的三个成语大家要记在心里了，好，一起来读一读相关句子，把课本打开。

生（齐读）：走过任何一条街，抬头向上看，家家户户的窗子前都是花团锦簇、姹紫嫣红。许多窗子连接在一起，汇成了一个花的海洋，让我们看的人如入山阴道上，应接不暇。

师：好了，除了这三个成语以外，你还能找出哪些四字词来说明这里的花？整篇课文去找。

（生找，陆续有学生举手）

师：来，你说。

生26：还有"花的海洋"。

师："花的海洋"，比喻，好。现在能不能找成语？整篇课文里边找找看。还有哪些成语映入你的眼帘？你来说。

生26：颇耐人寻味。

师：哦，看到没有，这里的花看了颇耐人寻味。"颇"什么意思呀？

生（齐声）：很！

师：嗯，"耐人寻味"，也是一个成语，说得真好！还有一个成语，平时可能很少遇到的，找到了吗？

生（齐声）："莞尔一笑"！

师：嗯，"莞尔一笑"，这个字还有一个读音，东莞，是个地名。现在谁有办法把这个成语用在花里？先把原来这个句子读出来，好不好？你来读。

生27（读）：她莞尔一笑，说："正是这样！"

师：再和上面一句连起来念一下。

生27：我曾问过我的女房东：你这样养花是给别人看的吧！她莞尔一笑，说："正是这样！"

师：大家知道什么是莞尔一笑？

生（齐声）：微微地一笑。

师：嗯，莞尔一笑是指美好的意思，来，你们莞尔一笑，笑笑看。

（生莞尔一笑）

师：也像我一样的喽，莞尔一笑，好，谁能把这个句子改一改，改成问花？

（生思考）

师：大家把这个句子重新改一下，改成问花的句子，自己先说说看。

（生自由说）

师：我请一个同学来说，你来说。

生28：我曾问过我窗前的花：你这样生长是给别人看的吧！她莞尔一笑，说："正是这样！"

师：他改得好不好？

生（齐声）：好！

师：他用了哪个词呀？

生："生长"。

师：养花，变成"生长"，我们可以把它换成另外一个词，你这样——

生：开花。

师：哎，那就更有诗意了。不经意间，我们就使用了一种修辞手法，什么？

生（齐声）：拟人。

PPT显示修改后的句子：

> 我曾问过我窗台的花：你这样开花是给别人看的吧！她莞尔一笑，说："正是这样！"

师：一起来读一读这个句子。

（生齐声读）

师：第二个句子，再来读。

生（齐声读）：我觉得这一种境界是颇耐人寻味的。

师：你们看，这两段话串起来是不是很有味道了呢？

生（齐声）：是！

师：现在我们想办法把这个词放到心里去，好吗？想象一下，花如果说这句话，它是怎么说的？像花儿一样，谁来读一读？

师："我曾问过我窗台的花：'你这样开花是给别人看的吧！'"下面，谁来读？

生（读）：她莞尔一笑，说："正是这样！"

（又有三女生读）

师：嗯，非常好！大家一起来。

师：我曾问过我窗台的花："你这样开花是给别人看的吧！"

生（齐声读）：她莞尔一笑，说："正是这样！"

师：太棒了！你觉得这一种境界是怎么样？

生（齐声）：是颇耐人寻味的。

师：好！这样我们就学会了几个成语了？

生（齐声）：五个。

师：我们一起来读一下好吗？这里的花——

生（齐声）：花团锦簇。

师：这里的花——

生（齐声）：姹紫嫣红。

师：这里的花——

生（齐声）：令人应接不暇。

师：我曾问过我窗台的花："你这样开花是给别人看的吧！"

生（齐声读）：她莞尔一笑，说："正是这样！"

师：我觉得这一种境界是颇——

生（齐声）：耐人寻味的。

师：这样就写出了德国的花的美，好，现在回到第三段。考虑一下，该用怎样的语调读出花的美丽？读读看。

（学生自由朗读第三段）

师：好，谁带头来读一读？"抬头向上看"，哪个同学来读一读？我们请个男同学来读好不好？能不能读出花的美？你来读。

一男生（读）：抬头向上看，家家户户的窗子前都是花团锦簇、姹紫嫣红。（读得很快）

师：好，大家说说看，他读得怎么样？

生（齐声）：太快。

师：太快了，你要向别人介绍美丽的东西，你一定要沉住气，把美告诉大家，来，你来。

一男生（美美地读）：抬头向上看，家家户户的窗子前都是花团锦簇、姹紫嫣红。（有感情）

师：好，一起来读读看。

生（齐读）：抬头向上看，家家户户的窗子前都是花团锦簇、姹紫嫣红。

师：许多窗子连接在一起——

生（齐声读）：汇成了一个花的海洋。

师：让我们看的人如入——

生（齐声读）：山阴道上，应接不暇。

师：好，一起来再念一遍，看看能不能背出来。

（PPT显示，其中的成语下面画线）

（生看PPT齐声朗读）

师：好，闭上眼睛，老师开始读，你们呢，把老师停顿的地方给我填出来，好不好？

生（齐声）：好！

师：抬头向上看，家家户户的窗子前都是——

生（齐声背）：花团锦簇、姹紫嫣红。

师：许多窗子连接在一起——

生（齐声背）：汇成了一个花的海洋。

师：让我们看的人如入山阴道上——

生（齐声背）：应接不暇。

三、走近花一般的民族

师：嗯，真好！这就是德国花的美。我们都是用四字成语或者四字比喻来形容的，再看看，这么美的花，你们能不能再换成两字的词语来

337

形容？

（生举手）

师：先别忙着举手，看看这个词儿要到文章的哪一段找？

生（齐声）：最后一段。

师：嗯，好！读一下最后一段，自己读。

（生自由读最后一段）

师：好，你来说。

生29：两个字，一个词来形容就是"奇丽"。

师："奇丽"，还有没有？

生30：我觉得还有"美丽"。

师："美丽"，还有没有？

生31："奇特"。

师："奇特"，好！接下来我们就把三个词从文章中画出来。花的"美丽"我们已经都清楚了，花团锦簇、姹紫嫣红等等，那么"奇特""奇丽"，我想问了，德国的花，奇在什么地方？请到文章中去找。德国的花，奇在什么地方，或者说是"特"在什么地方？

生32：他们的花不像在中国那样，养在屋子里，他们是把花都栽种在临街窗户的外面。

师：他们是把花——

生32：都栽种在临街窗户的外面。

师：哪个词最奇特？

生32："外面"。

师：嗯，外面，把花朝向外面，还有哪个字感觉很奇特？

生32："都"字。

师：点出来。

（生在书上点出"都"字）

师：还有哪句话也能看出德国的花很奇特？

生33：家家户户的窗子前都是花团锦簇。

师："家家户户的窗子前都是花团锦簇"，又用哪个字了？

338

生（齐声）："都"。

师：都有一个"都"字啊，课文当中还有吗？

生 34：花朵都朝外开。

师：每一朵花都朝外开，大家找到没有？"都"字又来了。

生 35：每一家都是这样。

师："每一家都是这样"。"都"在了，还有没有？你来找。

生 36：家家户户都在养花。

师："家家户户都在养花"。还有没有？你来找。

生 37：又是家家户户的窗口上都开满了鲜花。

师：嗯，我们都找到了，这样的话，我们就找到了德国花的美。

PPT 显示：

> 家家户户都在养花。
>
> 他们是把花都栽种在临街窗户的外面。
>
> 花朵都朝外开。
>
> 家家户户的窗子前都是花团锦簇、姹紫嫣红。
>
> 每一家都是这样，自己的花是让别人看的。
>
> 我走在街上，抬头一看，又是家家户户的窗口上都开满了鲜花。

师：谁来读？每个同学只能读一句，要读出句子里的美。

（生依次朗读，一起读最后一句）

师：这些"都"字说明了什么？

生 38：说明了德国人都很爱花。

生 39：德国人没有一家不养花。

师：还有吗？

生 40：养花成了德国人的一种生活。

师：太棒了！还有吗？

生 41：自己的花就是给别人看的，每个德国人都这么做。

师：哦，自己的花就是要给别人看的。

生 42：我觉得这些"都"写出了德国人都愿意人人为我，我为人人。

师：写出这行字，这是一种——

生（齐声）：境界。

师：一起来把这句话读一遍。

生（齐读）：人人为我，我为人人。我觉得这一种境界是颇耐人寻味的。

师：这就是德国，这是多么奇丽的景色，这是多么——

生（齐声）：奇特的民族。

师：我要问了，"奇特"这个词，作者在文中是用来形容什么的？

生（齐声）：民族。

师：刚才有一位同学就用这个词来形容德国的花，你觉得可以吗？

生（齐声）：不可以。

师：先想想，用"奇特"形容花行不行？学而不思则罔，想想。

（学生思考后举手）

生 43：我觉得可以，一切行为美皆人美。

师：哦，善行的背后都有一颗——

生（齐声）：美丽的心。

生 44：我也认为可以，花美人美，都有美丽的心。

生 45：我认为"奇特"这个词也可以用来形容花，因为花是人养的，人奇特，花也就变得奇特。

师：所以，同学们，用词不必拘泥。我们有首歌怎么唱的，五十六个民族——

生（齐声）：五十六朵花。

师：所以，不经意间，其实已经把德国这个民族当作花来看了，这就是用词的高境界。好，我们一起来说，德国的花——

生（齐声）：美丽！

师：德国的花——

生：奇丽！

师：德国的花——

生：奇特！

师：德国的花，奇丽，奇特，美丽。德国这个民族也在作者笔下成了一朵——

生（齐声）：美丽的花。

四、走近花一般的德国人

师：所以，花美依旧，人美依旧，一切依旧，一切都没有改变，文章有没有写到德国人很美的？

生46（读）：我曾问过我的女房东：你这样养花是给别人看的吧！她莞尔一笑，说："正是这样！"

师：你觉得哪一句话、哪个词写出了她像一朵花呢？

生46：她的对话，还有"莞尔一笑"。

师：莞尔一笑，笑起来像一朵花儿一样。来，一起来读读。

生（齐读）：她莞尔一笑，说："正是这样！"

师：我们请一个同学读一读。

生47：她莞尔一笑，说："正是这样！"（声音平淡）

师：这样读，对不对呢？再请一位同学读读。

（一生再读，也平淡）

师：听了两次了，读得对不对？看一下，这里有一个什么标点符号？

生（齐声）：感叹号！

师：两个同学都读成了什么号了？

生（齐声）：句号。

师：考虑一下，能不能把感叹号改成句号？

生（齐声）：不能。

PPT 显示：

> 她莞尔一笑，说："正是这样！"
>
> 她莞尔一笑，说："正是这样。"

师：谁来读一读？

（一生读第一句，一生读第二句）

师：好，有点差别了，读出来了。再请其他同学读读看。

（一生读第一句和第二句，语气区别明显）

师：好，文章为什么要用感叹号？你来说。

生 48：我认为用上了感叹号，更能表现德国人为他们的爱花心切感到自豪。

师：哦，一种自豪的感觉，除了自豪以外，还能读出什么？你来说。

生 49：平静的感情，因为她觉得是应该的。

师：向一个外国人介绍自己美丽的花，表现很平静？平静的话就用句号呀，那作者为什么用感叹号呢？用句号行吗？

生 50：我觉得不可以，因为外国人，感叹号的话，语气强烈，外国人更能理解她的话。

师：欧洲人是非常开朗外露的，介绍自己家美丽的花，会有一种自豪的心情。另外用感叹号，还能显出对人的什么？

生 51：热情。

师：接下来我们读好这个感叹号，好吗？"她莞尔一笑"，预备起。

生（齐声读）：她莞尔一笑，说："正是这样！"

师（竖起大拇指，并重复）：她莞尔一笑，说——

生（齐声，自豪地）：正是这样！

五、走进花一般的思乡梦

师：所以，一个小小的标点就把她读成一朵盛开的花。所以，这就是花一样的德国人，而这件事之后，作者回去就做了一个——

生（齐声）：梦。

师：我们一起来读读看，做梦那句话怎么读？

生（齐声读）：我仿佛又回到了四五十年前，我做了一个花的梦，做了一个思乡的梦。

师：谁来读这句话？

（生 52 朗读，声音响亮）

师：读梦的时候声音要响一点，还是轻一点？

生（齐声）：轻一点。

师：轻一点，别惊扰这个美丽的梦。一起来读读看，好不好？

（生齐声读，声音较轻）

师：接下来，我们就一起来做个花的梦。在梦里，作者梦到了什么？自己想象，眼睛闭上，先别举手。记住，作者做了一个思乡的梦，一个花的梦，季羡林先生这个梦里究竟是怎样的情境？

生53：我看到了，他走在街上的时候，满地鲜花盛开。

师：嗯，梦里处处鲜花盛开。你来说。

生54：在梦里，我看到季羡林先生被花包围着。

师：接下来，你代季羡林说这个梦，"我"就是季羡林，你来说。

生55：我，不仅看到房子的窗户上有很多花，而且天上也会落下很多花。

师：天上也会落下很多花，真美。接下来，考虑一下，要把思乡的主题放进去，刚才做的都是花的梦，接下来做一个思乡的梦。

生56：在梦里，我与亲朋好友团聚。

生57：在梦里，家人们朝我奔来。

生58：在梦里，云形成了家人的脸。

师：好句子，在梦里，云形成了家人的脸，真美。联系文章，云还可以改成什么？

生（齐声）：花。

师：嗯，花形成了家人的脸，把花和家人联系起来了。现在作者要把花和思乡一起做，怎么办？

生59：在梦里，我看到窗户上都是花，好像家人在微笑。

生60：在梦里，我站在德国的街上，我在德国看到花都朝外开，我就想起自己的家乡。

师：我自己的家乡花也朝外开，因为我们中国人也要像他们——

生（齐声）：人人为我，我为人人。

师：这才是花的脊梁，也是一个民族的脊梁，花一般的思想梦，也是要让我们走进花一般的精神家园，是希望我们这个民族也拥有我们的脊梁。把"脊梁"这个词写写看。

（学生写）

六、"花"，"让"我们更美

师：所以，亲爱的同学们，我们接下来再一起读一读这个标题。预备起。

（生齐声读标题"自己的花是让别人看的"）

师：除了"花"字美，标题中哪个字最美？

生61：在标题中除了花美，还有"自己的""别人"最美。

师："自己的"很美，人要有自己的花，民族要有自己的花。"别人"很美，我为人人，人人为我。这一切都可以归结到哪个字上？

生62："看"。

生63：我认为是"让"，很主动地为别人。

师：看花美，但是"让别人看花"的"让"字更美。我们不仅学到了花的美，还有"让"中的心灵精神之美。这不仅是德国的脊梁，也应该成为所有民族的脊梁，我们的精神家园的脊梁。一起来读一读德国的花美，把花的美装进我们的内心深处，好不好？

生（齐声朗读）：抬头向上看，家家户户的窗子前都是花团锦簇、姹紫嫣红。许多窗子连接在一起，汇成了一个花的海洋，让我们看的人如入山阴道上，应接不暇。

师：好，回去好好想一想，我们怎样做到这样的美。下课！

板书：人人为我

　　　　花——让我们更美

　　　　我为人人

教学感言

★我第一次上小学的语文课，我花了更多的时间去思考。我以为这是一种挑战，从高中到初中，再到小学，我很激动。其实，教学是相通的，

344

语文是相通的，都是面对学生，面对文字，面对我们需要填补的心灵。只不过，这次，我遇到了更生动的天使，他们，更乐意把手举成森林。这堂课，我想和他们一起种花。我望着他们的眼睛，看到了春天。

★想着那些五年级的孩子，我曾经以为我很简单地看两遍，就能找到我要的教学出口。我把他们想浅了，就把教学想浅了。读得要深，要钻研，教学，则是学会深入浅出。任何一种轻视，都会让你丧失教学的灵感和激情。对阅读敷衍，就是对教学敷衍。季羡林先生的这篇文章精美隽永，语言清新朴实，通俗易懂但又意味深长。这满纸的花瓣，你会采摘哪一朵芬芳你的课堂？在哪一块土地上种花，都需要注入你的心。这样一想，我立刻恭恭敬敬地像孩子一样地大声读书。

★语言感知，语言运用，教孩子们学语言学表达，花一般的美好情感在语言学习的过程中潜滋暗长，无声滋润。我让我读四年级的孩子读这篇文章，他看到文中的成语，兴奋得像扑进了花的海洋。那一刻，我更明白了。

★文章很短，我却读得很长很长。我读每个字，每个标点。我想读出每个字，读出每个标点。文字读完了，我读文章的插图，读着读着，我找到了通往课堂幽深处的曲径。没错，就是它，第一幅插图。

★"多么奇丽的景色！多么奇特的民族！"这句话，很多老师会用来做教学的切入点。提纲挈领的一个句子。问题是，很多人会说"奇丽"是景色，"奇特"是民族，然后告诉学生不可以调换，必须这样。语言的使用和场景与作者的心境有关，景色奇特，民族奇丽，何尝不可？它们都是美丽的花！教语言，不能往死里教。

★我想上课了，孩子们却说班级课前两分钟有背诵的习惯。真好，这就是实在的语文课。我听着他们背诵《论语》，看着满会场的听课老师，我问："同学们，今天我们这会场来了这么多人，如果你用你刚才背诵的《论语》里的名句来说，你会用哪句话？"走进课堂，语文课就开始了，所有的言语所有的表情都是你的课堂活动。感受——领悟——积累——运用，学习语言要遵循这样的途径。

★这么聪明的孩子，为什么到了高中就不爱说话了呢？这么积极的手，为什么到了高中就不肯举起来了呢？这，恐怕不全是性格问题。课堂上，突然想到这个问题，我甚至有一点走神。语文教师，怎么样才能不辜负这样纯澈的眼睛？我们，究竟要把孩子们带向何方？

★和孩子们一起，我觉得我也聪明了！我很高兴，自己在真实地成长，我，还有我的语文课。我希望我能做一个称职的小学语文老师。

——肖培东

现场声音

★二十年后，我们终于又能真正回到老师的课堂，仿佛成年之后要破解少年懵懂时某个解不开的谜题，内心怎能不激动？老实说，课一结束，我是有疑惑的：这节课老师想给学生的是什么，想让学生提高的又是什么？回想你在过去的文章中表达的思想，回想你现在的课堂，回想你的阅读讲座，我渐渐地拨开迷雾。我的老师，你已经走过了"看山是山，看水是水"的直观，也走过了"看山不是山，看水不是水"的寻觅，如今的你想必又回到了"看山是山，看水是水"的境界。讲台上的你，一身灰衣，黑框眼镜，书卷清雅，让我想起了电影《梅兰芳》中的邱如白。于你来说，你只想简简单单地上一堂语文课，做一道清淡爽口的语言菜。你的语文课没有戴上那么多沉重的枷锁，去掉各种油烟香料的同时，又保留了你一贯的灵动、跳脱，尽管如一棵不按规则生长的大树，旁枝斜逸，树干却是让人一眼找到。多年前，你就是这样挺拔地站在我们中间，把自己，悄悄地洒在了我们身上。

——浙江省永嘉县瓯北镇第五小学　叶海雪

★第一次上小学的课，老师在课后给自己的课做了定位：自然，轻松，简洁，有效。而在我看来，老师的课看似信手拈来，实则千锤百炼。这千锤百炼，是对语言文字字斟句酌的咀摸品味，是对小学生知识与能力的准确约估，是对课堂教学目标不偏不倚的笃定，是对朗读在语文教学中一以贯之的肯定，是对语言积累与语言运用的有机结合，是对课堂生成重要教学资源的有效利用，是对学生主体地位坚定不移的捍卫……令我印象特别深刻的是那个极容易被我们忽略的"都"字，却成了这节课闪光的利器。老师放慢节奏让学生找出这些带"都"的句子来朗读，让课堂教学紧贴文本，学生能学有所获。这一小小的"都"字的使用和利用，便可以折射出老师高超的教学艺术和语文的教学哲学。

——浙江省永嘉中学　厉　毅

★"肖老师，你的小学语文首秀要献给我们班的孩子们，是真的吗？"初中生的我们曾经天天期待着上他的语文课，二十五年过去，如今肖老师已成肖特，他将走进我的学生中间去，这，是一种怎样的缘分！

★课堂上，我的学生越来越放松，越来越投入，我的学生和我的老师是那么真诚温暖地读着语文。肖老师把最艳丽的一朵朵语文之花悄无声息地开在了孩子们的心田。从找写花的词语，从给课文插图找茬，从"奇特"和"奇丽"，到最后的"花的梦"，肖老师贴着文本和学生聊，依着文本教学生读，不紧不慢，看似浅浅地教，却是深深地悟。简简单单的三四张素雅的PPT，却能紧紧俘获孩子们的心，这就是肖老师干净大气的本真语文课堂。在回教室的路上，孩子们的窃窃私语更让我深深震撼。"如果能天天上这样的语文课该多好！""为什么这节课这么快！"孩子的话是最真实的，此刻我有点妒忌了，但更多的是深深的敬佩。

——浙江省永嘉县桥头镇中心小学　叶雷蕊

名师点评

语文教学，该有一种境界

浙江省杭州市拱宸桥小学　王崧舟

我本不打算写这篇散评的。一来，临近期末，一堆杂事儿等着处理；二来，与肖培东老师素昧平生，他的课从未听过；三来，《自己的花是让别人看的》实在太熟，有点腻味了。但读了实录和教者感言，我放弃了这个打算。

其实，首先打动我的，是教者感言。"这堂课，我想和他们一起种花。我望着他们的眼睛，看到了春天。"这文字，传递着一种不可言说的温爱，让我原本烦躁的心气蓦然就柔软起来。于是，回头再看肖老师的实录，一遍，两遍……他的样子便生动起来、鲜活起来，他与孩子间的眉眼、话语、声气的互动便有了某种让人神往的冲动。那一刻，我信了，他是个教语文的，他教的是语文。

我一直固执地坚持，教语文的多少得有点诗人的气质。他多情，对天地万物有某种透亮的敏感，嗜欲浅而天机深，他永远不会安生于眼前的一点实在，辽远的星空是其永恒的守望。肖老师的身上，有这种气质。面对文本，他说："这满纸的花瓣，你会采摘哪一朵芬芳你的课堂？在哪一块土地上种花，都需要注入你的心。"面对文字，他说："语言的使用和场景与作者的心境有关，景色奇特，民族奇丽，何尝不可？它们都是美丽的花！教语言，不能往死里教。"面对孩子，他说："语文教师，怎么样才能不辜负这样纯澈的眼睛？我们，究竟要把孩子们带向何方？"面对自己，他说："和孩子们一起，我觉得我也聪明了！我很高兴，自己在真实地成长，我，还有我的语文课。"这些很轻很轻的语言，透过杂芜的流行的语文课堂，洒落在一位高中语文老师的执教笔记上，仿佛一曲天籁，惊醒了我对语文的期待和梦想。诗性的表述，与其说是一种形式，毋宁说是一种思维；与其说是一种思维，毋宁说是一种情怀。这情怀，为诗人所固有。

教语文的，都应该是诗人，像肖培东老师。

必得有这样的人，才会有这样的课。

无疑，《自己的花是让别人看的》如一方净土，收留下语文的芬芳和奇丽。倘若照着目前的风气说来，语文课程专家、语文名师，以及大多数语文老师，对于肖老师执教的语文课是极容易引起不愉快的质疑和争论的。为了表示自己的观点和行动不落伍，课堂是无论如何不该如此这般的。学为中心呢？语文本体性知识呢？语用训练呢？因此，一堂所谓的好课，不过是对某种强烈的、风行的课程理论的跪拜和归降。两者相符，则赞不绝口、好评如潮；两者相悖，则合该执教者倒霉，如此陈腐的观念还敢公开自己的课堂？他们既不想明白这位老师对语文的真正的爱憎与创作，也无法解释一堂课的真正的得失。

对肖老师的课，我或许能稍稍理解一点。因我既非为争学术领地而抛出一替天行道的课程理论且准备誓死捍卫之的专家，亦非为博得万众粉丝拥戴而媚俗于年年发布的课程时尚观念的名师。我只是个教语文的，像肖老师一样。

我爱他的"花之道"。从"花儿真美"开始，他的课一路逶迤而行，走近"德国的花儿"，走近"花一般的民族"，走近"花一般的德国人"，走进"花一般的思乡梦"，最后走近"花一般的自己"。没有人看到，在肖老师酝酿这一季花事的时候，他的心中有多少花曾经寂寞地绽放，又有多少花因此寂寞地谢落。不知何种殊胜因缘，他柔软的手掌，最终接住了这一片奇丽而隽永的"花瓣"。他以他诗人的敏感和才情，为孩子们走进季老的文字独辟了一条芬芳四溢的花径。从美到花，从花到人，从人到己，道路消失在更远也是更近的风景里。不知会有多少孩子，从那一课开始，用自己的生命酿一季属于他们自己的花事？让自己更美一些，让世界更美一些。

我爱他的"花之艺"。在不知不觉中，孩子们读懂了"花团锦簇、姹紫嫣红、应接不暇"，读懂了课文插图中鲜为人知的瑕疵，也因此更加准确地读懂了图与文之间的同构共生，这是还原中的比较，也是比较中的还原；也是在不知不觉中，"莞尔一笑"在孩子们的言语图式中实现了由人到花、又由花到人的美丽转身，没有灌输，没有牵引，就这样人花合一了，这是知识的迁移，更是情感和生命的迁移；而最令人击节叹服的，则是对文中"境界"一词的重重跨越。

大凡教过《自己的花是让别人看的》，都清楚这一课的难点在哪里。没错，"人人为我，我为人人。我觉得这一种境界是颇耐人寻味的"。考量着每一位执教者的耐心、勇气和超越的智慧。对"这一种境界"，我们须非常小心地把握其极特殊、极微妙的语境含义，既不能简单地做以词论词的概念性解读，也不能做贴标签式的泛道德化说教。因此，对"这一种境界"的重重跨越，往往就能显出这堂课的境界来。

且看肖老师的教学吧。

"德国的花'奇'在什么地方，或者说'特'在什么地方?"这是第一问。这一问，让学生的目光得以透过重重叠叠的文字丛林，最终落在那个黯淡到几无光泽的"都"字上，他们蹲下去，一个字一个字地拾起来。他们又将所有的"都"联缀起来，弯成了一个通向"这一种境界"的美丽花环。

"这些'都'字说明了什么?"这是第二问。第二问是透过美丽花环的意义之问，所有花事的背后都隐匿着一种奇特的人事，坐看苍苔色，欲上人衣来。于是，就有了学生豁然开朗的顿悟，就有了学生对"这一种境界"的寻味，花语原来就是这个民族对世界的一声奇特的问候，问候是一种境界。

以为可以结束了，但不，"'奇特'这个词可以用来形容德国的花吗?"那些刚刚得以舒展一下自己思想的学生，就被这样一阵匆匆而来的春风撞了个满怀。一朵花开了，他说："一切行为美皆人美。"又一朵花开了，他说："花是人养的，人奇特，花也就变得奇特。"一些花开了，又一些花开了。在文字的溪边，在语言的丛林里，在奇丽的思想的巅峰上。有一种声音在每个学生的耳边久久回响："不经意间，其实已经把德国这个民族当作花来看了，这就是用词的高境界。"

的确，这是一种境界，关于课堂，关于语文，关于生命。

无疑的，这种境界直指"花之魂"。众里寻他千百度，蓦然回首，那人却在灯火阑珊处。没有结束，只有高潮。在高潮处，课戛然而止。"想一想，我们该怎样做到这样的美。"

看肖老师的课，我又一次看到了那个肤浅的自己、狭隘的自己、在坚守和妥协之间逡巡的自己。我问自己，该怎样做到这样的美呢?

这是一种境界，关于课堂，关于语文，关于生命。

后　记

浅浅深深，语文是你／肖培东

读着自己的课，好几次我都陷入无限的感动中。是在回忆，是在憧憬，是在解剖，是在塑造，迷茫与清晰交替，挣扎与突围纠缠。最后的定格仿佛黑白影片里的特写镜头，秋天的小径，我站在路的远方，身后落叶翻飞。那路，是一堂一堂语文课铺展开来的，铺垫在我脚下的是文字，是思考，是语文课上的磕磕绊绊，更是看似与语文课堂无甚关联的生活中的点点滴滴……

1

最重要的是，我不能不想起我的母亲。

母亲的眼睛越来越浑浊了。她常常会关切地问我：大家都说你的课上得好，真的吗？见我点点头，母亲就会把微笑堆积在眼窝深处，很放心地望着窗外的空旷。我看着看着，就觉得那里深深的有我的岁月，有我的四季：最初我是摇着小手跌跌撞撞地晃着走，然后我是挥舞着青春的手臂一路奔跑，现在我会不时地回望一下，看看走过的坑坑洼洼，再望望前方，调整好我的步频，稳稳地迈进……萧瑟处，母亲，总会在我的身旁，仿佛一盏灯，黯淡却依然坚持点燃。

那个苦寒的岁月里，母亲甚至是没有什么憧憬就走进了我父亲炭火熏黑四壁的破家，生孩养崽，跟着父亲饿昏昏地来到了浙北的煤矿，然后硬生生地把我从煤堆里拉扯大。她生我的时候，生病。我儿时的意外，又帮衬着她养成担惊受怕的心病。一有风吹草动，她就整夜整夜地睡不着，常常一大早就去寺庙里烧香拜佛，虔诚求签。我人生的苦难，青蒲团上母亲

351

跪走了一半，袅袅烛烟中母亲又拜送了一截，那剩下来的些许人生挫折，母亲竟还要自责如此。她享受着我的喜悦，更执意要承担我的苦痛。她不懂语文，却又是那么认真地果决地在解读并塑造着我和我的未来。语文铺成的路上，站得最苦的是我大字不识一个的母亲。我已经看不清她青春的辫子，活在这珍贵的人间，泥土高溅，扑打着母亲的面颊。清晰的，我会看到年轻的母亲在炎炎夏日里躺在砖窑洞下接运块块砖头，汗水濡湿了母亲的旧衣裳，她看到我背着书包给她送来一绿色军壶的水，眼睛里就立刻含着笑。我会看到晕车的母亲在秋天的风沙中蹲在大篷车上一路颠簸呕吐，她艰难地挣到了一个工分，见我坐在家门口的板凳上读书写字，就笑着跑去菜园子里拔菜做饭。春天，她到山里找笋，贫瘠的日子里，她总给我们预备了最努力的香甜。冬天，她在寒风里拉煤，冰雪满地的记忆里，我的母亲用一块块拾来的黑煤为我们生起温暖的铁炉。拖着岁月的地板，起初直着的身子，渐渐地弯了，继而她会用手撑着腰背，最后都是跪着一遍遍地擦洗。她不声张，不抱怨，不熄灭。我却听过她的哭喊，看过她的忧愁，更懂得她的无奈与坚韧。

当我走上语文讲台，面对孩子们清澈的脸庞，我总会想起我的母亲，那越发粗糙的手，那越发昏黄的眼睛，那记住了儿女们身上每一处脱线的针脚却总是忽略自己衣上补丁的心。习惯了想念，我读文章，都会努力寻找最细小的语言点，一个字，一个标点，如母亲的心。母亲的心啊，尽在我们的细微处，察觉着我们的饥寒，抚慰着我们的惶恐。我想告诉每个孩子，学语文就是在回味我们对世界最初的吮吸。我吃着她的奶长大，我的语文课里还有这样的乳香。

温暖，浅浅深深都是真情。语文，就是教我们用最好的语言，去爱我们的母亲。

2

父亲的土地越来越少了，只剩家附近的路边很小的一绺了。

父亲，越来越老，皱皱褶褶的，如同一棵佝偻着的枯树。可他还是喜欢弯在他的土地上，土地上，生动地躺着他的蔬菜。

那年，我走出大学的象牙塔开始我的语文之旅，父亲则是病退告别了黑色的矿山回到故乡开始侍弄他的庄稼。我在教室里手拿课本，眉飞色舞，父亲在他的田地里握着锄头，低头翻土，播种，浇灌。我送走了一批一批的学生，父亲种下了一茬又一茬的蔬菜。父亲憨厚地说，他也有个课堂，他也有支粉笔。我说，不一样的，你没有假期，你的土壤上永远得绿着，或匍匐，或摇曳。不能荒着呀，父亲望着那水灵灵的挤成一簇的小葱，呵呵地笑了，佝偻的背影，被夕阳的余晖悄悄地拉长。

　　紫色的茄子，绿色的青菜，懒在地上讨阳光的地瓜，躲在阔大的叶面下静默的南瓜，仰着头身段修长的把把青葱……父亲的岁月就这样在泥土里腐烂，成了轮回的养分，滋润着他的四季。早晨，他浇完水，把土地翻松了，他就会把枯瘦的手支在锄头上，细细地阅读着每一片绿意。黄昏，他就坐在地边的石板上，望着那些心满意足的秧苗，嗅着晚风中送来的清新的泥土气息，只等夜色渐起才转进屋里。他把迷路的雨水引进他的菜畦，他把走神的阳光唤到他的田地。那慈祥的眼神，那专注的表情，总让我想起我的成长。我骑坐在他的肩上，悠长的黄沙路不知不觉地变短。我搂紧他的脖子，望着碧澄澄的水库尖叫着不敢下水学游泳。他踩着冰雪吱吱嘎嘎地从矿山走来，他饿着肚子硬是省下工作餐里的两个大肉包子，举着饭盒迎向我……现在想来，他坐在霞光中看我急忙忙地吃着包子的神情，竟然和他凝视他的土地上的蔬菜是那么相似。原来，我就是父亲经营一辈子的秧苗，我以为我长成树了，可在父亲的眼里，我永远是那需要他培土需要他施肥的一棵。要不，我每一次外出告别时，他怎么都会眯着眼睛，不停地望向我，又望向那一畦生动的土地？母亲说，每次我要归来的时候，父亲都会坐在长石板上，手抚着那些叶子，抚了很久，坐了很久。

　　对于他的土地，对于我，父亲永远是俯身低头的。千岛湖畔的诗人方向说"看到好的雨落到秧田里，我就赞美；看到石头无知无识，我就默默流泪"，父亲，我无知无识的父亲，其实是最明白自己的责任并深谙其道的。我已经走到远方去寻找种子了，可他还是坐在那里用手刨土。父亲的脸斑斑点点，松松垮垮的，也像极了新翻过的黑黝黝的田地。我想着他，我就对土地有了格外的崇敬和情意，我的语文课堂里，就该氤氲着如此般的田间泥土的气息和父亲的呼吸。

热爱，浅浅深深都要耐心守候。语文，就是要我们用最纯朴的语言，去爱我们的大地。

我望着暮色中苍老的父亲，父亲望着暮色中慵懒撒娇的一绺田地，我知道，我的父亲，用最朴素的方式在这块土地上为我写下了一生的教育箴言。

3

师父有张照片，我特别喜欢。45度角地望向天空，眼里尽藏儒雅与淡定，身后黄叶满天，一地斑斓，开阔而宁静，热烈又内敛。世界于他，都是一帧又一帧的风景，他于世界，更是一次必须到来的生动。日见荒芜的永远是悲观者心中的蔓草，他，却拒绝了时光的衰老。

相处的时间久了，我渐渐地把他视为父亲。教育家，学界泰斗，大师等等，在这已然纷繁杂乱的当下，这些称呼多少沾了世俗之气，又怎能着附师傅山前云水般宽阔的心胸？这样想着，两位父亲就一并种进我的心底。一位父亲匍匐在矿井深处逼仄的巷道里，一位父亲优雅在语文课堂的山水间。一位父亲拼力凿出黑暗的煤炭，点燃我的生命；一位父亲轻盈点亮白色的粉笔，烛照我的灵魂。一位父亲是厚实的肩膀、黝黑的脸庞、滴不尽的血汗；一位父亲是睿智的眼神、儒雅的风骨、望不尽的深厚。一位父亲让我愧疚，一位父亲给我鞭策。黑白色的更替与交融中，他们或以痛苦的肉身或用智慧的言语轻轻抚过我这样盲动、卑微的生命，给我滋养，使我安歇，促我成长，看我在他们都会牵挂的家园里自由穿行。

十五年了，和师父一起走过很多的路，用课堂来连缀，用语文来丈量。可是仔细想来，我们之间的话题又很少是语文，更少涉及那些具体到某一课的教学设计。我们看过成都的花海，品过淮南的豆腐，赏过昆明的飞雪，听过无锡运河的悠悠水声。一杯绿茶，两碟点心，阳光从叶缝间碎碎点点地洒下来，这时听师父读他写的诗词，说他养的花花草草，时间就立马文艺了起来。风来，他不急。雨来，他不躁。飞雪漫天，他更是像极了顽皮的孩童，兴致所及处，连声呼唤翩翩飞舞的海鸥，一池烟波，满目素净，冰雪流年中与美丽的精灵共剪一段脱俗的尘缘。豁达，温和，偶有几声叹息，送给曾经动荡的岁月，送给依然焦躁的世界。如李镇西老师所言，"他既有中国传统文人的风骨，同时也有现代公共知识分子的气质"。走在无锡古镇的青石路上，走在楠溪江的青山绿水间，他诗意而高雅。临走不忘对朴实的导游说声感谢，雨中叮嘱我们别忘了给开车的师傅也买件雨披，他谦逊而博爱。不谈语文，只那一挥手衣襟上早已落满语文斑斓；不说语文，只那一伫立背影都是语文光影。看着因他而丰沛的烟云霞岚，我懂了——爱生活，爱阳光，豁达、温和又智慧的心，课堂怎能不暖？语文怎能不美？

"碧波深处有珍奇"，师父送我这几个字的时候并未解释，我读到今天，渐渐读出了珍奇。我上《一双手》，他只跟我说他种过很多树，种树要怎么样才能"苗苗不窝根"，偶尔他会看看我，仿佛我就是他亲手栽下的一棵。我上《孔乙己》，他只说他是怎么教的这课，说着说着，我们就神往那遥远的课堂，对语文教学的认识不知不觉也深刻了。那七个字，他写给语文，更写给生活。我问他语文教学最重要的是什么，他说了两字"悟性"，我慢慢地懂了。他从不刻意就某个具体问题去作阐释，教学的困惑是会叠加的，大道至简，语文要的是你的心。新嫩的芽叶，碧绿的树影，天外鸟鸣，深潭微波，阒寂或喧嚣，张扬或含蓄，深深浅浅的，都有语文的理儿。只是你，有着怎样的心？

他安详地坐在黄昏的霞光里，清茶氤氲，渐渐模糊了他的苍颜。看着看着，我觉得坐在我对面的是我小学的老师，是我中学的老师，是我大学的老师，是关爱我成长的所有的师长，是我的父亲我的母亲。我默念着所有温暖的名字，整个世界一片旷远。

然后，我看他的身影融入疏落成诗的满城灯火，深深浅浅，他的步伐摇曳着从容与淡然。我觉得我得追上去，挽住他，像挽着我的父亲。他说他依然年轻。

我知道，那是不希望我们衰老。

4

我们，自然也包括你，我的朋友，熟悉的或者陌生的你。

"我需要，最狂的风，和最静的海。"我用顾城的诗来致谢。在我最懈怠慵懒的时候，你们为我掀起最狂的风，在我最苦闷无聊的时候，你们伴我如最静的海。看草在结它的种子，听风在摇它的叶子，就这样，"我们站着，不说话，就十分美好"。

　　不说语文，你们站着，扶着我的门窗。

　　好了，所有的爱，永远说不尽的感激和愧疚。不说语文，语文就在我的课堂里。我的孱弱与丰盈，我的憔悴与清亮，我的故乡与异域，都在那里。母亲的乳汁，父亲的血汗，师长的叮咛，朋友的守候，我们，都在那里。爱默生在一百多年前站在美国街头茫然无助地发问："街上这些行色匆匆的人……他们都是完整的吗？"我们都不是完整的，所以我们握住了彼此的手，所以我们相信语文，相信生活，相信那么多的深深浅浅……

　　它们，会让我们完整吗？

　　不能说，路只在铺延。深深浅浅，是必须舔舐的苦难，是必然到来的欣喜，是不得不相逢的完整。

　　不说语文，我爱。

　　是为后记。

　　肖培东

2015. 8